LES BONNIER

OU

UNE FAMILLE DE FINANCIERS

AU XVIIIᵉ SIÈCLE

Joseph **BONNIER** — **M.** de la **MOSSON**
La **Duchesse** de **CHAULNES** — Le **Président** d'**ALCO**

PAR

GRASSET-MOREL

PARIS

E. DENTU, LIBRAIRE-ÉDITEUR

Palais-Royal, 15, 17, 19, galerie d'Orléans

1886

LES BONNIER

ou

UNE FAMILLE DE FINANCIERS

AU XVIIIᵉ SIÈCLE

LES BONNIER

OU

UNE FAMILLE DE FINANCIERS

AU XVIIIe SIÈCLE

Joseph **BONNIER** — **M. de la MOSSON**
La Duchesse de **CHAULNES** — Le Président d'**ALCO**

PAR

GRASSET-MOREL

PARIS

E. DENTU, LIBRAIRE-ÉDITEUR

Palais-Royal, 15, 17, 19, galerie d'Orléans

1886

AVANT-PROPOS

Une préface effraie souvent le lecteur ; qu'il se rassure, ceci n'en est pas une. Néanmoins, avant d'entrer en matière, une courte explication parait nécessaire.

Au mois d'Août 1882, M. le Directeur de la Revue Britannique voulut bien accorder l'hospitalité à notre essai sur Anne-Joseph Bonnier, duchesse de Chaulnes. Nous lui avons été très reconnaissant de cet accueil fait à la prose d'un inconnu. Nous considérions cette grande dame, à peu près oubliée aujourd'hui, comme la véritable femme du XVIIIᵉ siècle et comme la fille d'un trésorier de Languedoc. Déjà, en 1874, sur des notes prises à la hâte, nous avions esquissé sur Bonnier de la Mosson une courte notice que voulut bien insérer un de nos bons journaux de province (1). Nous comptions pousser cette étude plus loin, quand on nous apprit que M. Gaudin, bibliothécaire de la Ville de Montpellier, dont l'érudition n'a d'égale que la modestie, s'était lui aussi occupé des Bonnier.

_____

(1) *Messager du Midi.* — Un financier au XVIIIᵉ siècle (28 décembre 1874).

Ne voulant pas chasser sur ses terres, nous dûmes renoncer à ce projet. Quand il connut le travail sur Mme de Chaulnes, il nous engagea à nous occuper des Bonnier. Personne n'était plus compétent que lui pour traiter un pareil sujet ; malheureusement, ses nombreuses occupations l'empêchaient d'entreprendre cette étude. Sur ses pressantes instances, nous nous mîmes à l'œuvre, et si ce travail est arrivé à bonne fin, c'est grâce aux précieuses indications qu'il nous a fournies, avec cette obligeance si connue de ceux qui l'ont mise à l'épreuve. Peut-être aussi n'avons-nous pas atteint complètement le but. Dans ce cas, le lecteur voudra être indulgent ; il saura à qui s'en prendre. Le vrai coupable est celui qui pouvait faire mieux et faire bien.

Nous avons, à force de recherches, recueilli beaucoup de documents, inédits pour la plupart ; nous les aurions désirés plus nombreux encore. Les personnages dont nous nous occupons (1) ont fait grand bruit à leur époque, mais semblables à ces pièces d'artifice qui font beaucoup de fracas en éclatant et ne laissent après que fumée, eux aussi n'ont laissé que peu de trace, et autant en emporte le vent.

Plusieurs assertions paraîtront peut-être exagé-

---

(1) En parlant des Bonnier, nous ne pouvions pas passer sous silence la duchesse de Chaulnes. Du reste, on verra que les documents recueillis sur cette femme ajoutent à ce que nous avions déjà dit à son sujet.

rées ; toutefois, rien n'a été avancé sans contrôle : Mémoires, lettres, Archives de l'Intendance de Languedoc, de la Cour des comptes, aides et finances, de la Ville et des Hospices de Montpellier, ont été mis à contribution. Grâce à ces divers témoignages du temps passé, nous avons pu écrire cet essai sur une famille véritablement de son siècle.

En finissant, nous devons dire combien nous savons gré aux personnes qui nous ont communiqué de précieux documents. Nous les nommerons dans le cours de notre travail, qu'elles veuillent dès à présent recevoir l'expression de nos sincères remercîments.

LES BONNIER

ou

UNE FAMILLE DE FINANCIERS

AU XVIIIe SIÈCLE

Comme cet homme de la Révolution dont la réponse est restée historique, bien des personnages du XVIIIe siècle, près de quitter ce monde, auraient pu eux aussi dire : « J'ai vécu. » Mais s'il était difficile de vivre pendant ces temps de troubles politiques ; vivre était au contraire si aisé durant le dernier siècle. Sous la Terreur, il fallait passer sans bruit, ignoré, si l'on voulait sauver sa tête ; pendant le XVIIIe siècle, il n'y avait qu'à se laisser aller pour goûter cette vie de plaisirs, de folies, sans s'occuper de l'au-delà et, libre de soucis, mettre en pratique le *Carpe diem* du poëte de Rome. Du reste, ce précepte épicurien n'avait-il pas été traduit en français, non par Louis XV, à qui on l'attribue quelquefois, mais par celle qui personnifia son règne, la marquise de Pompadour, lorsqu'elle s'écriait : « Après nous le déluge ! » Vrai cri du cœur. Chacun voyait bien l'abîme qui se creusait sous ses pas ; mais il pensait que cet état de choses durerait autant que lui ; à ceux qui viendraient après de s'arranger, comme ils le pourraient. Hélas ! les événements devaient grandement donner raison à cette sorte de prophétie. Le déluge vint, beaucoup furent engloutis, l'arche ne put les recevoir tous.

L'histoire du xviiie siècle a, depuis quelque temps déjà, révélé bien des secrets ; elle reste toujours ouverte à qui veut et sait la lire, et lui réserve de nouvelles surprises s'il la parcourt avec attention. Semblable à un vaste champ que de nombreux et de bons ouvriers ont défriché, elle offre toujours quelques recoins oubliés.

Les mœurs de cette époque frivole ne peuvent certes pas être proposées en exemple ; elles sont des plus blâmables, et cependant on se trouve presque désarmé en présence de tant de grâces déployées à tous propos. Nous voulons rester dans le simple rôle de narrateur. De ce que l'on assiste à des spectacles quelque peu légers, il n'est pas à dire pour cela que la vertu soit chose haïssable. Les œuvres gracieuse de Watteau, de Boucher et de ces peintres des fêtes galantes nous procurent un certain plaisir, mais atténuent-elles notre admiration pour les conceptions magistrales de Michel-Ange, Titien, Le Sueur et tous ces grands génies de la peinture ? De même les mœurs aimables des contemporains de Mme de Pompadour ne nous empêchent pas d'admirer les solides qualités du grand siècle.

Nous retrouverons dans une famille que nous essayons de faire connaître, la vie de cette époque, où selon la juste remarque d'un célèbre historien : « La société française se décomposa :... les grands seigneurs devinrent banquiers, les fermiers généraux

des grands seigneurs (1).» Ce siècle, à qui on a donné
le nom de de la Pompadour, aurait bien pu aussi être
appelé le siècle de Law ; on ne sait vraiment laquelle
de ces deux influences a été la plus grande, et toutes
deux l'ont fait ce qu'il a été. L'on connaît la réponse
que s'attira l'arrière-petit-fils du grand Condé. Comme
il montrait, avec orgueil, son portefeuille grossi par
les spéculations du *système* à son confident Chemillé,
celui-ci se permit de lui dire : « Monseigneur, deux
actions de votre aïeul valent mieux que celles-là. »
Voilà qui dépeint bien une époque.

Il fut un nom alors qui fit quelque bruit, en Province, à Paris même, celui de Bonnier. Aujourd'hui,
le souvenir en est à peu près perdu, et si l'on se rappelle encore ce nom-là, on se reporte au plénipotentiaire de la République française, victime du guet-apens
de Rastadt. Mais nous ne voulons pas empiéter sur cette
époque de troubles, de gloires et de deuils, qui n'est
pas encore le XIXᵉ siècle, et qui n'est déjà plus, malgré sa date, le XVIIIᵉ, tant est grande la délimita-
tion qui les sépare. Nous resterons dans l'ancien régime ; nous nous occuperons des Bonnier de la Mosson, trésoriers de la Bourse des États de Languedoc,
c'est-à-dire des financiers grands seigneurs, et si
nous faisons mention de Bonnier d'Alco, nous consi-
dèrerons en lui le président de la Cour des comptes,
aides et finances de Montpellier et non le conventionnel.

(1) CHATEAUBRIAND. Préf. des *Études historiques.*

ORIGINE DES BONNIER

Si l'on compulse les registres des anciennes paroisses de Montpellier, ces registres de l'état-civil de la
vieille France, un des noms qui se présentera le plus
souvent sera celui de Bonnier. Ce sont de bons bourgeois tous ces Bonnier, adonnés à diverses professions :
les uns sont cardeurs de laine, les autres marchands
de laine ou de drap, d'autres tiennent la lancette de
chirurgien ou la plume de greffier à l'Hôtel-de-Ville ;
ils jouissent tous en somme d'une grande estime parmi
leurs concitoyens. Ces honnêtes roturiers auraient-ils
quelque lien de parenté avec messire Bonnier, chevalier, président-trésorier grand voyer de France en
la généralité de Montpellier, intendant des gabelles
de Languedoc, conseiller du Roy en ses conseils, enfin
président en la Cour des comptes, aides et finances,
seigneur d'Alco, Campagne, Saint-Côme ; et avec
messire Joseph Bonnier, conseiller-secrétaire du Roy,
maison et couronne de France et de ses finances, trésorier de la Bourse des États de Languedoc, baron de
la Mosson et seigneur d'autres places ? Nous n'avons
pas besoin de remonter bien haut pour retrouver
l'origine des frères Bonnier d'Alco et Bonnier de la

Mosson ; ils étaient de la famille des autres Bonnier.
La souche commune s'était ramifiée et deux vigoureu-
ses branches avaient poussé : celle d'Alco vers la
magistrature et celle de la Mosson du côté des finances ; à la première les honneurs, à la seconde les profits, aux deux, en somme, de sortables positions.

Le père de ces Bonnier était le marchand drapier
Antoine Bonnier. Grâce à son industrie, il avait acquis
une honnête fortune qui lui permit de pousser ses
enfants. Le commerce de la draperie à Montpellier
était en quelque sorte aussi ancien que la ville elle-
même ; dès le moyen-âge, la réputation des draps et
laines de cette cité languedocienne s'étendait au loin ;
la teinture de pourpre Kermès que les industriels de la
localité savaient donner aux étoffes était fort recherchée ; de là, l'origine d'un commerce très florissant.
Les marchands du bassin méditerranéen apportaient
les riches toisons de l'Orient, sous les murs de Montpellier, dans le port de Lattes (1) ; ces matières étaient
transformées en étoffes et teintes en pourpre. Aussi
les seigneurs de Montpellier accordèrent-ils de tous
temps leur protection à cette industrie (2). En 1121,

---

(1) Localité aux portes de Montpellier, appartenant aux seigneurs ; c'était le *Castellum Latara* de Pomponius Mela.

(2) Chicquot de Bervache dit que, dès la première croisade,
Guillaume de Montpellier avait étudié sur les lieux la question
commerciale au profit de sa seigneurie. A son retour, il parvint à
affranchir les marchands de Montpellier de l'intermédiaire des
Génois et des Vénitiens. Aussi « les Génois, jaloux, vinrent en
1169 ravager Maguelone et le port de Lattes, devenu le rendez-
vous du commerce de la Méditerranée. » Les Pisans servirent de
médiateurs. — Méray : *La vie au temps des Cours d'Amour*, p. 316.

Guillem V, l'un d'eux, en fait mention dans son testament ; plus tard, son successeur Guillem VIII réglemente le commerce de la draperie. L'habitant de Montpellier a seul le monopole de la teinture de Kermès ; pour se livrer à cette industrie, dans les limites de la Seigneurie, il faut y être né ou avoir droit de cité : tout étranger en est exclu. Les seigneurs et les marchands sont également jaloux de cette spécialité. Les rois de France, successeurs des Guillem dans la seigneurie, suivirent les mêmes traditions. En 1294, Philippe-le-Bel défendit aux officiers de la sénéchaussée de Beaucaire d'inquiéter les marchands de laine de Montpellier, dont le commerce était très répandu et sur terre et sur mer. Enfin, plus près de nous, Louis XIII ratifia en 1611 « les statuts et priviléges de l'art de la Draperie » à Montpellier (1).

Cette industrie, qui avait survécu au Moyen-Age, conservait encore, à la fin du xvii° siècle et au commencement du xviii°, un certain éclat. Un quartier de Montpellier en rappelait naguère le souvenir ; ceux d'entre nous qui ne sont pas encore avancés en âge ont vu les rues Draperie-Rouge et Draperie-St-Firmin, derniers indices d'un commerce oublié (2). Un mar-

---

(1) *Histoire du commerce de Montpellier*, par M. A. GERMAIN ; *passim*. — Le commerce des marchands de Montpellier avec les peuples musulmans était si répandu que l'évêque-comte de Melgueil fit frapper monnaie à l'effigie mahométane et s'attira à ce sujet des reproches du pape, 1266. — V° le savant travail de M. Germain sur les comtes de Melgueil et dans les *Chroniques du Languedoc*, T. II, p. 203, notre article à propos de la lettre de Clément IV.

(2) Ces rues ont disparu il y a 25 ou 30 ans, lors de la construction des Halles et de la modification de la rue St-Guilhem, entre 1855 et 1860.

chand drapier n'était pas le premier venu dans la cité.
C'est pourquoi nous ne devons pas être surpris de
l'alliance que contracta Antoine Bonnier. Sa femme
était la belle Renée d'Audessan, fille de René et sœur
de François d'Audessan ou d'Audessens (1), l'un conseiller et l'autre président en la Cour des comptes,
aides et finances (1671 et 1691). Antoine Bonnier occupait un des premiers rangs de la riche bourgeoisie ;
c'était, comme l'on dirait de nos jours, un grand négociant (2).

L'importance que lui donnait son commerce ne lui
parut pas suffisante ; il voulut acquérir les honneurs
que confèrent les charges. Il devint directeur *des
affaires du Roy*, fonctions qu'il acheta à beaux deniers
et qui lui permirent peut-être de conserver sa lucra-
tive industrie. Dans tous les cas, s'il ne lui fut pas
possible de cumuler, il put, tout en abandonnant son
commerce, faire les affaires du roi sans négliger ses
propres affaires.

Voilà donc le Seigneur d'Alco et le baron de la
Mosson sortis de derrière le comptoir du marchand de

(1) Tallement des Réaux a consacré une *historiette* à ce René
d'Audessan ou d'Haudessens (l'orthographe de ce nom est des plus
variables), baron de Beaulieu, qui était fils d'un notaire au Chatelet de Paris. Il vint à Montpellier et acheta une charge de conseiller à la Cour des Aides. « Il disait qu'il avait quatre-vingt-une
religions et qu'il les trouvait aussi bonnes l'une que l'autre. » Il
laissa une nombreuse postérité. Sa sœur était mariée avec Laffenas.

(2) Nous lisons dans d'Aigrefeuille qu'en 1693 « les sieurs Melon,
Myot, Silvecane, Fabre, Bonnier et Hébrard, marchands de laines,
firent leur soumission « pour acquérir la charge d'assesseur du
» maire à raison de 4000 livres chacun avec 2 sols pour livre. »
Hist. de la ville de Montpellier, 1ʳᵉ édit., t. I, p. 213.

draps. Ils avaient trop d'esprit pour en rougir. Le grand ministre de Louis XIV, le sage Colbert, n'était-il pas lui aussi le fils d'un drapier (1)?

Bonnier eut une nombreuse postérité, son fils aîné Antoine se maria une première fois avec Françoise Thoulouze ou Thoudouze, et une seconde fois avec Charlotte de Comte, fille de noble François de Comte, conseiller à la Cour des Aides de Montpellier, seigneur de la Colombière et de Montmaur. Antoine Bonnier mourut en 1735 (2), laissant après lui plusieurs enfants. Il fut l'auteur de la branche des présidents d'Alco. A la mort de son père il eut à partager l'héritage avec Joseph et ses autres frères ou sœurs. En qualité d'aîné, il reçut la plus forte part, comme le voulait l'usage généralement établi. Mais, pour si grande que fût sa portion, il ne dut pas laisser un riche patrimoine à chacun de ses enfants, qui étaient très nombreux. Ils durent se contenter d'une *aurea mediocritas*, peut-être encore moins dorée que celle du poète. Sans vouloir anticiper, nous trouvons la preuve de cette opinion dans le testament de son frère Joseph (1710). Il donnait à chacun des enfants d'Antoine trois mille livres, et à l'aîné une rente viagère de mille livres. Reconnaissant en lui le chef de famille, il voulait qu'il pût, à ce titre, tenir un rang digne de sa charge et des

(1) « Le marchand et l'artisan, s'il est une fois riche, pousse ses enfants sur les siéges de la justice et croit que sa famille est bien parée, si quelqu'un des siens peut porter une robe de conseiller. » L'*Ulysse français*, ou le *Voyage de France, etc.*, par le sieur Cou-LON. Paris, 1643.

(2) Il était né en 1667. Voir à l'Appendice la Généalogie de la famille de Bonnier. A.

siens. Ses frères, grâce aux offices de judicature et au métier des armes, furent assez convenablement établis ; ses sœurs contractèrent de bonnes alliances ; trois d'entre elles embrassèrent la vie religieuse.

Avant de nous occuper spécialement des Bonnier de la Mosson, nous avons cru nécessaire de jeter un rapide coup d'œil sur la branche aînée, qui conservera désormais la présidence à la Cour des Aides et la seigneurie d'Alco. Le premier de ces présidents d'Alco est le frère de Joseph Bonnier, le dernier sera celui que Montpellier enverra comme député à la Convention, et qui trouvera la mort dans le guet-apens de Rastadt.

Joseph BONNIER

———◆————

Le second fils d'Antoine Bonnier et de Renée d'Audessan, Joseph, naquit le 27 mars 1676 ; bien que la
tradition n'en parle pas, il semblerait qu'une bonne
fée ait présidé à la naissance de cet enfant, peut-être
se tenait-elle cachée derrière le marchand Martin et
sa femme qui le présentèrent aux fonts du baptême.
Ce gros bourgeois, ami d'Antoine, et comme lui enrichi dans le commerce des draps, dut souffler au nouveau-né l'esprit de lucre.

Quand Joseph vint au monde, son père avait déjà
quitté son industrie et se trouvait être *Directeur des
affaires du Roy*. Il grandit dans les bureaux de la Direction et montra un goût particulier pour les finances. Aussi resta-t-il toujours fidèle à Crésus, tandis
que son frère aîné se laissait séduire par Thémis.

Au commencement de l'année 1702, Joseph contracta une alliance des mieux assorties et à ses goûts,
et à sa position, il se maria avec Anne Melon, fille de
Guillaume de Melon, ancien receveur des tailles. La
famille de Melon était très-bien posée dans le pays,
elle avait des représentants non-seulement dans les

finances, mais dans la magistrature et à l'armée. Joseph Bonnier était à cette époque Conseiller du Roi (qui ne l'était pas alors), intéressé dans les fermes de Sa Majesté, directeur des affaires du Roy. Son père, mort depuis quelque temps, lui avait laissé sa charge, après avoir pourvu son frère aîné d'un office de trésorier-intendant des gabelles, en attendant de lui faire revêtir la robe rouge et l'hermine de président. Chacun des deux frères était loti selon ses goûts.

La Direction des affaires du roi ne fut pour Joseph que le premier pas de sa carrière, il visait plus haut. D'abord il cumula et fut, en même temps que directeur des affaires royales, receveur de l'Hôpital général (1709). Mais ce n'était là qu'un acheminement à cette grande situation qu'allait lui donner une nouvelle charge. Une bonne occasion se présenta, et il eut hâte de la saisir. Penautier, trésorier de la Bourse des États de Languedoc, se faisant vieux, voulut se défaire de son office ; Joseph Bonnier se présenta pour l'acheter, fut d'accord du prix avec lui et devint son successeur. Il fallait être riche pour aspirer à la Bourse de la province. Bonnier compta à Penautier 150,000 livres, en avança 400,000 au trésor royal, et dut offrir comme répondant son frère Antoine.

Ce nom de *Trésorier de la Bourse* ne signifie pas grand'chose pour beaucoup de gens. Comme celui des *Trésoriers de France* (1), une rue de Montpellier le rappelle encore ; c'était là qu'habita Bonnier, et après lui ses successeurs, qui acquirent l'un après l'autre

(1) Les trésoriers de France occupaient dans la rue de ce nom l'hôtel que la tradition dit avoir été celui de Jacques Cœur.

son hôtel. Le dernier receveur des États en était propriétaire lorsque furent supprimés et le Languedoc et
son trésorier.

Après avoir prononcé le nom du caissier de la province, il paraît indispensable de jeter un rapide coup
d'œil sur ses attributions. Étudier à fond la compta-
bilité des États serait chose intéressante, sans doute,
bien que hérissée de chiffres ; mais notre but serait
dépassé et nous aborderions un sujet qui exige des
études spéciales.

Dans les pays d'État, comme le Languedoc, deux
sortes d'impôts étaient perçus, les uns au nom du
Roi, les autres au nom des États de la Province, qui
profitaient seuls au Languedoc ; de là les Trésoriers
de France ou du Roi et les Trésoriers de la Bourse
des États de Languedoc, fonctions bien distinctes
l'une de l'autre. Les uns, officiers du roi, étaient justiciables de la Cour des comptes, aides et finances ;
les autres, officiers de la Province, ne relevaient que
des États de Languedoc.

Les États de la Province, dont le président-né était
l'archevêque de Narbonne et à défaut celui de Toulouse, comprenaient les députés des trois ordres. Ils
décidaient, et l'exécution de leurs décisions incom-
bait à trois syndics généraux et à deux secrétaires-
greffiers. Leurs finances étaient administrées par le
trésorier, receveur et payeur à la fois. « C'est un
agent provincial,... nommé à vie par les États, qui
concentrait entre ses mains la recette de beaucoup
plus considérable : don gratuit, frais des États, des
gratifications, des travaux publics, des étapes, sommes imposées pour l'acquittement des dettes, ou,

d'une façon générale, toutes les impositions arbitrai-
res ; de plus, les « abonnements » faits pour la Capi-
tation et pour le dixième ; enfin, les revenus de la
ferme provinciale de l'équivalent. La déclaration du
7 décembre 1758 devait le confirmer dans toutes ces
attributions contrairement aux prétentions de la Cour
des comptes, aides et finances de Montpellier. Ses
livres sont examinés et arrêtés pardevant les États
sans que la Cour puisse en connaître. Toutefois il
devait adresser deux fonds qu'il percevait, celui de la
réparation des places frontières et celui des mortes-
payes, aux trésoriers respectifs de ces deux services, lesquels étaient justiciables de la Cour des comptes (1). »

Le trésorier de la Bourse devait être né dans la
Province. Dépendant des États seuls, c'était avec leur
agrément qu'il pouvait transmettre la charge dont il
était propriétaire, aux siens ou à des étrangers, gratuitement ou moyennant finance. Ne devant compte
de sa gestion qu'aux États, le roi n'intervenait qu'en
dernier ressort et dans le cas de nécessité absolue.

L'origine des trésoriers de la Bourse ne remontait
pas très haut. En 1350, les États jugèrent à propos
d'avoir un receveur, qui recouvrât les subsides dé-
crétés par eux et qui subvînt aux dépenses de la Province. La situation du trésorier de la Bourse du Languedoc fut consacrée et affirmée par l'édit de 1649,
qui rendit à la Province ses franchises, et par des
arrêts du Conseil. Il fut mis à l'abri de toute recherche autre que celle des États.

(1) Essai sur l'*Histoire administrative du Languedoc*, par M. H.
Monin. 1881, in-8°.

Chargé de la levée des impôts, le trésorier de la Bourse devait la faire à forfait, moyennant deux deniers par livre, sans pouvoir exercer des reprises dans ses comptes. Eût-il reçu ou non toutes les impositions de la Province, il devait les verser intégralement. Libre à lui d'actionner devant la Cour des comptes, aides et finances de Montpellier les receveurs (1) des tailles de chaque diocèse, qui, de leur côté, conservaient leurs recours contre les collecteurs et les communautés. « L'obligation d'avancer sans intérêts les restes dus par les diocèses devait devenir écrasante

(1) « Bonnier, qui, en 1715, avait un arriéré de près de deux millions, se prononçait cependant contre la contrainte par corps des receveurs ou la saisie de leurs charges. Le premier expédient, selon lui, arrêtait net le recouvrement par l'inaction où tombaient les collecteurs. Avec le second, les diocèses avaient des frais et des embarras de toute sorte. A tout prix il fallait éviter qu'il y eût dans la même année deux receveurs, à cause de la confusion, des doubles emplois, des omissions qui ne manquaient jamais de résulter de cette situation. Le trésorier fait tous ses efforts pour sauver les receveurs; dans la généralité de Montpellier, dit-il, ils peuvent trouver et faire des avances, parce qu'ils connaissent l'état des communautés et des particuliers. Il espère moins de la généralité de Toulouse. Il n'hésite pas à préférer aux poursuites judiciaires, contre les receveurs ou contre les collecteurs, l'envoi des garnisaires dans les diocèses qui sont trop en retard : avec cette précaution toutefois que les troupes soient tenues sévèrement et que leurs chefs respectent les instructions des États, et se concertent avec les receveurs et avec les commissaires des assiettes. » — *Histoire administrative du Languedoc* (1685 à 1719), par M. H. Monin.

On voit par cette citation que Bonnier, trésorier de la Bourse des États de Languedoc, était un homme pratique dans la gestion financière de la province, et tout à la fois ennemi des sévérités exagérées, dont les résultats étaient douteux.

pour le trésorier (1)». Les deux deniers par livre qui lui étaient alloués compensaient les retards et les non paiements qu'il courait la chance de subir.

Le trésorier de la Bourse était tenu d'avoir quatre caisses ou bureaux : à Toulouse, pour le haut Languedoc; à Montpellier, pour le bas Languedoc ; à Lyon, pour le Forez et le Vivarais, pour le passage des espèces, et enfin à Paris, pour satisfaire le trésor royal et acquitter les dettes contractées par les États pour le service du Roi.

La trésorerie du Languedoc était le ministère des finances de cette province, qui valait « à elle seule un royaume », selon Basville. Elle faisait l'avance des frais de tenue des États ; chaque mois elle payait au trésor royal le montant du don gratuit, elle avançait le prix d'achat des fourrages pour les troupes. C'était le trésorier de la Bourse qui devait subvenir au logement des officiers, lui qui faisait voyager, à ses périls et risques, les sommes dues par la Province. Aussi recevait-il, à titre d'abonnement, chaque année, une somme de 20,000 livres (2) qui, avec un traitement, les taxations, le droit de remise et l'intérêt des sommes avancées, constituait les bénéfices attachés à cette charge (3).

(1) *Hist. Administ.*

(2) Archives de l'Hérault, C. L 862. — Intendance de Languedoc.

(3) « Le trésorier de la Bourse envoyait prendre, aux termes fixés, les sommes encaissées par les receveurs diocésains; il touchait 2 deniers par livre de sa recette réelle, sous le nom de taxations. Il avait en outre, pour les sommes que sous sa responsabilité il expédiait au trésor royal, un droit de remise d'abord de 2 puis de 1 1/2 p. %. » Quant aux avances du don gratuit, le prix fut de 2 1/2 à 1 3/4 p. %. — *Hist. Administ.*, p. 57, 58.

Les profits de la Bourse des États devaient être en rapport avec la responsabilité si grande du trésorier. A combien s'élevaient ces deux deniers par livre, ce droit de remise, les avances pour le don gratuit ? Dans un maniement de fonds si considérable, que de sources de revenus pour un trésorier capable, tel que Bonnier, dans les multiples opérations financières qu'il pouvait mener de front! Encore défense était faite au receveur des États de n'exercer d'autres fonctions, si ce n'est celles de secrétaire du roi. Ces prohibitions n'empêchaient pas Bonnier d'être le banquier des principaux personnages des États et de la Province. Les règlements se prêtent à certaines interprétations que leur font subir le plus souvent ceux mêmes qui sont chargés de les faire respecter.

Toutefois, le traitement que la Province accordait à son trésorier pendant la tenue des États ne pouvait pas augmenter de beaucoup ses revenus. Sur la dépense de chaque session, qui s'élevait à 235,000 livres, le trésorier ne touchait qu'un traitement de 825 livres, mince denier, si on prend, par exemple, pour terme de comparaison, les 1800 livres allouées comme gages au tapissier pour la durée des États. Cette faible allocation ne pouvait pas compenser, pour le trésorier de la Bourse, la diminution qui lui fut faite dans son traité avec les États. Aussi ces derniers se montraient-ils accommodants, et pleine confiance était accordée à la gestion, du reste sérieusement contrôlée, de leur trésorier, qui devait chaque année rendre compte de ses opérations.

« Les attributions du trésorier de la bourse ne laissaient qu'une médiocre importance aux autres chefs du service financier en Languedoc, c'est-à-dire aux receveurs généraux de Montpellier et de Toulouse, et au trésorier des mortes-payes (1) : » Ce qui explique la grande situation qu'occupa, de tous temps, le receveur général de la Province.

Sans remonter bien haut, le prédécesseur de Joseph Bonnier fit beaucoup parler de lui à la fin du xviiᵉ siècle. Le 20 juin 1076, Mᵐᵉ de Sévigné écrit à sa fille : « Vous n'êtes pas actuellement dans l'ignorance de la mort de Ruyter, ni de la prison du pauvre Penautier ; j'arriverai assez tôt pour vous instruire de toutes ces tragiques histoires. » Voyons quel était le personnage que la spirituelle marquise mettait sur le même rang que le célèbre Hollandais.

Pierre-Louis Reich de Penautier, « trésorier-receveur général de la Bourse des États de Languedoc, » avait succédé à son frère Pierre dans cette charge de finance qu'il conserva soixante ans environ et qu'il eut encore le temps de vendre six mois avant de mourir. Sa grande intimité avec la marquise de Brinvilliers le mêla à la célèbre *affaire des poisons ;* il dut s'estimer très-heureux de ne pas avoir le sort de ceux auxquels la terrible marquise distribuait son affection et ses mortels breuvages. On sait le grand retentissement de ce procès ; aussi comprend-on que Mᵐᵉ de Sévigné ait pris un vif intérêt à deux événements qui firent également, mais à des points de vue très opposés, bien du bruit à cette époque. Elle avoue que l'affaire de Penautier est désagréable ; elle apprend à sa fille qu'il a été pendant huit jours dans le cachot de Ravaillac, ce qui est de

(1) M. H. Monin, p. 71.

bien fâcheux augure ! Mais heureusement pour lui, il
a de nombreux et de puissants protecteurs, tels que
Colbert et l'archevêque de Paris, Mgr de Harley.
Néanmoins la Brinvilliers contrebalance ces hautes
influences ; si elle « l'embarrasse davantage, rien ne
pourra le secourir » (26 juillet 1676) ; situation fort
grave pour une innocence si chancelante !

Enfin, débarrassé de la marquise, qui est condam-
née et exécutée, Penautier semble plus rassuré. On
espère qu'il « sortira plus blanc que la neige » (22 juillet 1676). Mais attendons, et nous verrons Mᵐᵉ de Sévigné se raviser ; son optimisme s'atténuera et de
l'innocence du trésorier il ne sera plus question.
« Penautier est heureux, dit-elle ; il n'y eut jamais un
homme si bien protégé ; vous le verrez sortir, mais
sans être justifié dans l'esprit de tout le monde. Il y a
eu des choses extraordinaires dans tout ce procès ;
mais on ne peut pas les dire... Tout le monde croit
qu'il n'y aura pas de presse à la table de Penautier »
(24 juillet 1676). Le trait n'a peut-être pas toute la
malice qu'on serait tenté de le supposer, mais combien est ébranlée la confiance de Mᵐᵉ de Sévigné en la
bonté de la cause de Penautier. Les doutes vont gran-
dissant de jour en jour. Bien qu'il ait un autre protecteur, très puissant lui aussi, en la personne du Cardinal
de Bonzi, archevêque de Narbonne et président des
États, bien en Cour pour le moment, le trésorier de
Languedoc met en jeu tous les moyens capables de le
tirer d'affaire. « On croit qu'il y a cent mille écus répandus pour faciliter toutes choses : l'innocence ne fait
guère de pareilles profusions. On ne peut écrire tout
ce que l'on sait... Le maréchal de Villeroi disait l'autre

jour: Penautier sera ruiné de cette affaire-ci ; le maréchal de Grammont répondit : Il faudra qu'il supprime
sa table » (29 juillet 1676). Quelle distance sépare la
lettre du 22 de celle du 29 juillet ! L'affaire paraît prendre mauvaise tournure ; après Penautier, c'est Belle-
quise, un de ses commis, que l'on arrête (5 août 1676).

Cependant tout s'arrange pour le mieux, le trésorier
de Languedoc est délivré de prison, par une ordonnance de non-lieu, après une année de captivité.

Il conserve sa place et une honorable fortune. Les
craintes des maréchaux ne se réalisent pas. Les grands
seigneurs prennent place à sa table, comme auparavant, estimant que la leçon est suffisante pour que
Penautier n'essaie pas sur ses convives l'efficacité des
recettes de son ancienne amie, qui ont failli le conduire
loin. Il s'efforce d'oublier la Brinvilliers et sa fin peu
digne d'envie.

Le portrait, tracé par Saint Simon de ce trésorier de
Languedoc, mérite d'être rapporté, malgré certaines
inexactitudes faciles à relever. Penautier ne débuta
pas, comme il le prétend, en qualité de petit commis ;
la trésorerie de la Bourse était avant lui dans sa famille. « Penautier, dit-il, mourut fort vieux en Languedoc ; de petit caissier, il était devenu trésorier du
Clergé et trésorier des États de Languedoc et prodi-
gieusement riche. C'était un grand homme, très bien
fait, fort galant et fort magnifique, respectueux et très
obligeant ; il avait beaucoup d'esprit et était fort mêlé
dans le monde ; il le fut aussi dans l'affaire de la Brinvilliers et des poisons, qui a fait tant de bruit, et mis
en prison avec grand danger de sa vie. Il est incroya-
ble combien de gens et des plus considérables se

remuèrent pour lui, le cardinal de Bonzi à la tête, fort
en faveur alors, qui le tirèrent d'affaire. Il conserva
longtemps depuis ses emplois et ses amis; et, quoique
sa réputation eût fort souffert de son affaire, il de-
meura dans le monde comme s'il n'en avait point eu.
Il est sorti de ses bureaux force financiers qui ont fait
grande fortune. Celle de Crozat son caissier est connue
de tout le monde (1). »

Le récit de Saint-Simon confirme en tous points celui
de Mᵐᵉ de Sévigné; mais ils ne sont, ni l'un ni l'autre,
convaincus de l'innocence du trésorier. Néanmoins
Penautier laissa à la Bourse de Languedoc une réputation de probité, que les États se plurent souvent à
reconnaître (2).

L'histoire du xviiiᵉ siècle présente de fréquents
exemples d'élévations d'autant plus surprenantes que
ceux qui en sont l'objet, partis de plus bas, se sont élevés plus haut. Ce Crozat, dont parle Saint-Simon, qui
joua lui aussi un rôle, fut également Trésorier des États
de Languedoc; mais il ne fit que passer sans presque
s'arrêter, aussi son nom ne figure pas dans la liste de
ces caissiers de la Province. Il avait débuté, prétend-
on, par être laquais, était devenu petit commis de Penautier, puis son caissier; de là prenant son vol, il fut
receveur du Clergé, trafiqua dans la banque et les
armements maritimes, obtint du Régent la charge de
trésorier de l'Ordre du Saint-Esprit et finit, après
avoir rempli ces grasses fonctions, par devenir l'important personnage dont l'histoire nous a transmis
le nom. Il mêla son sang à celui de familles princiè-

(1) *Mém. de Saint-Simon*, IX, p. 418.
(2) M. Monin, p. 67 et suiv.

ros ; il maria sa fille au comte d'Evreux, troisième fils
du duc de Bouillon, Godefroi Maurice de la Tour
d'Auvergne, et de Marie-Anne Mancini, nièce de
Mazarin. Barbier, à qui nous empruntons ces détails,
connaissait Crozat, pour l'avoir rencontré chez son
parent Penautier ; personne ne saurait être mieux informé que lui sur le compte de ce célèbre financier(1).

On ne sera pas surpris, après ce que nous venons
de dire sur le prédécesseur de Bonnier, de la grande
fortune de celui-ci, qui lui permettra de marier aussi
sa fille avec un grand seigneur et de laisser à son fils
une situation qui, en augmentant inévitablement,
devait faire de lui un des plus riches personnages de
l'époque.

Labruyère a dit : « Il faut une sorte d'esprit pour
faire fortune et surtout une grande fortune (2). » Cet
esprit Joseph Bonnier le posséda à un très haut degré,
bien qu'il recueillît une succession difficile en venant
après Penautier (3) ; non-seulement il fit fortune, mais
« surtout une grande fortune. » Toutefois les moyens
qu'il employa pour arriver à cette haute position financière ne furent jamais que très avouables, et son
honnêteté a toujours été mise à l'abri. Après la mort
de Louis XIV, le Régent, imitant en cela deux grands
ministres, Sully et Colbert, institua une chambre de
justice chargée de faire rendre gorge aux prévarica-
teurs. Cette mesure, bonne en elle-même, pouvait
être avantageuse au Trésor. Grand nombre de ma-

(1) BARBIER, I. 63, 338.
(2) Les Biens de la fortune.
(3) M. H. MONIN, p. 70.

nieurs d'argent ou *gens d'affaires*, comme on disait alors, furent condamnés à verser cent soixante millions. Mais de ces millions beaucoup s'égarèrent avant d'arriver dans les coffres du Roi, par suite de la vénalité de la Chambre de Justice. On raconte qu'un financier taxé à douze cent mille livres reçut l'offre d'un grand seigneur de le libérer moyennant trois cent mille livres. « Ma foi, Monsieur le Comte, vous venez trop tard, lui répondit le traitant. J'ai fait mon marché avec Madame la Comtesse pour cent cinquante mille livres. » Ce trait ne saurait mieux peindre une époque.

Le nom de Bonnier ne figure pas dans la liste des sept cent trente *taxés*, bien que Buvat (1) prétende que Michel Bommier, receveur des États de Languedoc, ait été taxé cent mille livres. Il y a erreur évidemment, Michel Bommier ne peut-être confondu avec Joseph Bonnier, et nous ne nous y serions même pas arrêté si la fonction de trésorier de Languedoc, qui lui est attribuée, ne paraissait devoir établir une confusion entre ces deux personnages. Buvat n'aurait-il pas voulu parler de Michel Bouret, autre financier célèbre? Quoi qu'il en soit, cette assertion ne saurait nous préoccuper, et les États de Languedoc eux-mêmes nous sont les plus sûrs garants de la probité de leur trésorier. Ils ne permirent pas que l'on touchât à ce dernier, et obtinrent en sa faveur un arrêt du Conseil qui le dérobait aux recherches de la Chambre de Justice (1717). N'est-ce pas le plus bel éloge que l'on puisse faire de la gestion de Bonnier? Si leur trésorier

(1) Journal de Buvat.

eût été coupable, les États auraient peut-être pu arrêter les poursuites, mais ils seraient restés redevables
vis-à-vis du trésor royal de la somme réclamée à
Bonnier. En plusieurs circonstances ils lui accordè-
rent des marques d'estime ; non-seulement ils reçurent son frère d'abord, puis son fils comme *survivan-
ciers* de sa charge, mais ils le dispensèrent dans la
suite de toute caution.

L'honnête administration des finances de la Province ne s'opposa pas à l'augmentation de la fortune
particulière de Bonnier. Spéculateur habile, il sut profiter des occasions. Comme les frères Pâris, ces
grands financiers du xviii° siècle, il aurait fait de grands
profits dans la fourniture des armées. On rapporte à
ce sujet une anecdote qui prouverait son habileté.
C'était à l'époque de la guerre d'Espagne, les principaux fournisseurs se trouvaient réunis au Ministère de
la guerre pour faire des offres. Tout-à-coup arrive
Bonnier, escorté de caisses lourdement chargées. En
présence d'un concurrent qui se présentait avec de
si sérieuses intentions, tous les autres prétendants
se retirèrent et Bonnier fut chargé de la fourniture de
cette campagne. On découvrit depuis son stratagème;
ces coffres dont il s'était fait suivre ne contenaient
que des pierres. L'anecdote est-elle vraie? Cette ruse
grossière fut-elle réellement employée? Tout est possible : si rien ne la confirme, rien non plus ne la con-
tredit.

Le Receveur des États n'eut pas toujours besoin
de recourir à de tels expédients pour augmenter ses
richesses. Il sut tirer parti des occasions que son siècle
lui offrit. Financier consommé, il profita du *système*

et des folies de la banque de Law ; il fut assez habile
pour se retirer à point et ne pas attendre la banque-
route qui détruisit tant de folles espérances. Habitant le plus souvent la Capitale, il se trouvait au centre des affaires, et sa fortune se ressentit des spéculations qu'il n'était pas possible, surtout alors, de
suivre du fond de la province. Que d'élévations subites
cette époque ne vit-elle pas, élévations suivies de chu-
tes aussi rapides, mais moins dignes d'étonnement ?
Les chroniques du temps citent, entre autres, un compatriote de Bonnier, un certain « Bragousse, originaire
de Languedoc, natif de Montpellier, venu à Paris,
sans autre équipage qu'une trousse garnie de ses rasoirs » ; séduit par le système, ce simple garçon-bar-
bier jette savonnette et rasoirs, et court à la rue Quin-
campoix, où il ne perd ni son temps ni sa peine.
Devenu riche, il épouse une blanchisseuse qu'il aimait
et peu après achète une charge de trésorier de la
maison du roi. Sage en contractant un mariage conforme à son inclination et à sa naissance, il ne le fut
plus en voulant devenir trésorier du roi : l'ambition
causa sa perte ; la charge n'ayant pu être payée qu'à
moitié, la ruine s'ensuivit. Aussi le chroniqueur con-
clut-il en manière d'oraison funèbre : « Bragousse est
mort fort gueux contre l'ordinaire de ses confrè-
res (1). » Nous ne prétendons établir aucune comparaison ; mais cet exemple nous montre combien il
était aisé de s'enrichir ; aussi, pour un homme habile
et prudent comme Bonnier il était encore plus facile
de grossir la fortune qu'il possédait déjà.

(1) La *Gazette noire*.

Néanmoins les soupçons ne l'épargnèrent pas, nous les estimons peu fondés, puisque son honnêteté résista à l'épreuve du creuzet de la fameuse Chambre. Est-ce par malveillance ou simplement par erreur que Marais prétend qu' « on parle de décréter M. Bonnier, trésorier de Languedoc, qui a le premier manié cette affaire et l'argent, et à qui il en est resté, dit-on, une bonne partie dans les doigts. Il a une bonne protection qui le tirera d'affaires (1). » Ce ne sont, probablement, que des on-dit ; nous avons cherché, sans en trouver aucune trace, à connaître cette affaire. Toutefois il faut croire que son innocence aura plus fait que ses protections en cette occurrence : son prétendu complice nous en est garant, ce riche financier qui ne sut pas mettre à profit sa grande fortune. Parti de bas, comme la plupart de ses pareils, Bouret, de simple employé dans les voitures de sel du royaume, s'éleva de degré en degré aux charges de fermier général, de trésorier de France, de directeur des blés pour la Provence, qu'il sauva de la disette, et reçut en récompense d'un tel service une médaille offerte par les habitants : reconnaissance aussi maigre que le bénéfice, mais honneur bien grand et enviable à l'égal de nombreuses richesses.

Bouret se montra le type du financier grand seigneur. Riche de quarante-deux millions, courtisé par les plus beaux esprits, même par Voltaire,—il courtisa à son tour les Muses,—son orgueil fastueux le perdit. Le roi daignait aller chez lui. Pour recevoir son maître, il bâtit le pavillon de Croixfontaine qu'il orna à grands frais.

(1) MARAIS, t. III, p. 446 (10 octobre 1726).

Son souverain honorait, une fois l'an, un de ses
rendez-vous de chasse, honneur chèrement acheté et
qui l'obligeait à donner un splendide festin non-seulement au roi, mais à sa nombreuse suite. La construction de maisons aux Champs-Elysées, qu'il orna
somptueusement, acheva sa ruine. Le roi mourut sans
le tirer de ce mauvais pas, et lui, pour ne pas survivre
à ce désastre, se tua. « Il fut, pour son malheur, imprudent jusqu'à la folie, il ne fut jamais malhon-
nête (1). » Cet éloge de Bouret rejaillit sur Bonnier ;
s'il y eut complicité entre eux, il n'y eut pas compro-
mission honteuse ; on ne peut leur imputer la mau-
mauvaise foi. Toutefois le trésorier de Languedoc se
montra plus sage, et son orgueil ne le conduisit pas
à la ruine, puis à la mort.

Du reste, dans toute sa vie, Bonnier semble avoir
aimé les situations franches. Son caractère bienveillant s'opposait à ce qui lui paraissait douteux, et si
son esprit n'était pas sûrement éclairé, il recourait aux
lumières d'autrui. Des affaires d'intérêt suscitèrent des
difficultés entre son frère Antoine et lui, s'agissait-il
de la succession de leur père ou de la charge de trésorier, dans laquelle ils eurent quelque temps des intérêts communs? Ils désiraient résoudre la question
pendante, sans toutefois altérer l'union fraternelle, « à
raison des différends qui s'élèvent entre eux pour
affaires et sociétés faites ensemble. » Ils choisirent des
arbitres et prièrent le roi d'attribuer à ceux-ci le pouvoir de décider en dernier ressort au sujet de leurs
contestations. Un arrêt du Conseil d'État du 14 mars

(1) Mém. de Marmontel, III, p. 154.

1718 fit droit à leur requête. Les juges désignés par les deux frères pour statuer sur leurs intérêts, tout en sauvegardant cette paix intime dont ils se montraient si jaloux, étaient des hommes distingués et par le caractère et par le rang qu'ils occupaient dans leur cité ; on remarquait Lamoignon de Basville, intendant du Languedoc, les présidents Bocaud et Fonbon, le conseiller Dejean ; Béranger, trésorier de France ; Moustelon, lieutenant du sénéchal, et Limozin, secrétaire du Roi (1). Avec un tribunal si bien composé, toute difficulté fut aplanie, et chacun des deux frères obtint la justice qu'il attendait.

Le trésorier général de la Bourse de Languedoc était un personnage marquant, non-seulement dans sa province, mais encore à Paris. Il possédait des demeures en rapport avec sa grande situation. Son père, Antoine Bonnier, le marchand de laines, avait sa maison dans la rue Saint-Guilhem, près le chemin des douze pans (2), dans un des plus beaux quartiers de Montpellier. Principal propriétaire de l'île où se trouve sa demeure, il lui donne son nom ; en 1686, *l'isle de Jean du Suc* deviendra l'isle d'Antoine *Bonnier*, non plus marchand de laines, mais *bourgeois* ; il gravit un échelon de plus de l'échelle sociale. Il n'y a pas bien longtemps que les Bonnier ont élu domicile dans la rue Saint-Guilhem ; ils habitaient auparavant près de la porte du Peyrou, sixain Sainte-Croix : c'est là qu'était

---

(1) Archives de l'Hérault f. de l'Intendance du Languedoc.

(2) Elle faisait l'angle des rues Saint-Guilhem et Triperie-Neuve, avec saillie sur celle-ci. (Archives de la ville de Montpellier. — Compoix. — Sixain Saint-Paul.)

la maison du cardeur de laines, autre Antoine Bonnier.
Mais l'immeuble de la rue Saint-Guilhem ne reste pas
longtemps entre les mêmes mains et est vendu, sans
doute avec le fonds de commerce, à Laurent Boulet,
marchand de laines, qui, à son tour, donne son nom à
l'isle Bonnier (1). Il n'est rien de nouveau parmi nous.
Autrefois comme de nos jours, on ne craignait pas de
changer à la moindre occasion la dénomination d'un
quartier, sans grand profit pour personne, mais au
risque de léser de légitimes intérêts.

Quel qu'ait été le motif qui fit abandonner la maison
de St-Guilhem, peu nous importe, le président d'Alco,
d'un côté, et Joseph Bonnier, de l'autre, cherchèrent
gîte ailleurs. Antoine-Samuel Bonnier trouva à acheter,
derrière le couvent des Capucins, une partie du jardin
de l'hôtel de Solas et s'y fit construire une habitation,
digne encore aujourd'hui d'attirer l'attention (2) !
M. de la Mosson ne s'éloigna pas autant de la maison
paternelle. Près de la rue Saint-Guilhem, et bien que
le voisinage des rues Draperie-rouge et Draperie-Saint-
Firmin lui rappelât son origine (qu'il ne reniait pas
malgré son élévation), il résolut d'établir ses pénates.
Mais pour lui tout était à refaire. Il acheta quatre ou
cinq vieilles maisons à Fulcran Limozin, Conseiller-
Secrétaire du Roi ; à Pierre Garnier Deschesnes, Trésorier de France ; à Jean Saporta, Docteur régent en
médecine, et à d'autres (3). La plus grande de ces mai-

(1) *Id.* Compoix de 1738.
(2) Rues Fournarié et Bonnier d'Alco.
(3) Une grande maison au Pas Estrech, tripot et jardin. — Une
maison et four au Pas Estrech. — Grande partie de maisons fai-

sons était celle de Jean Saporta, qui avait un jardin.
Le tout se trouvait situé au *Pas Estrech*. Le *Pas
Étroit* (1), telle était la dénomination qui convenait le
mieux à ce quartier. Bien que déblayé depuis quelques
années, il pourrait encore conserver ce nom. Aussi
n'a-t-on pas de peine à se figurer ce qu'il devait être
à cette époque. L'on se rappelle encore le labyrinthe
de rues ou de ruelles qui entourait naguère la rue que
l'hôtel de Bonnier a fait appeler rue du Trésorier-de-
la-Bourse. La pioche du démolisseur est bien passée
par là, jetant à bas de vieilles maisons et donnant libre
accès au jour et à l'air ; mais il reste encore à faire.
Aussi sommes-nous surpris de voir Joseph Bonnier,
qui taillait en plein drap et que rien n'attachait personnellement à ce quartier, venir se loger au Pas Étroit,
où ses carrosses ne pourront arriver qu'à grand peine,
au risque de lui rompre le cou. Il est à supposer que le
Trésorier de la Bourse ne trouva pas mieux.

Au dernier siècle, Montpellier avait encore le même
aspect qu'au Moyen-Age. Assez maltraités par le
siège de la ville, sous Louis XIII, ses remparts l'en-
serraient toujours. Bien qu'il n'en subsiste aujourd'hui
que de faibles vestiges, on peut se rendre compte du
peu de développement de la ville, qui ne dépassait pas
autrefois les boulevards actuels, établis sur les anciens
fossés. Les maisons n'occupaient pas même tout l'espace compris entre les boulevards; à l'intérieur des

sant coin, près le plan Tournemire, — plus une partie de maison,
le tout attenant. — (Archives de la ville de Montpellier. — Compoix.)

(1) La rue du *Pas Estrech* a été englobée par la rue de la Fri-
perie (Indicateur des rues de Montpellier, 1853).

murs régnait le chemin de ronde, ou des *Douzes Pans*, nécessaire au service de la place. C'est ce qui explique pourquoi Bonnier, ne voulant pas habiter les faubourgs, obligé fut de se fixer dans un quartier qui nous paraît indigne de lui. Elles n'étaient pas rares les belles demeures dans cette cité que Buffon a appelée « un magasin mal rangé de belles maisons; » mais se transmettant de génération en génération, elles ne sortaient pas des familles qui les possédaient. Autrefois les déplacements étaient peu fréquents, le besoin de s'éloigner de la ville natale ne se faisait pas sentir comme de notre temps ; les familles augmentaient et les logements devenaient insuffisants. Il régnait à Montpellier une grande aisance, soit dans la haute bourgeoisie, dans les divers rangs de la magistrature (1), de l'aristocratie et parmi les professeurs des nombreuses écoles. Quel était le bourgeois tant soit peu important qui ne possédât pas pignon sur rue. C'est pourquoi si l'on met ces considérations en ligne de compte, on comprendra facilement les raisons qui obligèrent Bonnier de la Mosson à aller habiter au Pas Étroit.

Du reste on ne saurait bien juger une époque si on ne se la représentait telle qu'elle a été, avec ses

(1) Si nous considérons que la Cour des comptes, aides et finances, composée d'un premier président, de 12 présidents, de 108 conseillers de diverses catégories, de 5 gens du Roi, d'un greffier en chef, gens tous riches qui payaient leurs charges : 100,000 livres les présidents et 60,000 livres les conseillers, nous aurons une idée des personnes qui presque toutes possédaient un hôtel. Il faut aussi tenir compte des représentants de l'autorité, des trésoriers de France, et d'une foule d'habitants en position d'occuper de belles demeures.

mœurs et ses usages. L'on retrouve encore aujour-
d'hui dans ces parages des vestiges, souvenirs des
divers siècles et de leurs habitants ; à défaut d'autres
témoignages, ils nous prouveraient que des hôtes
illustres ne dédaignèrent pas ces sombres et étroites
rues, qui aujourd'hui nous effraient tant. Là c'est une
porte, ici une croisée, plus loin une voûte, qui nous
rappellent le Moyen-Age, la Renaissance et des temps
moins éloignés. N'est-ce pas tout près qu'une tradition, plus ou moins digne de foi, place la maison de
Marie de Montpellier ; une porte ogivale, encore bien
conservée, ne nous montre-t-elle pas l'entrée de ce
palais, d'apparence fort modeste, où un roi d'Aragon, dans un moment d'humeur, plongea son poignard
dans le sein du jeune Roquefeuil, son page et son
parent ; la rue Jacques d'Aragon ne nous rappelle-
t-elle pas cet hôtel de Tournemire où fut scellée la
réconciliation de Marie avec son royal époux et dont
le gage fut la venue de dom Jayme? C'était là le plus
aristocratique quartier de Montpellier. Mais sans
remonter si haut et sans parler d'hôtes princiers, nous
y trouvons encore, du temps de Bonnier, le président
de Convers, les conseillers de Vaulsière et Jacques
Tournezy, seigneur de Poussan, M. de Barrière, M. de
Bornier, nom cher à notre vieille école de droit, Pierre
Pons, bourgeois, descendant de cet autre Pierre Pons,
sans doute, élu roi-capitaine du noble jeu de l'arc en
1556; noblesse éphémère, il est vrai, mais qui peut
en valoir d'autres ; tous gens marquants dans leur
ville, comme aussi les vendeurs de Bonnier, ou inves-
tis de hautes fonctions judiciaires.

Bonnier de la Mosson s'empressa de raser ces

vieilles maisons du Pas Étroit et de les remplacer par
un bel et confortable hôtel. Il subsiste cependant
encore un ancien vestige de ces constructions sur une
rue latérale, c'est un arc ogival qui fut longtemps
appelé *Arc de M. Bonnier*.

Homme de goût, le trésorier de la bourse comprit
que dans une rue si resserrée il ne pouvait pas construire une façade monumentale. Il sacrifia l'exté-
rieur à l'intérieur. Il n'eut pas besoin, pour arrêter les
plans et diriger les travaux de son hôtel, de recourir
à un architecte de la capitale. Montpellier possédait,
et a possédé de tous les temps, des artistes en l'art
de bâtir qui ont laissé des œuvres que nous admirons
encore de nos jours. Le célèbre d'Aviler (1) était mort
au commencement du siècle; cet architecte, né à
Paris, mais que Montpellier peut, à bon droit, reven-
diquer comme un des siens (car il se maria, vécut et
mourut dans cette ville), avait laissé des élèves qui
faisaient honneur à sa mémoire. L'architecture était
dignement représentée par cette sorte de dynas-
tie des Giral (2), dont plusieurs générations fourni-

_____

(1) D'Aviler, originaire de Nancy, naquit à Paris en 1653 et
mourut à Montpellier en 1701. Élève de Mansart, il a laissé des
livres estimés sur l'architecture. Il se maria avec la fille de Jean
Fraissinet et d'Antoinette Flaugergues.

(2) Étienne Giral, né en 1603, fut l'auteur de la première promenade du Peyrou.

Jean Giral, né en 1079. Ses œuvres les plus remarquables sont
l'hôtel Saint-Côme, l'église des Jésuites, aujourd'hui Notre-Dame
des Tables, et celle de l'Hôpital Général.

Jean-Antoine Giral, fils d'Étienne ci-dessus et de Jeanne Azemar
(1713 à 1787), fut le plus connu et le plus célèbre de cette famille

rent des maîtres distingués : le dernier a attaché son
nom à la belle promenade du Peyrou. Ce fut Jean
Giral qui présida aux travaux de la maison Bonnier.
On peut encore voir, dans la rue du Trésorier-de-la-
Bourse, cette demeure telle à peu près qu'elle fut
édifiée (1). Avec sa cour d'honneur et son jardin, qui
a dû se soumettre aux exigences d'un quartier par
trop resserré, on a devant soi un gracieux hôtel du
xviiie siècle. On peut bien y retrouver des réminiscences de l'époque précédente, mais si habilement
ménagées avec le goût du jour, que l'œil n'en est nullement choqué. Cette maison est encore une des principales de *ce magasin de belles maisons;* mais on ne
saurait la bien juger qu'en franchissant la porte d'entrée et en examinant avec soin les façades de la cour
et du jardin.

A l'ordonnance élégante qui règne au dehors répon-
dait au dedans un aménagement du meilleur goût.
L'inventaire de Bonnier de la Mosson que renferment
les anciennes archives de l'Intendance du Languedoc
nous conduit à travers de vastes salons, de nombreux

d'architectes. Les États du Languedoc le nommèrent architecte de la Province et lui conférèrent la construction du Peyrou,
qui ne ressemble nullement à celui édifié par Étienne. Pour le
récompenser de son travail, les États décidèrent de lui servir une
pension, qui à sa mort passa en partie à sa veuve, Marie Bédaride,
notre arrière grand'-tante. Jacques Giral, son frère, était membre
de l'Académie de Peinture, de Paris.

(1) Cet hôtel a longtemps été connu sous le nom de maison
Joubert, de son dernier propriétaire à la révolution, qui fut aussi
le dernier trésorier de la Bourse. Après être passé de mains en
mains, il fut acheté par M. le Vte de Rodez-Bénavent, ancien
sénateur, dans la famille duquel il est encore. — Il fut construit
au commencement du xviiie siècle.

cabinets, chambres, offices, rôtisseries, pâtisseries, cuisines, laboratoires, enfin toutes ces diverses pièces que le luxe d'un prince de la finance rendait nécessaires à son service. Dans une ville comme Montpellier ce superflu n'existait guère, si ce n'est chez l'Intendant et le Gouverneur, grands personnages par la situation et souvent par la naissance, qui traînaient après eux les usages de la capitale et son luxe ; dans la première ville du Bas-Languedoc on aimait le bien vivre, mais tous ces raffinements étaient inconnus et les ancêtres de Bonnier se contentaient à moins de frais. Le trésorier de la bourse, habitant Paris une grande partie de l'année, avait adopté les usages de la capitale et les avait implantés dans son hôtel du Pas Etroit. Après lui son fils devait renchérir sur ces innovations et porter ce faste plus haut.

Ne soyons pas surpris de l'installation de Bonnier en Province ; qu'était-ce à côté de celle qu'il avait dans la Capitale? Nous lui connaissons deux demeures successives qui se valaient, à peu près, par leur importance. Penautier et le Secq, quelque temps associés à la Bourse de Languedoc, lui avaient vendu l'hôtel de Pomponne, situé dans un des plus beaux quartiers de Paris au XVIIe siècle, sur la place des Victoires. Nommer son ancien possesseur, c'est dire ce qu'était cet hôtel, où Penautier tenait table ouverte et recevait, ainsi qu'on nous l'a appris, avant comme après l'affaire de la Brinvilliers, les plus grands personnages de son temps. Cet immeuble avait appartenu à l'origine aux religieux de Saint-Martin-des-Champs, qui le louaient à un marchand à l'enseigne du *Cinge qui piste*.

Après de nombreuses mutations et modifications, la maison et le jardin des bons pères devint successivement l'hôtel de l'Hospital du Hallier, de Lafeuillade et de Pomponne, dont il conserva le nom, enfin de Penautier. Bonnier le vendit à son tour et non sans quelque profit; une dame Chaumont, flamande, qui avait gagné six millions dans le *système*, le lui acheta la somme de quatre cent quarante-deux mille livres comptant (1).

Délogé de chez lui, le trésorier de Languedoc établit plus loin ses pénates. Il n'eut à regretter ni son marché ni son ancienne demeure. Dans le faubourg Saint-Germain, que l'on nommait à juste titre, alors comme de nos jours, le noble faubourg, où se donnaient rendez-vous les plus grandes familles de Paris et même de France, se voyait un hôtel remarquable qui portait le nom de la duchesse du Lude. Comme l'hôtel de Pomponne, comme bien d'autres, il avait, lui aussi, son histoire. Sur le territoire dépendant jadis de l'abbaye de Saint-Germain, messire Duret, président en la Cour des Comptes et secrétaire du Roi, avait fait élever par le sieur de Cotte, premier architecte de Sa Majesté, une demeure digne d'un président et d'une duchesse. Le magistrat s'en défit en faveur de Marguerite-Louise de Béthune, duchesse douairière du Lude ; de là la dénomination qui lui est restée, bien qu'il ait souvent changé de maîtres. Après la

(1) LEFEUVE. — *Les anciennes maisons de Paris sous Napoléon III*, t. IV p. 104 et suiv. — Journal de Buval, t. I p. 449. — L'inventaire du château de la Mosson mentionne l'acte d'achat de l'Hôtel de Pomponne (Archiv. départ. de l'Hérault, f. de l'Intendance du Languedoc).

mort de la noble dame, le président Duret en redevint propriétaire, mais ne l'habita pas. Il le louait en même temps à la Comtesse de Cosnac et à M. de Montmort, que vint déloger en 1726 le nouvel acquéreur, Bonnier de la Mosson. Le receveur du Languedoc ne devait pas jouir de sa nouvelle demeure ; à la fin de cette même année, il mourait. Nous verrons son fils occuper au milieu du luxe et du plaisir cette habitation, digne d'un grand seigneur.

Aujourd'hui, de l'hôtel du Lude, il ne reste plus que le souvenir. Les bureaux du Ministère de l'agriculture et du commerce sous le second empire l'ont remplacé(1). Le plan en relief (2) se voyait autrefois au château de la Mosson, même après la mort du fils de Bonnier ; qu'est-il devenu ? il a subi le sort de bien d'autres objets dont on déplore la perte. Toutefois nous pouvons nous en faire une idée en parcourant les dessins et en lisant la description que nous en a laissés Blondel dans son ouvrage sur l'architecture française, où il occupe une place fort honorable. L'hôtel avait son entrée principale rue Saint-Dominique, et le jardin, qui se trouvait derrière, allait rejoindre la rue de l'Université. Une porte cochère donnait accès à une grande cour d'honneur (3), au fond de laquelle s'élevait la façade principale avec ses cinq fenêtres, encadrée de chaque côté d'un corps de logis soutenu au rez-de-chaussée par un portique. A gauche, un passage con-

(1) LEFEUVE, op. cit., t. III, p. 437.
(2) Archives de l'Hérault, f. de l'Intendance.
(3) La Cour d'honneur de 10 toises sur 13. — BLONDEL, tome I, ch. 18.

duisait à une seconde cour, très spacieuse, affectée
spécialement au service des remises et des écuries.
On pouvait sortir de cette cour sans passer par la
première ; elle communiquait par une porte cochère
avec la rue Saint-Dominique. Le jardin, par ses vastes
proportions, pouvait être appelé un parc ; à cette
époque il en existait encore dans l'élégant faubourg
de très spacieux. La façade, sur le jardin, de vingt-neuf
toises, était percée de seize fenêtres. Pour atténuer
la monotonie d'une si longue suite d'ouvertures, l'architecte avait habilement ménagé sur les deux fenêtres du milieu, au-dessus du premier étage, un fronton du meilleur effet.

Les dispositions intérieures répondaient aux satis-
factions que l'œil éprouvait au-dehors. Au rez-de-
chaussée avaient été aménagées, pour les jours de ré-
ception, sept magnifiques pièces qui communiquaient
avec le jardin, où pouvaient se rendre les invités lorsque la saison le permettait. Les appartements de famille, affectés à la vie de chaque jour, étaient au premier étage.

L'hôtel du Lude, en changeant de propriétaire, ne
changea pas de nom. Les Bonnier ne firent qu'y passer. Le père mourut peu après l'avoir acheté, le fils
ne devait pas en jouir longtemps, et Mme de Chaulnes,
leur héritière, ne l'habita pas (1). Mais avant de disparaître, il servit de demeure à de grands personnages : le duc de Biron, le prince de Conti l'habitèrent
avant la Révolution, et depuis, nous y trouvons le maréchal Kellermann, duc de Valmy.

___

(1) En 1786, elle le louait à Sechelle, contrôleur général des
finances, ministre secrétaire d'État. — LUYNES. XIV, p. 100.

Pourquoi appelait-on Joseph Bonnier M. de la Mosson ? Au xviii° siècle, même avant, tout bourgeois possesseur d'un bien noble, d'une seigneurie, ajoutait ou même substituait à son nom celui de sa terre. Ainsi le frère aîné du trésorier de la Bourse, Antoine Bonnier, n'était désigné que sous le nom de président d'Alco, de par la seigneurie d'Alco, qui lui venait de son père. De même, Joseph Bonnier, propriétaire de la terre, de la baronie de la Mosson, devint baron de la Mosson. Environ à une lieue de Montpellier, en se dirigeant vers le Nord-Ouest, on trouve un bourg, ancien en dépit de son nom, Celleneuve, dont l'église carolingienne, contemporaine et jadis tributaire de l'abbaye de Saint-Benoît d'Aniane, trahit l'origine. Au pied du village coule une paisible rivière, que franchit la route sur un pont moderne en pierres, c'est la Mosson. Ses bords pittoresques chaque jour exploités par les peintres du pays, qui savent en tirer de gracieux paysages, peuvent à juste titre faire dire d'elle ce que Sainte-Beuve a dit du Lez, cette autre rivière dont les eaux baignent Montpellier du côté opposé. Comme le Lez, elle « rappelle les fleuves de la Grèce. Il y a sur ses bords, tantôt le paysage sec et aride, tantôt, et tout-à-coup, le frais bosquet et l'ombrage, comme pour l'Eurotas ; et c'est le même ciel bleu. »

Au bord de ces frais ombrages et sous ce ciel d'azur existait au commencement du xviii° siècle un antique castel, flanqué de ses quatre tourelles sur lesquelles grinçaient de vieilles girouettes (1) couvertes

(1) Inventaire du château. Archives de l'Hérault, f. de l'Intendance,

de la rouille des siècles. Cette gentilhommière, épave du Moyen-Age, qui mirait ses murs noircis dans l'onde pure et surveillait autrefois la grande route, sur laquelle elle était bâtie, se trouvant à vendre, Bonnier s'en rendit acquéreur. Ainsi fut fait baron de la Mosson le trésorier des États de Languedoc. Toutefois la baronie existait déjà de nom et ne fut pas créée à l'usage du nouveau propriétaire seulement. Bonnier n'imita pas certain M. Jourdain qui, dans son domaine,

« Fit creuser à l'entour un grand fossé bourbeux
» Et de Monsieur de Lisle en prit le nom pompeux.»

Le fossé, ou plutôt la rivière était creusée, le trésorier des États en profita, sans toutefois se faire violence. Déjà en 1544, Louis de Bucelli, conseiller en la chambre des comptes, se qualifiait de Baron de la Mosson; après lui Pierre de Bécherand, conseiller de la Cour des comptes, aides et finances (1681), propriétaire de la Mosson, portait le titre de cette baronie; ce fut la fille de celui-ci, Antoinette de Bécherand, femme de Jacques de Sartre, qui vendit le château à Joseph Bonnier. Rien de plus naturel que le nouveau propriétaire portât le titre que ses prédécesseurs avaient en qualité de possesseurs de cette terre. Comme eux il était d'une famille de robe; n'avait-il pas un frère président de Cour souveraine ?·

Bonnier ne trouva pas le manoir des Bucelli et des Bécherand à son goût. Ce castel flanqué de ses sombres tourelles n'était plus de son temps; on n'avait plus à craindre les détrousseurs de grand chemin ou les caprices d'un voisin trop batailleur. Ce parfum moyen-âge n'allait pas au propriétaire des hôtels du Pas Étroit, à Montpellier, et de Pomponne, à Paris.

Cette vieille gentilhommière, tout au plus convenable pour de graves magistrats de province, ne pouvait plaire au grand seigneur financier, habitué au luxe de la capitale ; à ce site enchanteur, il fallait une demeure claire et riante, comme l'eau et la verdure qui lui servaient de cadre. Les murs couverts de mousse et de lierre furent jetés à bas.

Si l'on peut encore voir, dans sa simple architecture, le château que fit construire le président Antoine-Samuel Bonnier, sur sa terre d'Alco (1), il ne reste que des ruines de celui qu'éleva Joseph Bonnier avec tant de magnificence. Le nouveau château de la Mosson eut le sort de son aîné, sans en avoir eu la durée ; celui-ci résista aux injures du temps, celui-là fut sacrifié aux caprices des hommes. On ne peut aujourd'hui se faire une juste idée des splendeurs que Bonnier avait réunies dans ce coin de terre. Nous embellissons, il est vrai, tout ce qui est loin de nous; mais ici la pensée reste au-dessous de la réalité : la renommée du château de la Mosson n'était pas, comme nous le verrons, usurpée ; c'était une de ces gracieuses résidences que le xviiie siècle avait marquées de son cachet si fin et si délicat.

La pose de la première pierre du château de la Mosson eut lieu avec toute la solennité possible ; une plaque fut gravée pour rappeler cet événement. On y lisait : « Messire Joseph Bonnier, baron de la Mausson, seigneur de Juvignac, Aussargues, Malbosc et autres lieux, trésorier général des États de la Province de Languedoc, et dame Anne de Melon, son épouse, ont

(1) Mort le 11 mai 1737.

commancé le nouveau château de la Mausson et autres édifices au mois de juillet 1723. » Au-dessus de l'inscription se distinguaient les armes accolées des Bonnier et des Melon (1), surmontées non du tortil de baron, mais de la couronne comtale, timbre alors à la mode et que prenaient surtout ceux qui n'avaient aucun titre.

On a souvent reproché, avec raison, au XVII⁰ siècle de n'avoir pas su aimer et encore moins apprécier la belle nature ; tous les regards étaient éblouis par Versailles et le Roi Soleil. Élevait-on des palais dans les champs, c'était à l'exemple de Louis XIV et en se rappelant sa royale demeure. Le XVIII⁰ siècle vint et avec lui apparut une nouvelle vie. Il se fatigua de Versailles et se prit d'affection pour la campagne, à sa manière, il est vrai, mais enfin il l'aima. Il ne se contenta pas de la maisonnette chère à Jean-Jacques, placée à mi-coteau avec ses murs blanchis à la chaux et ses fenêtres peintes en vert. De somptueux châteaux sortirent de terre, où les puissants du jour passaient une partie de leur existence au milieu du luxe et des plaisirs, qui leur rappelaient la ville et la Cour.

Bonnier fut l'homme de son siècle. Les charmes de la Mosson l'attirèrent souvent ; il venait s'y reposer de ses travaux. Aussi rien ne fut négligé pour embellir cette demeure de prédilection. Quand il voulut se bâtir un hôtel à Montpellier, il ne fit pas appel à un

(1) Armes de Bonnier : de sable à 7 besants d'or, au chef de sable trois gerbes ; celles des Melon ; 1 et 3 d'azur à 3 melons d'or, 2 et 3 de gueule, 2 croix potencées d'or ; au chef d'azur deux étoiles d'or.

architecte étranger; pour la Mosson il trouva suffisant
le talent de Giral qu'il chargea de dresser les plans
et de diriger les travaux de sa nouvelle habitation.
Le choix de Bonnier fait honneur au talent de l'artiste ; s'il ne l'eût pas trouvé à la hauteur de sa tâche,
il n'aurait pas manqué d'en appeler un plus capable,
car il voulait avant tout faire grand et faire beau.
Ce que nous voyons encore debout, nous donne
une haute idée de la valeur de l'architecte ; on
retrouve sur le corps central du château de la Mosson,
seul vestige qui subsiste, des réminiscences des hôtels
de S¹-Cosme et de l'Intendance (1) à Montpellier :
C'est au rez-de-chaussée un rang de colonnes toscanes, qui supportent le grand balcon ; au premier, des
pilastres corinthiens reçoivent la frise. L'ensemble n'a
rien de trop chargé, c'est sobre et du meilleur goût.
Toutefois on ne peut se faire une juste idée de ce
qu'était le château dans son entier, aujourd'hui que
ses ailes de gauche et de droite ont disparu.

Pour orner l'intérieur de sa nouvelle habitation
Bonnier ne pouvait mieux faire que de s'adresser à un
autre de ses compatriotes, à Raoux, peintre de grande
valeur, qui occupe un rang distingué parmi les maîtres de son époque. Vers la fin de 1723 il l'avait déjà
fait venir de Paris pour terminer un grand tableau de

(1) Ancienne façade de l'hôtel de la Préfecture, bâtie pour la
célèbre comtesse de Ganges, qui fit ses héritiers les hospices de
Montpellier. Cet hôtel fut acheté pour loger les Intendants, qui
abandonnèrent alors l'hôtel de la Vieille Intendance. L'hôtel St-
Côme, dû à la munificence de Lapeyronie, chirugien de Louis XV,
pour y établir le collège de Chirurgie, aujourd'hui est devenu la
Bourse.

famille qu'il lui avait commandé. Sur cette toile Bonnier était représenté en chasseur, entouré des siens, déposant à ses pieds le produit de sa chasse. Le trésorier ne manquait jamais de rappeler que la figure la plus chère était celle d'un lièvre qui se trouvait sur le premier plan; l'exécution du tableau s'étant prolongée, il avait fallu plus de cent lièvres à l'artiste afin de pouvoir bien représenter celui qu'il avait à peindre. Cette toile, aujourd'hui détruite, ou dont la trace est du moins perdue, était, de l'avis de D'Argenville (1), un morceau considérable pour le grand fini, bien digne de Raoux, qui excellait dans les détails. Elle prit place à Paris dans la salle à manger de l'hôtel du Lude.

Charles Blanc (2) a rapporté ces détails, d'après D'Argenville, mais en homme qui connaissait peu Bonnier. Il nous dit que la liaison de M. de la Mosson et de Raoux se noua dans les coulisses de l'Opéra, où ils se rencontraient souvent, et que ce même M. de la Mosson laissa en mourant de curieuses collections. Le savant historien a commis deux graves erreurs : Bonnier connaissait Raoux en sa double qualité de compatriote et d'amateur de beaux-arts. Ce n'était pas lui, mais son fils, qui fréquentait les coulisses et qui devait laisser les curieuses collections si connues de ses contemporains. Le père et le fils jouèrent, grâce à leur goût éclairé et à leur grande fortune, le rôle de Mécène ; ils savaient juger à sa valeur le talent de

---

(1) D'ARGENVILLE. *Abrégé de la vie des plus fameux peintres*, 4 v. in 8°.

(2) CH. BLANC. *Vie de Raoux, Histoire des peintres.*

Raoux et l'attirèrent souvent au château de la Mosson, qu'il orna de son délicat pinceau.

Bonnier ne se bornait pas à amasser des richesses ; il savait en faire un noble usage. Protecteur des artistes, il se montrait secourable aux malheureux. Ce n'était pas en vain que l'on faisait appel à sa charité. Nous en avons la preuve dans une bien triste circonstance, alors qu'un terrible fléau menaçait de se répandre sur la France entière. Depuis un an la peste ravageait Marseille ; la mortalité était très forte, pendant un mois environ on avait vu plus de mille victimes succomber chaque jour dans la grande ville où le fléau s'était glissé par surprise, apporté avec des marchandises introduites en contrebande. Si les devoirs de l'humanité et de la charité furent méconnus par beaucoup, certains, et au premier rang l'évêque Belzunce, les médecins de Montpellier, le chevalier Roze, les échevins de la ville, prodiguèrent leurs soins et leurs consolations avec une abnégation des plus héroïques. Malheureusement il y eut d'autres victimes que celles de Marseille. Des bords de la Méditerranée la peste fondit sur les montagnes du Gévaudan, que leur position semblait mettre à l'abri de toute atteinte, gagna de proche en proche le Vivarais et menaça les plateaux élevés du Bas-Languedoc (1). Elle avait été importée dans ces régions par un *corbeau*, nom donné avec juste raison aux forçats qui s'offraient à ensevelir les pestiférés et qui recevaient

(1) Le Bas-Languedoc comprend une portion de la chaîne des Cévennes et de ses contreforts. C'est la partie la plus haute de la province.

en échange la liberté, une fois leur triste besogne achevée, liberté chèrement achetée par ceux qui purent en jouir et parvinrent à tromper la mort. Ce corbeau se trouvant à Correjac (dans le diocèse de Mende) prêta son manteau à un paysan, le Roustit, et le fit boire à une tasse en argent qu'il portait sur lui. Il n'en fallait pas tant ; le Roustit succomba, et le mal gagna tout le pays, fauchant devant lui des centaines de victimes. Comme à Marseille, à Mende l'évêque déploya un dévoûment héroïque.

En septembre 1721, les bruits de peste retentirent jusqu'à Montpellier ; les régions montagneuses du Bas-Languedoc déjà menacées furent atteintes. Ici encore l'évêque donna le premier signal ; il sonna l'alarme afin de conjurer le mal ou de le combattre s'il apparaissait dans son diocèse. Il s'efforça de prendre toutes les précautions nécessaires en présence du danger. Il s'adressa aux principaux personnages de sa ville épiscopale et parmi eux à Bonnier de la Mosson, dont il connaissait le grand cœur et l'inépuisable charité.

Le 24 septembre 1721 il lui adressa un chaleureux appel. « Vous savez, sans doute, Monsieur, lui écrivait-il, que la peste est à Genouilhac (1), par conséquent bien proche de nous... Cependant les provisions de notre ville sont dans le même état où elles étaient quand vous êtes parti... Vous êtes bien heureux de n'y être pas ; et vous avez pris le parti que les meilleures têtes de ce pays ont pris. Mais je ne saurais vous exprimer combien je vous regrette. » Comme

_____

(1) Diocèse d'Alais.

dans une place assiégée, dans une ville décimée par
l'épidémie, les bouches inutiles doivent être éloignées ; les reproches de Colbert s'adressaient à ces
hommes obligés, par leur position, à donner l'exemple
et à fournir des secours aux malheureux. Si l'évêque
se plaignait de voir Bonnier loin de Montpellier, c'était
par affection, par intérêt pour lui qu'il déplorait son
absence à l'heure du danger.

Il fallait tout d'abord assurer au peuple une nourriture saine et suffisante. Le roi l'avait si bien compris,
que, sur son ordre, il avait été expédié de Paris des
vivres en Vivarais. A Montpellier, les gens riches ne
mettaient pas grand empressement à donner : la nature humaine est ainsi faite, elle attend pour agir que
le mal frappe à sa porte et semble n'avoir rien à craindre quand il est encore loin.

Joachim Colbert mettait tout son espoir en Bonnier;
cet homme lui paraissait devoir être l'instrument de
la Providence. La ville « n'a que 25.000 livres, pour-
suit-il, et je n'ai plus aucune espérance pour lui en
faire trouver. J'ai parlé, je me suis fâché, j'ai menacé
d'écrire, j'ai écrit : tout cela jusqu'ici n'a servi de
rien. Vous êtes le seul homme en qui je puisse mettre
mon espérance. Au nom de Dieu, ayez pitié de nous,
ayez pitié de votre patrie, de vos amis, de vos concitoyens ; et prêtez-nous ce qui nous est absolument
nécessaire pour nous empêcher de périr.... Si vous
craignez que l'argent soit mal employé, réglez vous
même l'usage que vous voulez qu'on en fasse. Je vous
donne ma parole que vos intentions seront fidèlement
exécutées, non-seulement par reconnaissance du bien
que vous ferez, mais parce que je suis persuadé, et tout

le monde aussi, qu'on ne peut rien faire de plus avantageux pour le public que de suivre vos avis. Vous
avez témoigné l'année passée votre amour pour la
ville ; mais les besoins n'étaient pas si grands ni si
pressants qu'ils le sont aujourd'hui. »

La charité du Trésorier des États n'avait pas à faire
ses preuves ; elle était connue de l'Évêque, il savait
qu'on ne l'implorait pas en vain. Il s'adressait à l'ami
et lui disait : « Si j'étais moi tout seul dans l'extrême
misère où nous sommes tous, j'espérerais de votre
amitié que vous ne me laisseriez pas périr faute d'assistance. Que ne devez-vous pas faire, à plus forte raison, non-seulement pour moi que je crois que vous
aimez, mais pour toute une grande ville qui doit vous
être chère et précieuse ? Sa perte ne vous causera-
t-elle pas un plus grand dommage que celle des sommes que vous nous prêterez quand même vous devriez
les perdre : ce qui n'est pas à appréhender ? » Le prélat était pressant ; il lui fallait cinquante mille écus ;
à la rigueur, il se contenterait de cent mille livres.
Bonnier ne voudrait pas consentir à partager avec un
autre la gloire, devant Dieu et devant les hommes,
d'avoir sauvé sa patrie. Enfin, il « le conjure par les
entrailles de la Miséricorde de Jésus-Christ... Je crois
que c'est trop parler de cela, dit-il en terminant, à un
homme dont le cœur est aussi généreux que le vôtre.
J'attends de vous plus que je ne vous demande et vous
promets une plus grande récompense que vous n'en
pouvez attendre de la reconnaissance des hommes. La
mienne durera aussi longtemps que ma vie. Personne
ne vous honore plus que je ne le fais (1), » etc...

(1) Œuvres de J. Colbert. 3 vol. in-4°.

Les derniers mots de cette lettre n'étaient pas une
de ces formules banales généralement employées. Ce
que l'austère Janséniste écrivait, il le pensait, lui qui
souffrit la persécution plutôt que de renoncer à des
doctrines condamnées à Rome, mais qu'il croyait
vraies ; il affectionnait réellement Bonnier de la Mosson. Celui-ci ne dut pas résister à cette éloquence du
cœur, à l'appel chaleureux d'un pasteur implorant
pour son troupeau. Si pareille lettre honore son auteur, elle honore aussi celui à qui elle s'adresse ;
cette démarche n'est pas inconsidérée ; elle nous
prouve que la grandeur d'âme de Bonnier était connue.
Du reste, Colbert ne prend aucun détour : il distribue
également et l'éloge et le blâme. Il célèbre la générosité du trésorier, mais il lui reproche son absence.
Les gens du monde verront là une manœuvre peu
habile ; l'évêque ne sait pas déguiser sa pensée, il la
dit tout entière sans recourir à de petits moyens.

Les craintes de Colbert pour sa ville épiscopale,
pour son diocèse, n'étaient pas sans fondement ; on
les partageait aussi à Paris. D'Aguesseau écrivait à
l'Intendant de Bernage : « Monsieur, il est vrai que le
mal paraît tirer à sa fin dans la ville de Marvéjols et
qu'il n'est pas bien violent à Mende. Mais ce qui m'af-
flige, c'est qu'il ait gagné les faubourgs d'Alais et qu'il
commence de menacer de si près la ville de Montpellier. Il faut espérer que votre vigilance et celle des
commandants militaires y mettront des bornes, et que
la qualité de la maladie paraissant s'adoucir, vous aurez la consolation de voir votre province délivrée d'un
si grand fléau.

« Je suis... etc... D'Aguesseau. Paris, le 21 octobre
1721. ». 4

A Montpellier, les mesures les plus rigoureuses avaient été ordonnées ; un cordon sanitaire entourait la ville. Deux hommes qui voulurent le franchir, malgré les défenses sévères, furent pris et fusillés. « Ce fut un malheur ; mais hélas ! quelquefois nécessaire, car de la vie de ces deux hommes dépendait peut-être l'existence de beaucoup d'autres (1). » Jusqu'en 1722, on craignit pour la cité ; toutes les mesures étaient prises pour résister à la première attaque : le commandant et le bureau de santé devaient s'établir dans le Palais, qui semblait, par sa position, être le lieu le plus salubre. Enfin, les précautions furent heureusement vaines, le fléau ne fit pas son apparition.

Sans la publication des œuvres de J. Colbert, ce trait de la vie de Bonnier serait passé inaperçu. Aussi il n'est pas possible aujourd'hui de dire les nombreuses occasions dans lesquelles eut à s'exercer sa générosité. Celui qui donne oublie aussi facilement que celui qui reçoit ; de même que la main gauche, en matière de charité, ne doit pas savoir ce que fait la main droite, de même aussi ceux qui acceptent des secours se croient obligés de ne pas se les rappeler.

Ils ne furent pas de ce nombre ces bons frères Récolets, qui éprouvèrent les effets de la générosité du Trésorier de la Bourse et qui en conservèrent une grande reconnaissance. Les registres de ces religieux, déposés aux archives de l'ancienne Intendance de Languedoc, nous retracent les bienfaits de Bonnier. Les Récolets célèbrent bien haut ses vertus et le mettent au premier rang des bienfaiteurs de leur

(1) D'AIGREFEUILLE. — *Hist. de Montpellier.*

ordre. Il ne se contente pas de leur distribuer de larges
aumônes ; chaque année il offre pour la fête de Saint
Joseph, son patron, un superbe repas à la Commu-
nauté.

Aumoniers de l'armée de Louis XIII, qui assiégeait
Montpellier (1622), les Récolets exercèrent après la
reddition de la Ville les mêmes fonctions à la citadelle.
Plus tard, grâce à la générosité du Conseiller Jean de
Sartre, qui leur donna un vaste enclos dans le faubourg Villefranche (1), ils purent avoir une maison à
eux. Deux ans après la pose de la première pierre
(5 octobre 1664), ils prirent, en grande pompe, possession de leur couvent (25 octobre 1666). L'Évêque,
M. de Pradel, présidait la cérémonie, à laquelle avaient
été conviés M. de Bezons, intendant de Languedoc,
MM. de Sartre, de Toyras et les consuls de la ville, en
robes rouges. L'Église n'avait pu être terminée faute
de ressources ; elle fut bénie le 5 juin 1689 seulement,
et attendit son clocher, ainsi que les décorations intérieures, jusqu'en 1716. Ordre mendiant, les Récolets
vivaient au jour le jour, sans inquiétude, confiants
en la miséricorde de Dieu et en la charité des
hommes.

En 1706, un contrat signé entre *Joseph Bonier*, intéressé dans les affaires du Roi, et les Récolets, concé-
dait au premier la troisième Chapelle, à droite, dans
l'église nouvellement construite. Le concessionnaire
devait la consacrer à Saint Joseph, son patron, et s'engageait à en jouir, comme de sa propre chose, lui, et

(1) Sur le chemin de Castelnau ; aujourd'hui le grand séminaire a remplacé, comme nous le verrons, les Récolets.

les siens après lui. Il pouvait remettre en état le caveau voûté qui se trouvait au-dessous, pour le consacrer à sa sépulture et y faire placer les pierres et inscriptions qu'il jugerait convenable. Le prix de cette concession fut fixé à 400 livres. Néanmoins, malgré la modicité de la somme, Bonnier ne faisait pas le meilleur marché. Il s'engageait à orner la chapelle d'un tableau « relatif à la dédicace d'icelle », à y faire mettre un autel avec sa garniture ; en un mot, à la fournir de tout ce qui était nécessaire à la célébration du culte.

Il ne faudrait pas se figurer que Bonnier ait acquis cette concession dans l'unique but de s'assurer une sépulture convenable. S'il voulut se ménager un refuge au delà du tombeau, il eut aussi la généreuse pensée de venir au secours des religieux, de les aider à orner leur église et à terminer leurs travaux. Non-seulement « il embellit magnifiquement la chapelle qu'il avait dans l'église, » mais encore il combla de largesses le couvent et contribua pour beaucoup à la construction du grand escalier. Aussi quand il mourra ce sera une grande perte pour les Récolets, qui constateront sur leur registre, avec regret, qu'il « fut enseveli, trop tôt, hélas ! » dans sa chapelle. Mais le Trésorier de la Bourse ne sera pas oublieux : les bons Pères auront une place dans son testament, et il se montrera leur bienfaiteur, même après sa mort ; il leur léguera quatre mille livres « pour achever la bâtisse de leur couvent, » à condition que chaque jour une messe basse sera dite, à perpétuité, dans sa chapelle pour le repos de son âme.

Joseph Bonnier, qui orna magnifiquement de tous

les objets nécessaires au culte sa chapelle de Saint-
Joseph, voulut aussi y faire construire un riche mausolée. Lui qui, de son vivant, avait été si jaloux de posséder de belles demeures, voulut que ses cendres re-
posâssent dans un monument digne de lui. Il ne laissa
pas ce soin à ses héritiers; il ordonna tout de son vivant. Si à Montpellier il avait trouvé des architectes et
des peintres de talent, il n'y rencontrait pas des sculpteurs d'un égal mérite. Pour mettre ses projets à exécution, il dut avoir recours à un artiste de la Capitale.
Il traita, en 1719, avec François Dumont, sculpteur du
roi et membre de l'Académie, de l'érection d'un superbe monument en marbre et en plomb, qui mérite
d'être décrit. Cet édicule avait une hauteur de vingt-
deux pieds et se terminait en pyramide. Un piédestal
carré de cinq pieds sur six à sept en formait la base;
il était en marbre blanc veiné et devait recevoir une
tablette de marbre noir avec inscription en lettres
d'or. De chaque côté du piédestal se trouvait une tête
de mort avec ses ailes et au-dessus deux écussons aux
armes de Bonnier de la Mosson et d'Anne de Melon.
Deux lions, aussi en plomb doré, flanquaient l'écus-
son et supportaient un tombeau en beau marbre noir,
surmonté d'un couronnement de même. Au dessus, un
groupe remarquable en marbre blanc représentait une
jeune enfant de cinq ans, à genoux sur un carreau, et
un enfant de naissance, qui lui donnait la main, debout
sur un nuage. La pyramide, qui dominait le mausolée,
était terminée à son sommet par une urne.

La description de ce monument dispense de toute
appréciation ; elle dit et sa richesse et sa valeur artistique. Bonnier veilla avec le plus grand soin à son

exécution. Il se fit faire par le sculpteur un modèle en
grand, avant l'exécution, et indiqua les modifications
qu'il jugea nécessaires.

D'un commun accord, la somme de 10,000 livres fut
stipulée pour le travail du sculpteur et le prix de la
matière. La signature du traité eut lieu le 1ᵉʳ novembre 1719, jour probablement choisi avec intention, à
cause de la fête des morts. Une clause spéciale sti-
pulait en faveur de l'artiste la somme supplémentaire
de mille livres, si l'œuvre était achevée dans le courant de septembre 1720. Dumont se mit aussitôt à
l'œuvre et put soumettre à Bonnier le 13 décembre
1719 « le modelle en grand dud. mausolée », qui fut
approuvé en tous points. Le travail marcha bon train ;
le sculpteur, qui avait déjà reçu 3,000 livres, en touchait 2025 le 21 mai suivant. Nous n'avons pu savoir
si le mausolée fut terminé à l'époque fixée, toutefois il
n'y aurait rien d'étonnant à ce que les termes du contrat aient été scrupuleusement observés (1).

De ce mausolée, véritable œuvre d'art, il ne reste
aujourd'hui pas la moindre trace. L'église qui l'abri-
tait n'a conservé, elle-même, que ses quatre murs.
Le monument de Bonnier partagea, sans doute, le
sort des édifices religieux pendant la Révolution ; les
marbres en furent brisés, et les plombs dorés durent
être fondus et servir de balles à fusil. L'église des

(1) La description du mausolée nous a été communiquée par
M. de la Pijardière, archiviste de l'Hérault, qui a eu l'obligeance
de nous donner copie du traité, conservé dans les archives de
M. Dumont, décédé récemment (1884), membre de l'Institut, et
de cette grande famille de sculpteurs dont il était le quatrième.
— Voir Appendice B.

Récolets, transformée en prison ou en magasin à fourrages, fut rendue au culte par Mgr Fournier, évêque de Montpellier, qui y installa le séminaire. On ne peut aujourd'hui se faire une idée de ce qu'elle était autrefois, avec ses ornements et les tombeaux que plusieurs familles de la cité, à l'exemple de Bonnier, y avaient fait élever (1).

Toutefois le Trésorier de la Bourse ne devait pas occuper de quelque temps la magnifique sépulture qu'il venait de faire élever. Il put contempler avec un juste orgueil l'œuvre à laquelle il avait présidé. Mais n'avait-il pas quelque pressentiment de sa fin prochaine? Il devait mourir à un âge qui lui promettait de longues années et au moment où, nouveau propriétaire de l'hôtel du Lude, il allait jouir en paix de cette princière demeure.

On rapporte qu'au mois de novembre 1726, le régiment de son fils étant de passage à Montpellier, Bonnier de la Mosson voulut, en son honneur, donner de grandes fêtes. Pendant un bal qui avait lieu chez lui il fut victime d'un accident qui lui coûta la vie. Barbier nous raconte dans ses mémoires cette mort, sans trop en préciser la cause. « M. Bonnier, dit-il, trésorier des États de Languedoc, riche de 10 à 12 millions, âgé de 80 ans, est mort à Montpellier, pour avoir voulu tenir table ouverte au régiment de son fils et en faire les honneurs (2). » Le chroniqueur semble

_____

(1) On y voyait les tombeaux des familles de Sarret, de Lauriol, d'Azémar, de Philippi, de Loys, de Pastourel, de Déjean, de Reversat et de Barthélemy, dans les artres chapelles.

(2) Barbier, I, p. 150.

avoir été au courant de l'événement malheureux ; mais il ne connaissait pas le trésorier de Languedoc, auquel il donne trop généreusement un âge respectable, alors qu'il avait environ 50 ans (il était né en 1676). Le *Mercure de France*, au contraire, ne lui octroie que 51 ans et 6 mois : ce qui se rapproche plus de la vérité (1).

Des deuils de famille avaient impressionné Bonnier. Lorsqu'il commande son tombeau, il a déjà perdu deux enfants. La même année 1719, il écrivit ses dernières volontés. Depuis il avait été de nouveau fortement éprouvé dans ses affections de père : sa fille Anne-Marie-Thérèse lui avait été ravie à la fleur de l'âge. Tous ces chagrins avaient peut-être altéré sa santé, et, quoique dans la force de l'âge, il ne put résister à l'accident, qui pour d'autres n'aurait pas eu de suite fâcheuse.

En lisant le testament de Bonnier on est surpris de trouver le trésorier de la Bourse différent de ce qu'on le voyait de son vivant. Lui, ami du luxe et des honneurs, recommande que ses obsèques se fassent simplement et sans grande pompe. Lui qui a pris tant de soin à faire élever son tombeau ne tient pas à ce que ses restes occupent le beau mausolée des Récolets ; s'il meurt à Montpellier, on l'y déposera, mais si la mort le frappe à Paris, il sera enseveli simplement dans sa paroisse.

Si ses dernières volontés nous montrent le receveur des États différent de ce que nous l'aurions jugé, il est toujours le même sous d'autres aspects : il apparaît

(1) *Mercure* de 1726.

tel qu'il a été, bon, généreux et charitable, plein de
sollicitude pour les malheureux, quels qu'ils soient. Il
lègue d'abondantes aumônes aux pauvres des paroisses de sa ville natale, à ceux de la Miséricorde, aux
ordres mendiants, aux couvents, aux hôpitaux Saint-
Éloi et Général, enfin à tous ceux qui, à Montpellier,
vivent du superflu des puissants de la terre. Il est
même touchant de voir avec quel soin minutieux il ne
craint pas d'entrer dans les détails. Ainsi il veut que
son legs à l'hôpital Saint-Éloi soit employé à l'entretien « d'une sœur grise » et à l'achat pour chaque jour,
à perpétuité, de deux poules ou chapons destinés à
bonifier le bouillon des malades et à être servis ensuite en nourriture aux convalescents : il est expressément défendu d'employer la donation à tout autre
objet.

Sa sollicitude pour tous s'étendait à plus forte raison sur ceux qui l'approchaient. Nous ne relèverons
pas les marques d'affection qu'il accorde à sa femme
et à ses enfants ; après eux, il n'oublie aucun des
siens. Nous savons que les enfants d'Antoine Bonnier, ses neveux, eurent une part à sa générosité,
et l'aîné, mieux partagé que ses frères et sœurs, fut
institué son héritier par substitution, dans le cas où
ses propres enfants viendraient à mourir. Enfin une
clause spéciale est consacrée à ses serviteurs, il est
aussi bon maître qu'il a été parent dévoué : à chacun
de ses domestiques, qui étaient très nombreux, il
laisse une somme d'argent et leur donne sa garde-robe
à partager entre eux. Nous avons vu le financier
grand seigneur ; l'homme de cœur apparaît dans son
testament. L'argent n'avait pas étouffé en lui les gé-

néreux sentiments qui de tous temps s'étaient conservés dans cette famille de bons bourgeois (1).

Bonnier, en mourant, recommandait sa femme, Anne de Melon, à l'affection et aux soins de ses enfants. Sa chère épouse ne devait pas tarder à aller le rejoindre. Elle ne mourut pas à Montpellier comme lui, mais à Paris. Ses restes durent reposer à côté de celui avec qui elle avait été unie par les liens du mariage ; la mort ne pouvait pas les séparer, et comme Bonnier, Anne de Melon dut occuper la place qui l'attendait aux Récolets.

Le Trésorier des États du Languedoc était un homme de grande notoriété non-seulement dans sa province, mais encore à Paris. Barbier annonçait sa fin parmi les grands événements du temps. D'autres chroniqueurs de l'époque mentionnèrent aussi, comme un fait digne d'être connu, la mort de Bonnier. Toutefois la célébrité des Bonnier de la Mosson ne fait que commencer ; après lui elle ira en croissant : les honneurs escorteront la fortune. De tous ses enfants, dont trois ont été fauchés avant l'âge, le Trésorier de la Bourse ne laissa qu'un fils, Joseph, et une fille, Anne-Joseph. Si ceux qui précédèrent leur père au tombeau ont passé sans laisser la moindre trace de leur court séjour sur la terre, ceux qui lui survécurent firent quelquefois parler d'eux et défrayèrent trop souvent la chronique de ce siècle de légèreté et de folies.

(1) Testament de Joseph Bonnier, baron de la Mosson, fait le 18 juin 1719, ouvert le 20 novembre 1726 par Bellonnet, notaire à Montpellier. — V. Appendice C.

Monsieur DE LA MOSSON

Le 6 septembre 1702, Bonnier, directeur des affaires
du Roy, avait eu un fils, appelé Joseph comme lui, qui
fut présenté deux jours après à l'Église de Notre-
Dame-des-Tables de Montpellier pour recevoir le
baptême. La marraine du nouveau-né était son aïeule,
la veuve d'Antoine Bonnier, celle qui avait été jadis
la belle Renée d'Audessan, et son parrain Guillaume
Melon, ancien receveur des tailles, son grand-père
maternel.

Le jeune Joseph grandit au milieu de ce luxe
qu'entraîne après elle l'opulence. Nous savons que
les affaires du roi avaient été très profitables à celles
de Bonnier, qui put troquer sa charge de directeur
contre la Bourse des États de Languedoc, acquise de
Penautier à chers et beaux deniers. Quoi d'étonnant
à cela? La trésorerie de la province avait toujours
enrichi celui qui l'avait possédée ; on estimait cette
« place quatre fois supérieure à celle d'un fermier (1)
» général », et la tradition nous a dit ce qu'étaient les
fermiers généraux.

(1) CHEVRIER. *Colporteur*, 82, 83.

Obligé de tenir bureau ouvert à Paris, le Receveur du Languedoc finit par y établir sa principale demeure, et nous savons de qu'elle manière il se fixa dans la capitale. Le jeune Bonnier suivit son père dans ses déplacements ; élevé au collège des Jésuites de sa ville natale, qui jouissait d'une réputation bien fondée, il poursuivit ses études dans un des principaux établissements de Paris. Il trouva peut-être là un enseignement plus élevé, mais il ne sut pas en profiter. Ses travaux eurent pour compagnons les plaisirs, faciles dans une grande ville à un fils de famille dont la bourse se trouve largement pourvue.

À la mort de son père, Joseph Bonnier était dans le beau de la jeunesse ; il comptait à peine vingt-quatre ans, âge plein de promesses, mais hanté de bien des tentations, alors surtout qu'une grande fortune enlève tout obstacle. Bonnier laissait aussi en mourant une fille, qui devait avec Joseph partager les trésors du père, bien que la plus forte portion fût dévolue au fils. Par son testament le receveur de la Bourse instituait celui-ci son principal héritier, laissant à ses filles Anne-Marie-Thérèse 550,000 livres, et à Anne-Joseph 500,000. La première de ses sœurs étant venue à mourir, le patrimoine déjà considérable de Joseph, fut accru de cette part, qu'il eut à partager avec l'autre, Anne-Joseph.

Bonnier laissait à son fils une énorme fortune, mais il y avait encore mieux que cela dans sa succession : la Bourse des États de Languedoc à elle seule était une véritable mine à trésors, et cependant on aura peine à croire que Joseph hésitât à s'en charger.

Le jeune baron de la Mosson se prenait pour un vrai gentilhomme. De simple mousquetaire (1), devenu de par les écus paternels, Maître de camp, Colonel du régiment des Dragons-Dauphin, l'un des plus beaux régiments de France et Maréchal des logis de la maison du roi, il regrettait les honneurs que lui procurait la carrière des armes, pour devenir simple trésorier des États de Languedoc. Il en coûtait à un jeune homme élégant, bien fait, ami des plaisirs et de la gloriole, d'abandonner ce beau corps d'élite, qui avait été créé en 1673 pour le fils de Louis XIV, le grand Dauphin. Il était fier le colonel ou plutôt le brigadier maître de camp, lorsqu'il paradait à la tête de son régiment dont l'uniforme avait un grand éclat : « manteau, habit, veste et culotte bleus, garnis d'agréments blancs, bonnet blanc bordé de bleu, ceinturon de peau piquée de blanc, bas blancs, chapeau bordé d'argent fin et cocarde noire, boutons d'étain façonnés pour les soldats et d'argent pour les officiers ; équipage bleu bordé de blanc au chiffre du Dauphin. » Avec cela, un jeune cavalier pouvait faire tourner bien des têtes. On comprend qu'il hésitât avant de renoncer à tant et de si brillants avantages.

Toutefois quelques bruits discordants se mêlaient à toutes ces grandeurs ; M. de la Mosson les entendait-il ? il les mettait sur le compte de la jalousie. De l'avis de certains, il se faisait illusion, et ce titre de colonel dont il était si fier « ne lui convenait pas trop, ou même point du tout. »

(1) « Le fameux Bonnier de la Mosson, fils d'un homme de fortune qui de mousquetaire devint colonel du régiment Dauphin-Dragons. » CHEVRIER, *Colporteur*, p. 82, 83.

Enfin la raison prit le dessus. Tout ce que Bonnier perdait en vanités était largement compensé par les beaux deniers que lui faisait miroiter la trésorerie des États. Après avoir mis en balance le pour et le contre, le colonel des Dragons-Dauphin brisa son épée et de brigadier, maréchal des logis de la maison du roi, devint le caissier de sa province. D'autres se seraient consolés à moins de cette prétendue déchéance. « En comptant la dépense de colonel et le revenu de sa charge, on compte que cela lui fait cent mille écus de rente de différence (1), » riche dédommagement, en vérité. La retraite de Bonnier ne passa pas inaperçue à Paris. « Je ne sais pas d'autres nouvelles pour finir l'année 1726, nous dit Barbier. Bonnier a quitté son régiment, sa charge de maréchal de logis de la maison du roi. »

Le nouveau trésorier de Languedoc était l'homme à la mode, l'homme du jour; il avait tout ce qu'il fallait pour mener grande vie. En supposant que les mœurs d'un siècle très accommodant n'eussent pas pénétré en province et que les habitudes patriarcales régnassent encore dans la bonne ville de Montpellier, il est probable que, même du vivant de son père, Joseph Bonnier y importa bien des licences tolérées dans la capitale. Ce n'est pas la chronique scandaleuse du temps qui nous en fournit la preuve; nous la trouvons dans les registres de la paroisse de Notre-Dame des Tables ; on ne saurait donc en douter. Un fils de Bonnier y figure, malgré sa venue peu régulière dans le monde. Heureusement pour lui, pour eux-

(1) BARBIER, 150, t. I.

mêmes, le pauvre enfant, qui n'avait pas demandé à naître, ne tarda pas à quitter cette terre et prit son vol vers un monde meilleur ; né en janvier 1727, le petit Joseph mourait le 10 juillet 1728. Tout paraissait naturel dans cet événement. Le nom du père figurait, sans le moindre déguisement, à côté de celui de la mère, une nommée Lyon. La pauvre créature partit de ce monde avec les honneurs dus au rang de son père, et fut religieusement inhumée dans l'église St-Mathieu ; M. de la Mosson n'alla pas toutefois jusqu'à lui faire partager le mausolée de famille.

L'ancien Colonel des Dragons-Dauphin se montra plus ami du plaisir que grand financier. Ce n'était, du reste, pas nécessaire ; il n'avait qu'à laisser courir l'eau. Heureusement pour lui, son père avait mis la Trésorerie des États sur un bon pied. Financier consommé, Bonnier, qui se connaissait en hommes et en affaires, avait organisé avec un soin tout spécial ses bureaux et s'était entouré d'un personnel (1) dont la capacité et la probité étaient également éprouvées. Après lui son fils put jouir des bénéfices d'une pareille organisation et trouva dans sa charge une grasse sinécure, exempte de soucis et grosse de revenus. Fut-ce pour plus de tranquillité et pour la surveillance de ses bureaux, que Joseph Bonnier s'associa quelque temps, à la Bourse des États, son cousin Antoine-Samuel, le président d'Alco, avec survivance (2) ? asso-

(1) Dumas était son caissier principal et Fouquet son principal commis, tous les deux à Montpellier. Son premier commis à Toulouse était Gailhac.

(2) Archives départementales de l'Hérault, f. de l'Intendance du Languedoc.

ciation qui fut de courte durée, car née en 1731, elle
prit fin en 1738, par la retraite volontaire du survivancier.

M. de la Mosson ne faisait que de rares apparitions
à Montpellier; Paris avait pour lui tant d'attraits que
s'il le quittait pour le Midi, il allait se réfugier sous
les beaux ombrages de la Mosson et se reposait au
milieu de la belle nature de la vie agitée de la capitale.

Le château dont le père Bonnier avait jeté les fon-
dements n'était pas achevé lorsqu'il mourut, il avait
été fait beaucoup, mais beaucoup restait encore à
faire pour réaliser les magnificences qu'avait rêvées
son maître. Le fils continua les projets du père, en ren-
chérissant par son luxe. Il semblerait que les travaux
auraient été terminés en 1720 (1). Les deux Bonnier
avaient peuplé de merveilles les bords verdoyants de
la Mosson. S'il ne nous est pas permis aujourd'hui d'en
juger, nous pouvons du moins interroger ceux qui purent les contempler à cette époque.

En 1740, Lefranc de Pompignan parcourt la Provence et le Languedoc, et, imitant les célèbres voyageurs Chapelle et Bachaumont, dans leurs pérégrinations à travers la France, confie au papier, moitié en
vers, moitié en prose, ses plus vives impressions.
Partout où il passe il visite tout ce qui est digne d'attention. Arrivé à Montpellier, il veut voir ce qui attire
l'attention non-seulement dans la ville, mais encore aux
environs. « La matinée du lendemain fut employée à

(1) Archives départementales de l'Hérault. — L'inventaire mentionne des quittances de règlement de compte de cette année.

visiter la Mosson et la Vérune. Les eaux et les promenades de celle-ci ne méritent guère moins de curiosité que la magnificence de la première, où il y a des beautés royales ; mais où, sans être difficile à l'excès, on peut trouver quelques défauts, auxquels, à la vérité, le seigneur châtelain est en état de remédier. » Et auxquels son bon goût dut remédier.

Lefranc n'en dit pas plus long, mais il en dit assez pour nous faire soupçonner, tout en nous donnant le regret de n'avoir pu les connaître, les *beautés royales* de cette demeure.

Si encore il avait énuméré les défauts qu'il signale, les détails contenus dans son récit auraient pu peut-être nous faire revivre tant de merveilles (1).

Rien n'avait été épargné pour rendre la Mosson digne de l'admiration des contemporains : Bonnier était arrivé à ses fins. Quelles entraves pouvait rencontrer celui qui, grâce à ses fonctions et à sa fortune, puissance devant laquelle tout s'incline ici bas, était l'un des principaux personnages de la province. Il n'eut pas affaire, il est vrai, au meunier *Sans souci* ; toutefois il aurait été plus heureux que le roi de Prusse et serait parvenu à acheter et l'homme et le moulin. Veut-il agrandir son parc? il se trouve en présence d'une ancienne route, une voie romaine ; peu lui importe, il l'englobe dans son enceinte.

(1) LEFRANC DE POMPIGNAN. — *Voyage en Languedoc et en Provence.* — Une édition d'Amsterdam fait dire à l'auteur que « La Vérune et la Mosson appartenaient à feu M. Bonnier, Receveur général des États de Languedoc. » Le premier de ces châteaux était la propriété des évêques de Montpellier, qui l'avaient acquis en échange de la baronie de Sauve.

Le cours de la Mosson contrarie-t-il ses projets? c'est bien simple, il s'empare du lit de la rivière et lui en creuse un nouveau. Il ne connaissait pas d'obstacles, il aplanissait ceux qu'il rencontrait, en un mot il faisait grand. Il avait de l'argent et savait user de ce métal, qui rend possible ce qui ne paraît pas l'être.

Et de tant de merveilles obtenues à si grand frais, que subsiste-t-il aujourd'hui ? Rien, ou du moins bien peu de choses. Si, conviés par une belle journée et un ciel d'azur, d'une limpidité que les ciels d'Italie peuvent seuls égaler, vous dirigez vos pas vers les bords riants de la Mosson, vos yeux seront attirés par des restes qui respirent encore un certain air de grandeur, au milieu de tant de ruines; c'est là que fut le palais des Bonnier. L'on voit debout, en entrant, une partie des avant-corps, indépendants du château, qui formaient une première cour et où se trouvaient les logements des gens de service, les remises et les écuries. Derrière était dissimulée une construction destinée aux ouvriers et appelée, avec juste raison, les casernes du château.

Cette avant-cour se trouvait séparée de la cour d'honneur par un large fossé sur lequel était jeté un pont, le tout entouré d'une gracieuse balustrade de pierre. Ce fossé servait à délimiter ces deux cours et à loger des bêtes fauves (1). Une belle grille en fer forgé et de grande dimension donnait accès au château, qui lui faisait face dans le fond. On voit encore aujourd'hui une élégante construction ornée au rez-

_____

(1) Dans l'inventaire est mentionnée une longue loge à claire-voie pour mettre les *tigres* (Archives départementales de l'Hérault, f. de l'Intendance).

de-chaussée de colonnes toscanes, soutenant un
large balcon, et au premier étage des pilastres corinthiens qui supportent le fronton ; la façade du côté du
parc s'arrondit en rotonde et se trouve surmontée
d'un autre fronton où sont sculptés en plein relief des
personnages allégoriques d'un beau travail. C'était la
partie centrale du château, aujourd'hui seule debout;
les deux ailes ne sont plus, ou plutôt elles ont pris
leur vol et se sont arrêtées à peu de distance de la
Mosson. Si nous en croyons une opinion qui mérite
grande créance (1), ces deux corps de logis auraient
été réédifiés tout près de là et, juxtaposés, seraient aujourd'hui ce joli château de Langaran, merveilleux morceau d'architecture du siècle passé ! Nous n'aurions
garde de mettre en doute une si plausible supposition
en contemplant ce témoin du xviiie siècle. Le château
de la Mosson aurait eu un digne successeur en son
voisin, et ses pierres encore debout nous représentent
les restes gracieux de sa primitive splendeur.

On distingue bien dans ce qui fut le parc de la Mosson deux ou trois belles cascades, mais combien diffé-
rentes de ce qu'elles ont été autrefois. Nous trouvons
certainement la trace de cette grande terrasse du rez-
de-chaussée avec son double escalier qui de chaque
côté donnait passage aux nombreux invités ; mais
cette cour des cuisines, cette cour des écuries, l'oran-
gerie, le *parterre de Madame*, avec son bassin en
forme de conque, qui seul aujourd'hui nous en indique
la place, tout cela a disparu. Disparus aussi ces vas-
ques, ces urnes, ces nombreuses statues taillées dans

(1) Celle de M. Gaudin.

la pierre ou le marbre, coulées en bronze ou en plomb. Il n'existe plus ce beau groupe de Neptune en bronze, avec ses trois chevaux marins, qui donnait la vie à la cour des écuries. Disparus les dix beaux groupes de pierre représentant les Éléments, les Saisons, le Rétiaire, la Vénus accroupie ; disparus les vingt-deux grands vases de pierre, avec leurs couvercles surmontés de rocailles, de fruits ou de coquillages, ou bien terminés en forme de burettes et diversement ornementés ; disparus aussi les quatre groupes de la Vérité, de l'Hypocrisie, de Narcisse, du Gladiateur mourant, avec *les génies qui les caractérisent*. Ils se sont envolés ces deux petits génies en plein relief qui ornaient la rampe du jardin, et ces grands cygnes en plomb *peinturés* en blanc, qui habitaient parmi les rocailles des pièces d'eau, tandis que d'autres très vivants, semblables à de blanches nefs, fendaient de leur joli sillage l'onde paisible des bassins. Et les quatre statues de marbre blanc veiné représentant Diane chasseresse, Endymion, Flore et un Silvain ; ces quatre grands termes aussi en marbre, hauts de dix pieds, ils ont été dispersés et avec eux les grands vases de marbre blanc ou façonnés en mosaïque sur piédestal, ainsi que ces magnifiques bancs de six pieds, du marbre le plus blanc. Au fond du jardin la cascade, toute de marbre rouge et blanc, aujourd'hui veuve de ses eaux et de ses ornements, pleure dans sa douleur muette le magnifique groupe qui en formait le gracieux couronnement : deux statues tenaient, l'une la corne d'abondance, l'autre une gerbe de blé, et s'appuyaient sur un grand Dauphin ; près d'elles émergeaient deux grands chevaux marins, domptés par

des tritons. De nos jours, une végétation, hélas !
trop luxuriante, a remplacé tout cela, et les ronces
viennent disjoindre ces magnifiques blocs de marbre
jadis si peuplés.

Les groupes de léopards, de panthères, d'ours, de
tigres, de lions, de loups et de sangliers ont déserté
ces ombrages qu'ils animaient. Les dieux eux-mêmes
s'en sont allés ; Neptune, Vénus, Adonis, Diane, Endymion, Pomone, avec leur suite de génies, ont abandonné cet Olympe, sans y laisser trace de leur séjour.
Le Sphinx, lui-même, qui occuperait si bien sa place
dans cette solitude, vous le chercheriez en vain. Cette
somptueuse végétation de pierre semble avoir voulu
fuir ces bocages que le murmure des eaux n'anime
plus ; ces corbeilles de fruits et de fleurs, taillées dans
la pierre, ornement autrefois des parterres et des
vergers, n'ont pu rester sur cette terre où la fleur ne
s'épanouissait plus et où le fruit avait cessé de mûrir.

Si toutes ces merveilles, œuvres la plupart de certain mérite, ont été dispersées, du moins elles ne sont
pas toutes perdues. En cherchant bien, on finirait par
les retrouver. Certaines occupent une place très digne de leur passé dans les jardins publics d'une riche
cité voisine. Lorsque Maréchal, directeur des travaux
de la province de Languedoc, fut chargé de transfor-
mer selon la mode du jour, si différente de leur première destination, les termes romains de Nimes et de
les entourer de jardins, il ne crut pas indignes de
cette belle promenade les marbres du château de
la Mosson. Aujourd'hui encore on peut voir quatre
grands vases, quatre grands termes et quatre statues
de divinités payennes, qui doivent se bien trouver

du voisinage de la Nymphée romaine, anciens hôtes
des jardins de la Mosson. Le doute existerait-il sur
l'origine de ces marbres qu'il serait vite détruit. En
s'approchant des belles urnes, on remarque sur le
lambrequin, qui court autour de leurs panses, une
gerbe de blé, alternant soit avec deux J entrelacés,
soit avec deux B aussi entrelacés ; on reconnait les
armes et les initiales de Joseph Bonnier de la Mosson.
Ces preuves sont du reste inutiles ; nous n'avons qu'à
ouvrir l'Histoire de Nimes du savant Ménard ; elle
nous dira que la ville acheta des statues et de grands
vases « qui faisaient autrefois l'ornement des jardins
du château de la Mosson », près de Montpellier, pour
embellir la promenade de la Fontaine (1).

Mais les autres ornements du parc de la Mosson que
sont-ils devenus ? Ils sembleraient avoir suivi, eux aussi,
les ailes du château et peupler le jardin de Langaran
après n'avoir fait que passer dans ceux de Bonnier.
Et en effet, si l'on remarque bien, on retrouvera là des
dieux, des déesses, des animaux et des fruits de pierre
ou de marbre qui offrent beaucoup de ressemblance
avec ceux que nous décrivent les inventaires du château de la Mosson (2). Si l'on ajoute à ces nombreux
morceaux de sculpture ceux que le temps et plus encore les hommes ont cruellement mutilés et que l'on
rencontre à leur place primitive, nous croyons qu'on
pourra retrouver à peu près tous ces habitants inani-
més des jardins du Trésorier du Languedoc.

(1) *Histoire de Nimes* par Ménard, t. VII, p. 88. MDCCLVIII.
(2) Les restes du château de la Mosson et différents groupes ou
statues auraient été achetés par Messire Loys, seigneur de Marigny, propriétaire de Langaran.

Si tant de magnificence était prodiguée au grand air, que de choses précieuses ne devaient pas renfermer les appartements du château. Il faut reconnaître que leur possesseur n'était pas un propriétaire jaloux et ne les réservait pas à la seule admiration d'amis complaisants. M. de la Mosson laissait visiter son château, bien qu'il y habitât, lorsqu'on lui en demandait la permission. En son absence on pouvait aussi le visiter; les ordres avaient été donnés en conséquence; tout était prévu et règlementé avec le plus grand soin.

Les jeudis et dimanches, après midi, toute personne était admise à parcourir les salons du rez-de-chaussée ou la croix du rez-de-chaussée, ainsi nommée du croisement de deux grands vestibules. Le reste des appartements n'était accessible qu'aux *gens de marque*, et encore ne pouvaient-ils pas pénétrer dans le haut et les mansardes, où ne devaient être introduits que les *gens de distinction* qui en manifesteraient le désir. Nous voyons par là combien les contemporains de Bonnier étaient désireux de contempler les merveilles du château de la Mosson; grands ou petits, les visiteurs de toute condition se présentaient à la porte du Trésorier du Languedoc: ce qui avait obligé le châtelain d'établir des classifications diverses parmi les curieux. Il en était une dernière à qui le château devait être ouvert les jours autres que les jeudis et dimanches, c'étaient des *étrangers extrêmement considérables qui ne feraient que passer*. Il nous paraît bien difficile de saisir toutes les nuances; il est probable que le concierge-tapissier du château parvenait à s'y reconnaître et devait savoir s'il avait af-

faire : à des gens de marque, à des gens de distinction
ou à des étrangers extrêmement considérables. Il lui
fallait pour cela posséder une subtilité toute particulière.

Ces détails, et beaucoup d'autres aussi intéressants(1),
nous montrent M. de la Mosson sous un jour que nous
n'aurions pas soupçonné. Le fastueux financier que
nous verrons dépenser l'argent à pleines mains, avec
une prodigalité qui tient presque du désordre, était
cependant un homme coté. Comme le préteur romain,
il veut avoir l'œil sur les plus petites choses et, de
près comme de loin, il veille à ce que ses ordres soient
fidèlement exécutés. Aussi n'était-ce pas une sinécure
que la place de tapissier-concierge du château de la
Mosson. Celui qui l'occupait, le sieur Durand (2), possédait la confiance du maître et devait répondre de tout
ce que renfermait l'habitation et ses annexes ; tout
devait être en état, comme si M. de la Mosson était
présent. Du reste, de nombreuses voitures attendaient
dans les remises du château la présence du Trésorier
des États, qui pouvait arriver sans avoir prévenu ses
gens.

L'art et la curiosité ont également raison de regretter la dispersion des merveilles contenues dans
les appartements de la Mosson ; que d'objets dignes
d'être remarqués qu'une sèche énumération d'inventaire laisse passer inaperçus. Où les retrouver, alors
même qu'ils substiteraient encore.

_____

(1) (V. Appendice D). Voir dans les archives de l'Intendance à
la Préfecture, l'inventaire, qu'il serait trop long de reproduire,
du château de la Mosson.

(2) François Giraud était intendant de M. de la Mosson.

L'entrée du château avait grand air. Après avoir
franchi les cours, l'on arrivait sur la terrasse d'où l'on
pénétrait dans un vestibule spacieux, de chaque côté
duquel se trouvait un bel escalier conduisant aux étages supérieurs. Au fond de ce vestibule, et vis-à-vis
la porte d'entrée, se trouvait la principale pièce du
château, la salle d'apparat. Elle occupait en hauteur
deux étages, et au niveau du plafond du premier étage
régnait une galerie en pierre sculptée, destinée à recevoir les musiciens ou les personnes désireuses de
jouir du coup d'œil des fêtes données par le seigneur
de la Mosson. Cette galerie conduisait au balcon du
milieu et de là s'ouvrait une délicieuse perspective
sur les jardins et la campagne environnante. Ce
salon, dont on peut se rendre compte aujourd'hui
par les restes qui ont été conservés, nous donne une
idée de ce que devait être l'ensemble de cette demeure (1).

L'ameublement était d'une richesse extrême. L'on
remarquait une grande table en marbre vert d'Égypte,
dont « le pied sculpté était d'un ouvrage très exquis »; des garnitures de feu en bronze doré à l'or
moulu; une belle pendule représentant le Temps et
ses attributs, munie d'un carillon dans son piédestal,
accompagnée de deux grandes urnes du Japon de
deux pieds de haut; des glaces magnifiques avec leurs
« bordures dorées et sculptées.... des flambeaux en

_____

(1) De chaque côté et au-dehors de ce salon était ménagé un
petit escalier dans une tour en pierre qui donnait accès à la galerie; on en voit des restes encore. — Ce salon est tout couvert
de sculptures taillées dans les murs.

argent aché », lustres, girandoles et le reste. Tout serait à citer, et ces dessus de porte figurant les quatre âges, et ces huit belles tapisseries des Gobelins, d'un délicieux travail, représentant des animaux et des fruits, qui ornaient la chambre de parade, dans laquelle on remarquait une superbe commode avec son marbre très rare et ses ornements de cuivres dorés et ciselés. Ils constituaient de véritables œuvres d'art ces dessus de porte où se voyaient la naissance de Bacchus, Danaé, Hercule et Déjanire enlevant Europe, Vertumne et Pomone, dans cette vaste salle à manger dont le milieu était occupé par une grande table en marbre blanc veiné, que supportait un pied en noyer sculpté.

Longue serait l'énumération si nous nous arrêtions à tout ce qui nous attire. Combien ne décririons-nous pas de garnitures de feu en « argent aché », de vases de la Chine, du Japon, de Saxe et de Sèvres, de consoles sculptées et dorées, de meubles avec leurs appliques ou moulures dorées en bois des Indes, recouverts de ce précieux vernis Martin, ou créés par ce « menuisier de meubles », Carpentier, et ces artistes d'un talent si délicat : Boule, Crescent Caffiéri, pour figurer « dans les plus beaux appartements des personnes les plus *curieuses* ». Nous aurions aussi à nous arrêter devant ces torchères, ces lustres, ces girandoles où se jouait dans de gracieuses contorsions le faire délicieux de Gouttières.

Enfin à la Mosson était réuni ce que le goût d'un délicat peut désirer. A part les tapisseries qui représentaient des fruits, des animaux, des sujets tirés de de la Bible ou de la Mythologie, l'on voyait des mar-

bres, des bronzes antiques et modernes, des tableaux
de peintres célèbres, des portraits de personnages
remarquables, amis ou parents, signés par les
meilleurs maîtres. La statue équestre du grand roi,
coulée en bronze, ornait le grand salon ; on reconnaissait les portraits de Louis XIV, en pied, de « feu
le duc du Maine », de l'archevêque de Narbonne,
M. de la Berchère (1) ; de Mme Bonnier mère, de M. de
la Mosson, enfant, d'autres encore et parmi eux, sans
nul doute, cette belle toile dont on admire encore
l'original ou la copie, à l'Hôpital Général, qui représente Joseph Bonnier, premier trésorier de la Bourse.
Et le célèbre tableau de chasse n'avait-il pas fait retour au château de la Mosson ?

On ne saurait s'arracher à ce luxe si artistique. Mais
avant de terminer, mentionnons certain boudoir doré
qui mérite un examen particulier. Un indiscret chercherait à savoir quelle en a été l'inspiratrice : Mme de
la Mosson ou cette étoile de l'Opéra qui fit commettre
tant de folies au trésorier de Languedoc ? N'approfon-
dissons pas trop les origines et supposons qu'il fut
destiné à l'épouse légitime. Toujours est-il que les
Grâces présidèrent à son installation. Dans la niche,
sanctuaire du lieu, que tapisse une étoffe de « Calança », se trouvait un riche sopha en bois doré, d'un
bel ouvrage, avec matelas et deux carreaux, recou-
vert aussi de « Calança ». Six petits rideaux de taffetas
jaune et trois rideaux de toile peinte bordée de Calança tamisaient le jour, qui venait discrètement
éclairer ce voluptueux réduit. Çà et là étaient placés

(1) Qui succéda au cardinal de Bonzi.

une petite commode à deux tiroirs en bois des Indes rubanné, avec appliques en cuivre doré et dessus de marbre de « Sérencolin », quatre petites chaises de velours bleu à fleurs d'or ; une console dorée avec son marbre de brocatelle d'Espagne ; un bronze antique, une Vénus endormie ayant un petit amour à ses pieds, sur un socle garni d'ébène, dignes divinités de ce charmant réduit. Sur les meubles avaient été placés une potiche en porcelaine du Japon, avec son couvercle, pareille à celles de deux pieds de haut que nous avons déjà signalées ; deux femmes *chinoises en porcelaine du Japon* de deux pieds aussi ; un groupe de Saxe représentant deux coqs et deux pigeons ; des bras de cristal, des garnitures en bronze, des glaces à bordures dorées et sculptées. Tout était recherché dans ce lieu retiré, et ce n'est pas sans raison que les doutes s'élèvent en présence de ces meubles, de ce luxe, de ces emblèmes, qui font songer malgré soi à la Pompadour ou à la du Barri.

Il est temps de quitter ce palais enchanteur. Mais n'oublions pas de mentionner ce théâtre en miniature, dont nous parlent les mémoires de l'époque. Bonnier « avait un Opéra chez lui, le plus riche et le mieux machiné. Un petit jouet et un miracle, cette scène de 18 pouces de large sur 15 de haut, pesant 1500 livres, que d'une seule main il peut amener à la Petitpas sur des roulettes ».

Au château de la Mosson on ne rencontre pas seulement ce superflu, si nécessaire ; l'utile s'y trouve aussi. Joseph Bonnier ne se bornait pas à être un homme de goût, il avait quelque talent. En connaisseur éclairé, il réunit des collections et une bibliothèque de grande valeur. Il avait des dispositions pour les arts en général. Il s'occupa de peinture, et dans le château se voyait son atelier encombré de châssis de toiles « pour faire des tableaux », des pinceaux, des chevalets, des ébauches, telles qu'un paysage croqué et une *petite toile de M. de la Mosson, d'après Téniers*. Il fut musicien assez distingué pour être honoré, et non pas par pure flatterie, de dédicaces des compositeurs du jour. Son cabinet d'instruments de musique était abondamment fourni. Le baron de la Mosson ne craignait même pas de s'abaisser à des travaux manuels, et chez lui se trouvaient des ateliers de menuiserie et de serrurerie, richement installés, pour son usage particulier.

Comme bien l'on pense, les réjouissances avaient leur grande part à la Mosson. Une salle était affectée aux pièces d'artifice, emblèmes, ornements pour les fêtes, qui se donnaient souvent la nuit sur la rivière, pendant le séjour du châtelain. L'on y voyait des toiles peintes, des drapeaux, l'un blanc et l'autre bleu, qui pavoisaient la gondole seigneuriale, et un pavillon en taffetas vert et blanc, frangé d'argent, sur lequel étaient brodées les armes de M. et Mme de la Mosson ; des écharpes en taffetas blanc, bordées d'argent, servaient les jours de fête locale. Mise en scène véritablement digne de tenter le pinceau de Boucher et qui donne bien l'idée d'un voyage à Cythère auquel, le plus souvent, rien ne devait manquer.

De même que le profane, le sacré n'avait pas été oublié au château de la Mosson. La chapelle ne le cédait pas au reste : ornements, tapis, vases sacrés, descente de croix sur toile, beau Christ en ivoire,

tout enfin ce qui était nécessaire au service divin s'y
trouvait réuni et du meilleur goût. Les mortels
avaient aussi leur place en présence de la Divinité ;
des prie-dieu mollement rembourrés venaient les pro-
téger pendant leur ferventes oraisons, s'ils étaient
gens de marque ; les autres étaient moins bien traités
sans avoir été oubliés.

Aujourd'hui qu'il ne reste du château de la Mosson
qu'une énumération sèche et confuse dans ses détails,
il faudrait le fil d'Ariane pour se reconnaître dans ce
labyrinthe de pièces sans nombre. Des salons succédaient les uns aux autres, tous richement décorés
et où le pinceaux de Raoux avait imprimé les traces
de son délicieux talent. C'est d'Aigrefeuille, l'historien consciencieux de la ville de Montpellier, qui
nous l'apprend. La cité « a produit, dit-il, des peintres renommés, parmi lesquels est le sieur Raoux,
qui est revenu dans ces derniers temps à Montpellier
pour faire les peintures du château de la Mosson (1) ».
Pourquoi le chroniqueur, qui avait pu admirer les œuvres de son compatriote, a-t-il été si discret en cette
circonstance. L'histoire des arts au XVIIIᵉ siècle, à
Montpellier et à la Mosson, y aurait gagné, et nous
possèderions une page qui augmenterait sans doute
nos regrets, mais nous en dirait le juste motif.

Dans ce coin enchanteur, les réceptions et les fêtes
se succédaient sans interruption, pendant le séjour du
seigneur châtelain. L'une d'elles fit une telle impression dans le pays, que deux historiographes se sont

_____

(1) *Hist. de Montpellier*, 2ᵉ partie, MDCCXXXIX, p. 393.

trouvés qui nous en ont transmis les curieux détails (1).
C'était en 1729; Marie Leckzinska venait de donner
un fils à Louis XV et à la France un prince qui était
considéré, avec juste raison, comme l'héritier de la
couronne. Cet heureux événement remplit tout le
royaume d'allégresse, ce fut de tous côtés un assaut
de réjouissances. Le baron de la Mosson ne laissa
pas échapper une si belle occasion et voulut, lui aussi,
célébrer, avec grand éclat, la venue du Dauphin. C'est
pourquoi il proposa aux chevaliers du *noble jeu de
l'Arc et du Perroquet*, de venir s'exercer sous les ombrages de son parc.

Le 21 octobre les habiles archers furent conviés à
se rendre le surlendemain à la Mosson. « Cette gracieuse invitation se fit dans les formes, avec des billets imprimés, où la politesse jetait les invités dans
une heureuse confusion. » Le 23 au matin une foule
de curieux, qui avaient eu vent de la fête, prirent le
chemin de la Mosson ; on voyait sur la route des véhi-
cules de toutes sortes, même des chaises à porteur :
tous les moyens de transport avaient été mis à contribution. Le rendez-vous devait avoir lieu à 9 heures
à Celleneuve. Là se trouvèrent des officiers de M. de la
Mosson, chargés de faire entrer les invités dans le
premier logis du village, où des rafraîchissements
étaient servis. Quand chacun voulut régler sa dépense,

(1) *Relation fidèle du noble jeu de l'Arc*, etc., par M. l'abbé Plomet, in-4°, 18 p. 23, octobre 1729.
*Relation des fêtes données par MM. les Chevaliers du noble jeu de
l'Arc de la ville de Montpellier à l'occasion de la naissance de Monseigneur le Dauphin. Manuscrit de 8 f. Anonyme. Biblioth. de la
ville de Montpellier.*

l'hôte refusa le paiement et répondit qu'il ne faisait qu'exécuter les volontés de M. Bonnier. Non-seulement les tables étaient couvertes de boissons, mais encore des mets exquis se trouvaient à la disposition des estomacs exigeants qui ne pouvaient pas attendre le festin servi au château.

« Ce n'est pas tout de boire, il faut sortir d'ici »,

se dirent les invités ; il s'agissait de continuer la route. Cette halte n'était que le prélude du grand acte qui devait se jouer à la Mosson, à quelques pas plus loin. La troupe s'ébranla et s'avança en bon ordre, sur deux rangs, sous le commandement de son capitaine et de son lieutenant. Un orchestre martial et champêtre à la fois, composé de tambours, trompettes, timbales, hautbois et violons, ouvrait la marche. Le châtelain avait pris toutes les précautions pour prévenir la cohue, inévitable dans de telles circonstances. A la porte de la grande grille se tenaient des soldats, chargés de maintenir le bon ordre et d'en défendre l'entrée aux personnes qui ne seraient pas munies de billets.

M. de la Mosson souhaita lui-même la bienvenue à ses invités ; il avait à côté de lui M. de Bon, marquis de St-Hilaire et seigneur de Celleneuve, premier président de la Cour des comptes, aides et finances de Montpellier (1). La foule se répandit dans le parc où avait été établie une butte contre laquelle les no-

---

(1) La femme du premier président François Bon, son arrière-grand-père, était la fille de M. de Trémolet de Bucelly, seigneur de la Mosson. Celui que nous voyons figurer ce jour-là, à la Mos-son, était un magistrat et un savant également estimé. Louis Guil-

bles archers devaient faire assaut d'adresse. Aux plus adroits trois prix étaient réservés : une tabatière et une montre en or et une canne à pomme également d'or. M. le Président ouvrit le tir et lança la première flèche.

A une heure et demie les tambours annoncèrent la fin des jeux, qui duraient depuis onze heures du matin, et le commencement du festin. Les convives furent surpris de la métamorphose qui s'était opérée comme par enchantement ; en entrant ils avaient traversé la Cour d'honneur, abritée par un immense volum de toile (de 800 cannes), mais qui avait conservé son aspect ordinaire. Après le tir ils virent cette cour transformée en une vaste salle à manger, au milieu de de laquelle était dressée une table en forme de fer à cheval, de plus de deux cents couverts, ornée du linge le plus fin.

Ces détails nous montrent la magnificence et la large hospitalité du Trésorier de la Bourse des États. Mais poussons la curiosité jusqu'au bout et assistons à la fête, sans nous laisser effrayer par un repas auquel Gargantua semblerait être convié ; l'abondance et le luxe présidaient à ce gigantesque festin. Et d'abord cinquante soupes servies dans des plats d'argent répandent une délicieuse odeur ; ensuite leur succèdent pâtés, terrines, cinquante plats de rôts, gibiers de toutes sortes, marcassins, ragoûts, aussi

laume de Bon, chevalier, marquis de St-Hilaire, baron de Four-ques, seigneur de Colleneuve, Saint-Quentin et autres lieux, était le quatrième premier président du nom. Il fut aussi président de la Société royale des sciences de Montpellier.

nombreux que succulents, truffes à foison, jambons
glacés, blancs-manger, enfin, quantité de douceurs.
Nous abrégeons la longue énumération de ce déjeu-
ner à deux services, de cent quarante plats chacun.
Le lecteur demanderait peut-être grâce plus tôt que
les convives de Bonnier, qui, secondés par un vin
généreux, purent venir à bout d'une telle épreuve. On
voyait couler à flots vins de Bourgogne, de Bordeaux,
du Rhin, de la Côte rotie, de l'Hermitage et de Cham-
pagne. M. de la Mosson proposa de boire à la santé
du jeune Dauphin, il vida le premier son verre et le
brisa en l'honneur de celui à qui s'adressait son
toast. A son exemple, plus de deux mille verres furent
vidés et brisés pour célébrer la naissance de l'enfant
royal.

Le repas se termina par un dessert dans lequel les
confiseurs de Montpellier se montrèrent à la hauteur
de leur vieille renommée. Leur imagination vint au
secours de leur talent et créa des merveilles. Au milieu de pièces montées se voyait la principale, représentant un mai de sucre au sommet duquel était per-
ché un perroquet que des Amours et des Cupidons
s'efforçaient d'abattre ; délicate allusion à l'adresse
des nobles chevaliers du jeu de l'arc et du perroquet.
Les plats de dessert étaient au nombre de cent
soixante. M. de la Mosson faisait les honneurs du festin, assis à l'aile gauche, tandis que M. le premier
Président, qui le secondait, occupait à l'aile droite
la seconde place.

Après le repas, le café fut servi. Il était contenu
dans de belles cafetières d'argent et versé dans des
tasses de Chine d'un grand prix. Afin d'éviter toute

confusion, une cafetière et *son cabaret* étaient placés
devant chaque groupe de six convives. Le Trésorier
de Languedoc avait sorti sa magnifique argenterie :
outre les plats nombreux que nous avons vu défiler,
quarante-huit douzaines d'assiettes en argent avaient
servi au repas. Bonnier fut plus heureux que le roi.
En 1754, Louis XV se trouvant à Trianon fut obligé de
faire manger ses convives dans des assiettes de
faïence. Les refontes de l'argenterie de la fin du règne
de Louis XIV avaient diminué la vaisselle royale, à tel
point que le roi ne possédait pas de rechange à Versailles. Ce jour-là Louis XV n'avait pas eu le temps
de faire venir de Choisy le service dont il avait coutume de se servir.

Il était quatre heures lorsque les convives abandonnèrent la table du festin. Restait la grande victoire à
remporter. Les invités se dispersèrent dans le parc et
le tir continua. Nous ne serions pas étonnés d'apprendre que les coups n'eussent pas eu toute la précision
voulue ; la vue et le bras des tireurs se ressentaient
un peu trop du généreux vin et du plantureux repas
que leur avait servis le seigneur de la Mosson. Néanmoins il se trouva trois vainqueurs qui se partagèrent
les prix mis si gracieusement à leur disposition par
le receveur de Languedoc.

A l'approche de la nuit, il fallut songer à retourner
en ville, après une journée si heureusement écoulée.
Les chevaliers du noble jeu prirent congé de leur
aimable amphytrion et le remercièrent de son excel-
lent accueil. La retraite s'effectua avec calme. Cent
cinquante flambeaux de cire blanche éclairèrent la
route d'un si vif éclat que, si nous en croyons le récit

de l'enthousiaste chroniqueur de cette fête, les astres des cieux eux-mêmes en furent éclipsés.

La relation circonstanciée de cette journée est empreinte d'un cachet de naïveté originale et présente une curieuse peinture des réjouissances données en Province à l'occasion d'un de ces événements qui faisaient époque dans la vie d'une génération.

Déjà, avant de venir à la Mosson, Bonnier avait célébré à Paris, avec autant et peut-être plus de pompe, la naissance du fils du Roi. A l'hôtel du Lude, splendidement illuminé, avait eu lieu une « fête qui a fait l'étonnement des Parisiens, la surprise des courtisans et l'admiration de la Cour », et où se trouvaient nombre de gens de qualité. Le Receveur de Languedoc fit en cette circonstance tirer un feu d'artifice et couler à flots un vin généreux que déversaient deux bouches de dauphin et où le peuple venait se désaltérer. Rien ne fut négligé pour célébrer dignement la venue du prince : repas somptueux, concert harmonieux et bal magnifique « dont les dames éclipsaient par le brillant de leurs pierreries toute la vive splendeur des lustres, des girandoles, des bougies sans nombre, qui pétillaient de toutes parts. » On ne pouvait pas mieux célébrer la naissance du royal enfant.

Les ombrages de la Mosson évoquent à l'esprit des souvenirs bien différents. Les fêtes dont ils furent souvent les témoins ne représentèrent pas toujours cette mise en scène naïve et champêtre digne d'être reproduite par le peintre des kermesses flamandes. On se tromperait si l'on croyait y rencontrer toujours la franche et honnête gaîté qui présida au noble jeu du perroquet. Les échos de la Mosson redisent encore

aujourd'hui certaine aventure dont le bruit fut très
retentissant à cette époque.

Joseph Bonnier fréquentait d'une manière fort assi-
due les coulisses de l'Opéra. Grand amateur de musique, l'art n'était pas le seul attrait que lui offraient
ces dangereux repaires. Le théâtre était devenu, en
quelque sorte, sa patrie, de l'avis des contemporains.
Nous le voyons appelé quelquefois du nom de Gilles,
que l'on chercherait en vain sur son acte de naissance
et que lui valut, sans nul doute, sa liaison avec Tho-
massin. L'arlequin de la Comédie italienne, Thomas-
sin, était son ami intime. Le trésorier de Languedoc
mangeait souvent à sa table et avait servi de parrain à sa fille. Ce ne fut pas la seule intimité de ce
genre qu'il contracta. Il eut ausi pour ami Tribout,
de l'Opéra. Il s'intéressait tant à ce monde-là qu'il
avança 50,000 écus pour mettre l'Opéra sur un grand
pied (1). L'histoire ne nous dit pas s'il fut jamais rem-
boursé.

Imprudent jusqu'à la folie, Bonnier s'approcha si
près des feux de la rampe qu'il s'y brûla les doigts. Il
existait alors à l'Opéra une célébrité, la Petitpas, qui
faisait courir et la ville et la Cour ; astre de moyenne
grandeur, semblable à ces étoiles filantes qui jettent
un vif éclat, puis disparaissent sans laisser la moindre
trace de leur passage. Il n'était bruit que de la célèbre chanteuse. Voltaire lui-même s'en est occupé dans
sa correspondance. « On ne parle, écrit-il, que du ros-
signol que chante Mlle Petitpas (2)... » dans l'Opéra

---

(1) GONCOURT. *Portrait du XVIIIe siècle*, p. 141. — Revue rétrospective. — *Journal de la Cour et de Paris*.

(2) VOLTAIRE. *Correspond.*, 3 novembre 1733.

d'Hippolyte et d'Aricie. La beauté de la Diva, qui se trouvait être à la hauteur de sa renommée, eut le don de frapper M. de la Mosson. Celui-ci n'en était pas à ses premières armes : la Plantier avait su enchaîner son cœur par des liens que vinrent rompre les beaux yeux de la Petitpas. Pour se faire chèrement acheter et mieux désirer, la chanteuse voulut paraître intraitable. Elle se trouvait engagée avec un riche Anglais, lord Weymouth, possesseur de huit cent mille livres de rentes. Le noble lord reprit un jour le chemin de sa brumeuse patrie ; la fille d'Opéra sentit un grand vide, dans sa bourse peut-être plus que dans son cœur, loin de son adorateur, avec ses modestes appointements de trois mille livres. Elle ne put supporter cette séparation et franchit le détroit. Ce départ précipité désorganisa l'Opéra. Un choniqueur du temps nous dit : « L'Opéra ne joua point hier ; il fallut renvoyer tout le monde et rendre l'argent, parce qu'une actrice se trouva malade et celle qui devait la doubler était partie le matin pour aller en Angleterre, où elle court après mylord Weymouth, qui en est fou et elle est folle de lui et de ses sterlings. C'est Mⁱˡᵉ Petitpas qui a fait ce beau coup-là. Mᵐᵉ la Duchesse fut des renvoyées (1). » (21 novembre 1732.)

Peu lui importait l'Opéra, le public, les princesses ; son lord d'abord, puis, avec lui, tout s'arrangerait, et tout s'arrangea si bien que « la Petitpas écrit de Londres qu'on lui cherche à acheter une maison de quarante mille livres, mais dans un quartier marchand et où les boutiques se louent bien. Elle a pris, comme

(1) Mathieu MARAIS. *Corresp.*, IV, p. 443.

vous le voyez, un fort beau style en Angleterre en peu
de temps. Elle compte d'aller en Portugal avec son
mylord et de revenir ensuite ici en état de se passer
de l'Opéra, si on ne veut plus l'y recevoir (1). » La poésie ne l'absorbait pas complétement ; elle aussi faisait
de la prose sans le savoir. En fréquentant les anglais
elle s'était inculqué leurs mœurs positives et pratiques ; elle en ressentit l'utilité.

Tout passe ici-bas, les lords comme le reste. Petitpas s'en doutait, c'est pour cela, probablement, qu'elle
avait mieux aimé imiter la fourmi que la cigale, chanteuse comme elle, mais moins prévoyante. Elle quitta
la blonde Albion, riche de sterlings et pleine d'espérances. Sa fortune solidement assurée, elle crut
pouvoir recommencer son roman. Elle s'attacha à
Géliotte, ce chanteur de beaucoup de talent, mais de
peu d'argent. Ce fut sérieux, du moins d'un côté. Le
naïf acteur se plaignit des incartades de sa compagne.
« La Petitpas et Géliotte ont été brouillés quelques
jours. » Aussi celui-ci avait été bien indiscret ! Ne
s'était-il pas avisé de surveiller la porte de la chanteuse, et mal lui en prit. Il vit les visites se succéder
chez elle ; à la septième il n'y tint plus, il voulait se
fâcher. On le consola, on le plaisanta, on lui fit entendre raison, lui assurant que c'était le *style* de l'Opéra.
Il prit le meilleur parti : il feignit de fermer les
yeux.

Le baron de la Mosson, de son côté, était jaloux
de Géliotte. Après de nombreuses tentatives, infruc-

(1) *Journal de la Cour et de Paris*, 1732 à 1734. — Revue rétrosp.
1836.

tueuses au début, il parvint à vaincre la résistance
qu'on lui opposait et la capitulation fut signée, peut-
être la famine aidant. Les économies rapportées d'Angleterre étaient fortement entamées ; les assiduités
jalouses et tracassières du chanteur n'allaient pas
plus à la diva que ses maigres appointements de trois
mille deux cents livres. Aussi ne demeura-t-elle pas
insensible aux séductions du riche trésorier qui devait
lui rappeler son magnifique lord. Bonnier ne se laissa
pas effrayer par les conditions du traité, pour si folles
qu'elles fussent. Il installa sa chère conquête dans
son hôtel de la rue Saint-Dominique. « L'auteur du
poëme des chats, Moncrif, miaula, dit-on, leur épi-
thalame. »

Toutefois le baron de la Mosson n'osait pas chanter
trop haut victoire : il ne voulait pas faire beaucoup de
bruit afin de ne pas attirer l'attention du duc de
Chaulnes, son beau-frère. « Il enlève Petitpas au public
et ne lui permet plus de paraître sur le théâtre ; il veut
qu'elle ne soit que pour lui. Il la dédommage ample-
ment du bénéfice qu'elle tirait de ses talents (1). » Au
fond de son jardin il lui fait élever un véritable palais
de fée. « Voilà, lui dit-il, où je veux que vous logiez
désormais. Est-ce de votre goût, qu'y voulez-vous
ajouter encore ? parlez, tout est fait ici pour vous
obéir. » — Ce palais avait été construit par des arti-
sans dont le génie était aussi vaste que l'art et la
science dont ils faisaient profession. C'était un enchantement pour le goût et la magificence qui s'y
trouvait. Petitpas, née dans une simple cabane, et qui

(1) TURLUBLEU.

n'était pas faite pour vivre ailleurs, se fait prier, et ce
n'est que par complaisance, dit-elle, qu'elle consent à
ce qu'il exige d'elle (1). » Il fallait bien la dédommager
de tant de sacrifices, aussi Bonnier l'accable de présents. Mais pour si dorée que fut la cage, l'ennui s'y
glissa; l'oiseau voulut en sortir et prendre son vol au-
dehors.

Où aller chasser le spleen, se faire oublier du monde
et cacher son bonheur? Bonnier se rappelle qu'au fond
de la province, il possède « la plus belle terre qui soit
au coin de la France, où on s'amuse le plus cher et
le plus haut, couvert sous l'ombrage », et ne trouve
rien de mieux que de faire les honneurs de son château de la Mosson à Petitpas. « On voyage grand
train et bel équipage. Mais la diva regrette Paris.
Avec Bonnier elle a pour escorte le ci-devant banquier Midi, le gentilhomme Saint-Rome, l'ennui lui-
même et cardinal Destouches. Aussi se met-elle souvent à la portière pour se distraire et regarder les
jeunes minois des pages et des laquais auxquels elle
sourit (2). » Nous ne saurions mieux faire que de reproduire, d'après un écrit du temps, ses plaintes à ses
anciennes compagnes, écrites en vers, dont elle est
censée être l'auteur :

> Mes chères sœurs de l'Opéra,
> Je souhaite que la coulisse
> A vos désirs toujours fournisse
> Plaisirs, profits et cœtera.
> Pour moi, de Paris éloignée,
> Je n'ai cessé d'être agitée,
> Et depuis nos derniers adieux
> Tout a paru triste à mes yeux.

(1) TURLUBLEU.

(2) GONCOURT. *Portraits*, etc.

Quand j'entrepris ce long voyage
J'avais grand train, bel équipage,
Mais gens aussi fort ennuyeux
Et qui souvent semblaient s'ébattre
Pour m'ennuyer à qui mieux mieux.
Or ils n'étaient pas moins de quatre ;
Plaisante en est la kyrielle,
Plaisante au moins à vous conter,
Très déplaisante à fréquenter.
La voici : l'un Midy s'appelle ;
Jamais le jour en son Midy,
N'a lui sur ce Monsieur Midy,
Tant ridicule est sa cervelle,
Et sa mine effrayante ; aussi
On prétend qu'à mainte reprise
Il a tout fricassé son bien.
. . . .
Le second est le sieur Saint-Rome (1),
Très ordinaire gentilhomme,
Jadis servant auprès du Roi
Et maintenant auprès de moi ;
Mes chères sœurs, je puis vous dire
Que je n'ai rien connu de pire,
Que sous la calotte des cieux
Mortel ne fut plus ennuyeux.
Venait après la face antique (2)
De *Destouches*, ce vieux cynique
Qui sans cesse sur la musique
Fait un cours de métaphysique (3).

(1) Privat de Saint-Rome, parent de Bonnier, joueur de profession.

(2) Cardinal Destouches, auteur en partie de la musique de plusieurs opéras, qui, avec un visage passablement ridé, portait ordinairement une perruque à bourse.

(3) *Mémoires pour servir à l'histoire de la Culotte*, 1re édition, 6e partie, p. 30 et suiv.

Enfin, Bonnier, le principal personnage, n'était pas plus amusant, à ce que prétend Petitpas, que ses autres compagnons de route. Aussi les jours lui paraissent-ils des années.

On finit par arriver à la Mosson. Si les magnificences de cette terre fortunée allaient faire trêve à l'ennui, les tribulations ne devaient pas tarder à prendre sa place. Bonnier avait compté sans le gênant voisinage du châtelain de La Vérune, l'évêque Colbert, janséniste austère, et qui, en fait de morale, n'entendait pas raillerie. Le pays, d'ordinaire si paisible, fut mis en émoi par l'arrivée de M. de la Mosson et de sa suite, en si pompeux équipage. La province se montrait moins facile que la Capitale sur le chapitre des mœurs ; à Paris ce qui passait pour simple légèreté devenait un scandale dans une petite ville. Le seigneur de la Mosson fit tout son possible pour animer le séjour de la troupe voyageuse et donna de nombreuses et magnifiques fêtes en l'honneur de son idole. Les plaisirs de ces lieux inondés de verdure, sous le beau ciel du Midi, méritèrent d'inspirer un poète.

Près des bords enchantés du Mont des trois Pucelles
Est un Palais superbe élevé par les Arts,
Où la paix, l'abondance et les sœurs immortelles
Loin du trouble des Cœurs et des horreurs de Mars,
De cent peuples divers attirent les regards ;
Sous les lois d'un mortel qui ne vit que pour elles,
Tout y rit, tout y plaît, tout y charme les yeux :
Il y rend tous les cœurs satisfaits de sa joie,
Et les plus doux plaisirs, d'une trame de soie,
Lui filent à l'envi des jours délicieux (1).

(1) *Mémoires de la Calotte*. Cantate : Les plaisirs de la Mosson, p. 40.

Cette cantate, qui se prolonge en de longs couplets sur le même ton, célèbre sous leurs divers aspects les magnificences de la Mosson.

Bonnier, qui avait voulu faire du bruit pour distraire la Petitpas, en fit beaucoup trop. Le retentissement de ses fêtes arriva aux oreilles (1) du prélat, « qui vit à mille lieues de son temps. » Jusque là les rapports entre l'évêque de Montpellier et le trésorier de Languedoc étaient excellents, mais aucune considération n'arrêtait Colbert quand sa conscience lui signalait un mal à réprimer. Aussi on s'aperçoit bien que le président Bouhier ne le connaissait pas quand, instruit de l'affaire, il écrit à Marais : « Je ne conseillerai pas à M. de Montpellier de se brouiller avec M. Bonnier, qui a plus de crédit que lui en Languedoc. Son coffre-fort contient plus de *grâce efficace* qu'il n'y en a dans les écrits du Prélat. » (20 janvier 1736). Rien ne pourra arrêter l'évêque : les grandes richesses du financier ne détourneront pas de son devoir celui qui n'avait pas hésité à l'accomplir vis-à-vis d'un prince de l'église, son supérieur : sa conscience ne connaissait pas les voies détournées. Appelé à administrer les dernières consolations de la religion au cardinal de Bonzi (2), archevêque de

---

(1) Le jansénisme de Joachim Colbert l'avait fait reléguer au château des évêques de Montpellier, à Lavérune, village à 6 kilomètres de Montpellier et voisin de la Mosson.

(2) Pierre de Bonzi, mort en juillet 1703, à 72 ans. D'une des plus nobles familles de Florence, il fut, avant d'être nommé à Narbonne, le dernier des six évêques de cette famille qui occupèrent successivement le siège de Béziers. Il maria, au Louvre, la fille de Gaston d'Orléans avec le grand duc de Toscane (1661), après avoir

Narbonne, président des États de Languedoc, il exigea du mourant, en présence des représentants de la province réunis pour cette triste cérémonie, une rétractation solennelle des scandales qu'il avait causés de son vivant. Les ressentiments que lui témoignèrent en cette circonstance les puissants du jour ne purent l'ébranler. Il méprisa les femmes qui firent du bruit, et encore plus les hommes qui agirent en femmes. Puisque l'éclat de la pourpre romaine n'arrêta pas le rigide prélat, les richesses du trésorier devaient le trouver insensible.

Le 17 novembre 1735, Joachim Colbert se décide à prendre la plume et, s'adressant à M. de la Mosson, il lui écrit :

« Je ne puis, Monsieur, garder plus longtemps le silence sur un scandale qui demande de moy les remèdes les plus prompts et les plus efficaces. Le cri de la Mosson retentit de toutes parts. Personne n'ignore que vous avez amené de Paris une fille de l'Opéra, qui loge, qui mange, qui couche chez vous, et qui y reçoit toutes les distinctions que recevrait une épouse légitime : quand le vice se montre avec si peu de retenue, il n'est pas possible de ne le pas voir. L'évêque qui le souffrirait dans son diocèse attirerait sur soy

---

négocié cette union. Ambassadeur à Varsovie, archevêque de Toulouse (1669), cardinal (1672), puis archevêque de Narbonne (1673). Il était le frère de la marquise de Castries. Sa grande liaison avec la comtesse de Ganges, qu'il enrichissait, grâce à ses hautes fonctions de président des États, fit scandale. C'est pour cette dernière qu'il édifia l'hôtel qui devait servir de demeure aux intendants et aux préfets. Une lettre de cachet, qui exila la dame, mit fin à ce scandale.

la colère de Dieu et l'indignation des hommes. Je commence, Monsieur, à remplir les devoirs de mon ministère en m'adressant à vous dans le secret, pour vous porter à rentrer en vous-même, à renvoyer la créature qui cause le scandale et à apaiser Dieu que vous offensez si publiquement. Je m'étonne que vous n'ayez pas vu que, venant aux États avec un pareil cortége, c'est offenser tous les évêques de la province. Il faut avoir d'eux une idée bien étonnante, pour les croire capables de souffrir en vous une ignominie qui retomberait sur eux-mêmes. Je leur servirai d'interprète. Je serai leur langue. Tous disent déjà par ma bouche que vous fassiez finir un scandale qui n'a que trop duré. Vous êtes mon diocésain, je suis votre pasteur. Recevez, Monsieur, les avis que je vous donne dans le même esprit qu'ils vous sont donnés. L'intérêt de votre âme, l'édification de mon diocèse et la décharge de ma conscience sont les seuls motifs qui me portent à agir ; je suis très parfaitement », etc.

Cette lettre si pressante ne produisit pas l'effet qu'en attendait l'auteur. Bonnier continuait à s'oublier dans les délices de la Mosson, passant une vie moins bruyante, mais toujours voluptueuse. Il semblerait même vouloir se faire oublier et éloigner de sa demeure ceux qui désiraient lui rendre visite. Il craint que son ami, le savant médecin Haguenot, ne vienne le voir, il lui écrit qu'une légère (1) indisposition le retient au château et le prive du plaisir d'aller le trouver à Montpellier ; il remet sa visite à son retour de Narbonne. Cette excuse nous inspire quelques dou-

---

(1) Lettre du 12 décembre 1735. Arch. de l'Hôpital St-Éloi.

tes. Si Bonnier est indisposé, la venue du médecin lui
sera doublement agréable, et il ne peut songer à partir pour Narbonne. C'était en effet dans cette ville que
se tenaient, cette année, les États : la présence du
trésorier de la Bourse était indispensable. Mais Bonnier n'abandonne pas la Mosson ; après la tenue des
États, il y revient traînant le scandale à son char,
sous la figure enchanteresse de la Petitpas. L'hiver
ne chasse pas le couple irrégulier, qui réchauffe sa
flamme aux doux rayons du soleil du Midi. De son côté,
M. de Montpellier ne désempare pas ; il redouble de
rigueur et, s'adressant une seconde fois à M. de la
Mosson, il s'écrie :

« Les États vont finir, Monsieur, et le scandale de
la Mosson ne finit point. J'ai exhorté, j'ai pressé et je
n'ai point été écouté. Le serai-je aujourd'hui ? Vous
savez, Monsieur, combien je le désire. Dans l'entretien que vous me demandâtes à Lavérune, que ne fis-je
pas pour vous porter à votre devoir ? Il me semble
que je n'omis rien et que vous dûtes me quitter sans
avoir sujet de vous plaindre de moy. Il est vrai que je
ne voulus pas consentir à la proposition que vous me
fîtes d'attendre la fin des États pour renvoyer votre
créature, avec promesse de ne pas la mener à Narbonne. Je vous conjurai de la chasser sans délai.
Avais-je tort ? Et pouvais-en user autrement ? Vous
me demandâtes vingt-quatre heures pour vous déter-
miner. La réponse ne vint qu'après plusieurs jours.
J'eus la douleur d'apprendre que vous persistiez dans
votre péché. Alors je n'aperçus que deux voies pour
arrêter le scandale : la première, d'écrire en Cour ; la
seconde, de me servir des armes que Jésus-Christ m'a

mises en main pour en frapper les pécheurs publics. Écrire en Cour, malgré les préventions que l'on y a contre moy (1), j'y aurais été écouté. Mais dans le cas où je suis à votre égard, Jésus-Christ ne dit pas : Dites-le à César, mais : dites-le à l'Église. Le temps des États approchant, vous deviez vous y rendre dans peu de jours. Je crus devoir attendre et imiter en cela la longue patience de Dieu ; j'espérais que les avis que vous recevriez des évêques de la province vous toucheraient et que vous vous rendriez enfin à la voix de votre pasteur; maintenant que rien ne fait impression sur vous, que vous êtes même revenu à la Mosson aux fêtes de la Noël, sous prétexte d'assister à un mariage qui ne devait se faire qu'après l'Épiphanie, je ne puis plus user de délai. Je vous déclare donc, Monsieur, que si vous ne renvoyez votre créature incessamment, si elle est encore chez vous à votre retour des États, je ne perdrai pas un moment pour agir contre vous par la voie des censures. Si vous ne craignez pas les jugements de Dieu, craignez au moins l'éclat que je vous annonce, ne mettez pas votre honneur dans ce qui fait votre confusion. Vos richesses ne pourront vous sauver, ni de la colère de Dieu, ni de l'indignation des hommes ; plus vous différerez à vous soumettre, plus vous rendrez les esprits attentifs sur vous. A la Cour, à Paris et dans tout le royaume, on ne parlera que du scandale que vous donnez ; et quel est l'homme qui osera se déclarer pour vous ? Je suis, avec un désir sincère de votre conversion, Monsieur (2), » etc...

(1) A cause de son jansénisme.

(2) Ces deux lettres se trouvent dans les *Œuvres de Colbert*, 3 v. in-4°, Cologne, préf. p. 80, 81, t. I.

Combien peu il connaissait son siècle le scrupuleux prélat ; quelle douce illusion il se faisait que de croire la Cour, Paris, tout le royaume, prêts à se déclarer contre M. de la Mosson et sa belle compagne. Sa voix éloquente semble n'avoir pas été entendue cette dernière fois encore. Mais il n'est pas homme à s'en tenir à de simples menaces. Il mande auprès de lui le promoteur et se dispose à faire faire contre le trésorier de la province les monitions préparatoires à l'excommunication. Les foudres de l'Église allaient être déchaînées, quand Bonnier se décide à partir, de crainte de l'éclat, plutôt, peut-être, que du jugement de Dieu. Mais, avant de s'éloigner, il veut à son tour élever la voix et décoche le trait du Parthe à l'intraitable prélat. Il lui adresse une lettre très vive, dont il fait répandre de nombreuses copies.

« Ce lundi au soir 1736.

« Monseigneur, lui écrit-il, je pars enfin avec la peine de voir votre animosité marquée contre moi, mais en même temps avec la satisfaction de ne l'avoir méritée en rien, d'avoir fait au contraire toutes les avances pour tâcher de me concilier votre amitié, et avec la confiance de me croire en droit de vous reprocher votre injustice à mon égard.

» J'ai gardé le silence jusqu'à présent, persuadé que j'étais que vous ouvririez les yeux sur les piéges que vous tendent ceux qui vous ont excité contre moi et conduit toutes vos actions et vos démarches, et pour avoir le temps de mettre à l'abri de vos persécutions quelqu'un que vous destiniez à être la victime innocente de vos projets ; mais quant à présent que je suis le seul exposé à votre aversion, je ne crains

point et je me crois permis de parler. Ce sont les
seules armes que je puisse employer contre quelqu'un
de votre caractère et de votre état. Je vais donc me
plaindre et à qui ? à vous-même. Je crois que les meilleurs vengeurs que je puisse avoir sont les remords
que votre charité et votre religion ne peuvent manquer d'exciter en vous de vous être laissé surprendre
aussi légèrement et sur des soupçons de scandale qui
n'étaient que dans l'esprit de vos conseils, et d'avoir
été sur le point d'en causer un public et réel.

» Pourquoi, Monseigneur, depuis tant d'années que
vous êtes pasteur de ce diocèse, me choisir moi, passant et étranger, pour ainsi dire, dans ce pays; pourquoi, dis-je, me choisir par préférence pour me blâ-
mer et m'accuser sans fondement et sans preuves,
tandis que vous avez laissé et laissez publiquement
des scandales réels parmi vos brebis ! direz-vous que
vous les ignorez ? Il sera permis au public d'en penser
ce qu'il voudra ; mais en tous cas je vais vous en instruire sans pourtant nommer ni désigner personne,
ayant toujours en vue, moi, laïque, d'éviter les éclats
que la vraie charité défend.

» Sachez donc, Monseigneur, que ce diocèse, que
vous croyez si exempt de mauvaises mœurs, en four-
mille : sachez qu'à commencer par les prêtres, il y
en a grand nombre d'entre eux qui commettent publiquement le crime, qu'ils y font servir le temple du
Seigneur et même le tribunal de la pénitence ; sachez
que la chaire même, destinée à prêcher la parole de
Dieu, a servi quelquefois d'école où l'on faisait des
leçons publiques d'impureté et où, par excès de zèle,
on enseignait les vanités et les détails de la luxure la

plus raffinée. Sachez que votre propre ville a servi d'asile pendant un long temps, si elle n'en sort encore, à un nommé Causse, connu dans le parti des convulsionnaires sous le nom de frère Augustin, et cherché sous ce nom par les ordres de la Cour les plus sévères, scélérat qui a employé la religion à commettre toutes les impuretés et sacriléges connus et non connus avant lui.

» Voilà l'état de ce diocèse où vous avez cru ou voulu faire croire que j'avais porté le premier germe du vice, tandis que je suis en état de prouver plusieurs actions dignes d'être suivies. Qui s'est plaint jusques ici de médisances ou de calomnies de ma part ? Qui a secouru plus assiduement les pauvres ? Qui a aidé plus puissamment les églises et les hôpitaux ? Qui a été plus modeste dans ses paroles et dans ses actions extérieures ? Allez aux enquêtes, j'y gagnerai. Voilà en quoi je fais consister la vraie religion de l'honnête homme, ayant toujours pour principe devant les yeux ce commandement de ne faire à autrui que ce que je voudrais qu'on me fît. Le temps et les événements justifieront si je pense bien et si les esprits (1) qui de votre propre aveu vous ont aiguillonné contre moi, pensent mal. Le soin que vos conseils ont pris de vous envoyer la conduite que vous deviez tenir à mon égard, toute tracée par écrit, est premièrement insultant pour vous et en même temps une preuve bien évidente du motif intéressé qui les conduisait. Vous reconnaissez que j'ai des ennemis, vous le savez et

_____

(1) Il existe une variante, certaines éditions portent : les *aspics*.

vous vous prêtez à leur inique projet. Jugez vous-
même, Monseigneur, je n'en réclamerai pas.

» Je pars, encore un coup, pour aller habiter des
climats plus doux et plus paisibles : l'amour de la
paix et la tranquillité publiques sont les seuls motifs
qui m'y déterminent et non la crainte. Quand l'intérieur ne se lève pas contre nous, on ne doit pas craindre les foudres lancées injustement. Cette façon de
penser ne vous est pas inconnue. Je finis donc en
emportant, avec beaucoup de haine pour ce séjour,
des sentiments cependant pleins de respect que je
dois à votre caractère et avec lesquels j'ai l'honneur
d'être (1) », etc.

Le pasteur finissait par triompher. Sa voix ne
s'était pas perdue dans le désert. Mais le coupable
voulait avoir le dernier mot et exprimer tout son ressentiment contre son exterminateur. Aux États sui-
vants, certains prélats conservèrent le souvenir de
l'injure faite à l'épiscopat par la conduite et surtout
la résistance du trésorier de la Bourse ; quand celui-
ci se présenta chez eux, il ne fut pas reçu. Jusques
alors les évêques avaient eu les meilleurs rapports
avec M. de la Mosson et, avant lui, avec son père. Il
n'était pas rare de voir, pendant la tenue des États à
Montpellier, un ou plusieurs prélats de la Province
accepter la généreuse hospitalité de l'hôtel Bonnier.
Mais Colbert ayant parlé et menaçant d'employer les
foudres de l'Église contre le trésorier, ceux-ci ne pouvaient pas rester indifférents.

(1) *Mémoires pour servir à l'Histoire de la Calotte.* p. 36 et suiv.,
t. III.

Enfin, semblables à nos premiers parents après la
faute, Bonnier et Petitpas durent quitter ce nouveau
Paradis terrestre ; comme eux aussi ils ne devaient
pas s'y retrouver. La retraite s'opéra sans bruit ; on
partit précipitamment, pendant la nuit, la belle fugitive habillée en homme. Le couple errant se réfugia
à Narbonne, où le cardinal primat fut plus tolérant
que l'évêque de Montpellier : il ignora sa présence
dans sa cité épiscopale, ou feignit de l'ignorer. Mais
pour les amoureux, l'antique cité galo-romaine manquait de charmes ; après la Mosson on ne pouvait aller
qu'à Paris, aussi un beau jour Bonnier et sa compagne en prirent-ils le chemin, sans rien dire à personne.

Les aventures de la Mosson eurent du retentissement jusques au sein de la capitale. Dans sa correspondance avec Marais, le président Bouhier y revient
souvent. Il est désireux de connaître la lettre de
Bonnier à son évêque : « cela doit être fort plaisant. »
Aussi est-ce avec reconnaissance que le président
accepte la copie des fameuses lettres et remercie
d'avance son correspondant. Elles viennent « très à-
propos, dit-il, faire diversion aux douleurs d'une
goutte très vive qui me tient depuis trois jours. La
lettre en prose est très plaisamment tournée en ridicule par l'autre qui tient beaucoup des Grâces de
Chapelle, quoique l'auteur ne soit pas si bon versifi-
cateur. Je le crois, en effet, Languedocien et apparemment ami de M. de Montpellier. Si vous pouvez
me fournir de quoi remplir la lacune, je vous en serais
très obligé. » Ses désirs furent accomplis ; il parvint à
combler la lacune et rend grâces à Marais, car « il y

a certainement de l'esprit et une ironie assez fine. »

Nous ne pouvons clore cette célèbre aventure sans connaître, nous aussi, cette *autre* lettre, dont les vers sont plus plaisants que bien tournés, ainsi que le reconnaît le président Bouhier. Ce sont les deux voyageurs qui parlent :

« Arrivés à Montpellier,
L'évêque, qui de rien s'offense,
Après nous s'est mis à crier
Voulant nous excommunier.
Mais à ce rigide langage
Nous reconnûmes aisément
Un hérétique, un Appelant,
Qui ne sait pas le bel usage
Des évêques de notre temps,
Si bénins, si peu turbulents.
En attendant qu'il fût plus sage,
A Narbonne, ville ou village,
Comme il vous plaira l'appeler,
Nous allâmes nous consoler,
Avec maints prélats pacifiques,
Dont les mœurs sont très catholiques.
Là, sous les yeux du Grand Beauveau,
Prélat autrefois le plus beau
Qui fût dans notre sainte Église,
Nous vécûmes à notre guise,
Car pouvait-il décemment,
S'irriter de notre conduite.
Quant, en dépit du Loyollite,
A vouloir juger il hésite (1)
Un évêque ré-appelant,

_____

(1) « L'archevêque de Narbonne était un de ces prélats tolérants qui refusaient de prendre parti dans les affaires du temps. »

Haï partout comme Satan ?
Bientôt après ce lieu d'asile
Devenu pour nous moins tranquille,
Nous décampâmes nuitamment.
Par ma foi cette vie errante
A la fin ennuie et tourmente ;
Et je ne vois pas le moment
Où d'un voyage détestable
Parachevant le triste cours,
Je reverrai la ville aimable,
Séjour des ris et des amours,
Où le curé de Saint-Sulpice,
Tout occupé de sa bâtisse
Sait comme on mène les brebis
De l'archevêque de Paris (1). »

Cette épître eut son post-scriptum. Petitpas s'adresse à ses sœurs de l'Opéra et, faisant allusion à la lettre écrite par Bonnier, le 6 février 1736, à Joachim Colbert, elle leur annonce son départ de la Mosson.

« J'ouvre ma lettre pour vous dire
Que je pars précipitamment ;
L'évêque vient heureusement
De mettre fin à mon tourment.
Au fond, je n'en saurais médire,
Quoiqu'un peu de délai pourtant,
Pour m'arranger, n'eût pu me nuire.
Mon amant en est en délire ;
La crainte qu'on ne dise ici
Qu'il a fait comme d'Assoucy
Le tourmente, il jure, peste et crie,
Il maudit jusqu'à sa Patrie ;
Si l'évêque eût changé d'état,

(1) *Mém. de la Calotte*, t. III, p. 32 et 33.

Il dégaînait, et du prélat
C'en était fait ; une satyre,
Arme que de la plume il tire,
L'unique dont il s'est servi,
Est mise au lieu ; trait bien hardi
Qu'il décoche après avoir fui
De même que fit d'Assoucy.
Mes sœurs, c'est un ouvrage à lire,
Car dans son genre il est fini,
Je n'ai le temps de vous en dire
Que quelques traits que j'ai saisis,
Qui sûrement vous feront rire,
Et qui m'ont bien fait rire aussi,
Car n'est besoin de vous intruire
Que moi, je ris de tout ceci.
« L'évêque s'est laissé séduire,
» Et souffre tout, excepté lui.
» Lui, c'est un exemple, à son dire,
» Qui mérite d'être suivi,
» Et qui le connaît bien l'admire ;
» Sage, pieux, modeste aussi,
» Dans sa façon de se conduire ;
» Et moi je suis vierge et martyre,
» Et nous n'étions venus ici
» Que pour avoir soin des Églises
» Et plusieurs saintes entreprises.
Et pour prix de ces actions,
Toutes pour le divin service,
(Voyez un peu quelle injustice !
On nous pourchasse, et nous fuyons (1).

Enfin, les deux fugitifs arrivent à Paris. Ils se trouvent heureux de vivre ignorés, à l'abri de toute tracasserie.

(1) *Mém. de la Calotte*, t. III, p. 34 et 35.

Mais ce ne fut pas seulement à la Mosson que Bonnier savait donner de belles fêtes en l'honneur de
Petitpas ; même aux portes de Paris, il lui ménageait de délicates surprises. Un jour, qui était un an-
niversaire cher au cœur de M. de la Mosson, de retour
d'une partie de chasse, dans la plaine de Saint-Denys,
au milieu même de sa juridiction, — car le trésorier
de Languedoc était aussi capitaine de la Varenne de
Saint-Denys, — il organisa une fête vraiment princière.
Des tentes se dressent comme par enchantement, un
ballet est représenté dans lequel le fils de Vénus offre
à la Diva un bracelet en forme de couronne, étincelant de pierreries.

Ce magnifique cadeau ne fut pas le seul don du fils
de Vénus. Un beau matin naquit une fille, bien qu'un
garçon eût été le désiré, mais le mieux était de faire
bon accueil à la nouvelle venue. Petitpas voulut consoler son protecteur de sa déconvenue, et le jour de
sa fête, lui décocha un quatrain dont elle se déclarait
être l'auteur, mais qu'avait rimé le poète Roy :

> Au maître de mon cœur je donne ces tablettes,
> L'amour lui-même les a faites
> De l'écorce d'un myrthe où la tendre Cypris
> Écrivait le nom d'Adonis (1).

L'entourage de Bonnier finit par s'alarmer de ses
folies pour la Petitpas. La chanteuse de l'Opéra lui
paraissait dangereuse. Le président, son parent, qui
loge chez lui, avec ses cousins, « travaille à faire
interdire son neveu ; celui-ci renvoie ses parents et
menace de se marier avec la Petitpas (2) ».

(1) GONCOURT. *Portraits.*
(2) GONCOURT, *id.*

Toutefois cet intérieur galant n'était pas si tendre qu'on pourrait le croire. L'ennui n'avait pas été laissé à la Mosson ; au retour, comme à l'aller, il était monté en croupe et avait suivi les voyageurs à Paris. « Satipe (Petitpas) est capricieuse, Crésiphon (Bonnier) est inconstant ; on se voit à toute heure ; on n'a plus rien à se dire ; l'ardeur se ralentit, on connaît ses défauts ; on s'ennuie réciproquement...... La jalousie rallume un feu mal éteint. » Petitpas veut se séparer de Bonnier, mais des amis intéressés la déterminent, dans leur propre intérêt, à ne pas abandonner son tiède adorateur. « Elle reste donc : bientôt l'amour est tout usé ; il n'y a plus entre les deux personnes que de l'indifférence ; ils vivent ensemble néanmoins, mais c'est à peu près de la façon dont vivent aujourd'hui ceux que des liens sacrés ont unis, et qui, sans goût, sans sympathie, sans estime l'un pour l'autre, se sépareraient s'ils ne craignaient pas l'éclat. Crésiphon, tout ennuyé qu'il était de Satipe, se fait un point d'honneur de paraître toujours le même pour elle et de la tenir dans une telle opulence que toutes les filles de théâtre, ses anciennes compagnes, envient son sort (1). »

L'oiseau ne put plus tenir dans sa cage et reconquit sa liberté. En décembre 1736, Petitpas remonta sur le théâtre, où nous la voyons dans le rôle d'Europe Galante. Pourquoi Bonnier lui tiendrait-il rigueur de ce besoin d'indépendance ; il la juge avec calme et continue à loger sa volage chez lui.

« Elle tombe malade ; peut-on tenir longtemps à la

(1) TURLUBLEU.

vie qu'elle menait ? Quelles alarmes pour Crésiphon !
.... Il est las de Satipe, il craint néanmoins de la perdre ; il la perd en effet, la mort la lui enlève (1). » Le
24 octobre 1739, le Paris du théâtre, le Paris du plaisir, apprend la fin prématurée de la célèbre cantatrice,
morte à 33 ans. Dans sa vie elle n'avait cueilli que des
fleurs, elle ne devait pas voir mûrir les fruits de l'existence, souvent bien amers, même pour ses pareilles.

Lugete Veneres, Cupidinesque ! Pleurez nymphes
et cupidons, Petitpas n'est plus ! Venez consoler Bonnier qui, las de son idole alors qu'il la possédait, ne
peut plus se consoler à présent qu'il l'a perdue. « Le
déplaisir, l'ennui, le dégoût même de la vie, tout l'accable ; insensible à tous amusements, il ne sait plus
que devenir. Ses richesses l'importunent ; il ne sait
plus à quel usage les employer (2). » Il a beau vouloir
s'étourdir par de folles dépenses, il ne peut y parvenir.

Toutefois le trésorier de Languedoc paraissait avoir
atteint l'âge où les folies ne sont plus de saison et où
l'on doit renoncer, sinon à l'Opéra, du moins aux
coulisses et à leurs charmes. « Un des Archontes

(1) TURLUBLEU.
(2) TURLUBLEU. — « Petitpas (Mad^{elle}), cantatrice de l'Opéra, née
en 1706, fut admise pour chanter dans les rôles en 1725, aux appointements de 1200 livres avec une gratification annuelle de 300
livres et eut des augmentations de traitement qui s'élevaient en
1738 à 3,200 livres. En 1732 elle passa furtivement en Angleterre ; mais elle rentra à l'Opéra l'année suivante et mourut à
Paris le 24 octobre 1739. Cette cantatrice brillait particulièrement
dans les airs, tandis que la Pélissier, autre cantatrice célèbre de
cette époque, montrait surtout son talent dans les récitatifs. »
Fétis. *Biographie des Musiciens.*

d'Athènes, homme d'esprit et capable de donner de
bons conseils, qui le voit languissant, prêt à périr
d'ennui, lui conseille de changer de vie : « Essayez du
mariage, lui dit-il, dès que vous aurez une femme,
tout changera de face dans votre maison, tout vous y
paraîtra nouveau. Vous vous verrez renaître dans vos
enfants ; occupé de leur éducation et de leur établissement, vous vous en ferez un plaisir. Avec une
femme douce, aimable, à qui vous aurez fait la fortune, tous vos jours seront comptés par de nouveaux
agréments (1). »

Cet archonte d'Athènes était Portail, président au
parlement de Paris, homme d'esprit et de bon conseil,
mais dont la conduite ressemblait quelque peu à celle
de son ami Bonnier. D'une famille de robe, Portail
était petit-fils et fils du doyen et du premier président
du parlement de Paris. Barbier fait même remarquer à
ce sujet, que le père n'avait pas une naissance en rapport avec ses hautes fonctions ; mais il reconnaît que
le fils était bien à sa place (2). Des infortunes domestiques auraient hanté la demeure des deux présidents ;
toutefois, le second se les serait quelque peu attirées.
Il avait épousé la fille du riche prévôt des marchands,
M. de Vatan, aussi jeune que jolie, âgée de douze ans
seulement. Tandis que sa femme n'était encore qu'une
enfant et que la nature réclamait la séparation mo-
mentanée des deux époux, Portail continuait sa vie
de garçon et, par la force de l'habitude, la prolongea
alors même que l'âge de sa femme ne lui fournissait

---

(1) TURLUBLEU.
(2) BARBIER. I, 372, II, 329.

plus l'ombre d'une excuse. Pour se venger de son volage époux, la jeune présidente se permit, elle aussi,
certaines licences voisines du libertinage, qui firent
prononcer en 1744 une séparation définitive entre les
époux. Le scandale en fut la suite inévitable. Certain
jour le bruit courut à Paris que le portier de la présidente Portail avait été enlevé. Le motif? personne ne
le connaissait ; les commentaires de courir et le scandale de grossir. La position de Portail l'obligeait à
faire cesser tous ces bruits ; la trop galante épouse fut
enfermée dans un couvent (1). C'était le remède à bien
des maux, au xviiie siècle.

Il faut reconnaître que Messire Portail, seigneur de
Vaudreuil, Leyris et autres lieux, était un étrange
marieur, qui ne prêchait guère d'exemple. Il proposa
à son ami « une fille charmante..., connue de toute la
ville par sa beauté, par la régularité de ses mœurs
et par l'indifférence qu'elle a conservée jusqu'à présent pour les hommes. Elle est avec sa mère dans une
honnête médiocrité. Voyez-la, lui dit-il; si sa figure et
son caractère vous conviennent, comme je suis sûr
qu'ils vous conviendront, tâchez de lui plaire et épou-
sez-la sans crainte (2). »

Bonnier de la Mosson, sans être décidé, paraissait
se laisser ébranler. Il faut aller à Rouen, où habite
cette « fille si rare ». La curiosité le pousse à entreprendre ce voyage, « dans la seule vue de dissiper son

(1) Barbier, IV, 139 et 141.— On lui prêta des galanteries avec le
roi, Richelieu et d'autres. Maurepas, la redoutant, l'aurait envoyée
à Vincennes sous une accusation très grave. Elle en sortit et fut
protégée par Mme de Pompadour.

(2) Turlubleu.

ennuyeux loisir... en simple particulier. Là, sans se
faire connaître, il s'informe ; on lui confirme tout ce
que son ami lui a dit (1). »

Il a hâte de voir par lui-même si le portrait qu'on
lui a fait de la jeune fille est ressemblant. Rien n'est
plus aisé. Une grande cérémonie attire à l'église la
meilleure société de la ville ; il n'a qu'à s'y rendre, et
ses yeux pourront s'assurer de la vérité. En effet, « la
beauté de cette jeune personne le charme. Il est enchanté par la douceur de ses traits ; il s'introduit chez
la mère ; il lui demande sa fille en mariage ; la mère
étonnée de sa proposition veut savoir qui il est. Il se
nomme : quelle fortune pour sa fille ! Elle a peine à
le croire ; on en vient aux éclaircissements. » Enfin
sa demande est accordée (1740).

Plein de ravissement de cette future union, Bonnier
reçoit avec une satisfaction marquée les compliments
qui lui sont adressés au sujet de ce mariage, entouré
de toutes les conditions possibles de bonheur (2). Si le
baron de la Mosson ne prenait pas en se mariant une
grosse dot, il s'alliait à une famille des plus honora-
bles. Sa future épouse, Gabrielle-Magdeleine-Constance
de Monceil de Louraille, était fille d'un président à
mortier du parlement de Rouen (3).

Le mariage fut célébré en grande pompe au château de Vaudreuil, en Normandie, chez le président

(1) Turlubleu.

(2) Lettre à Haguenot. Arch. de l'hôpital Saint-Éloi, B. 87.

(3) Fille de feu Jacques-Alexandre Henry du Moncel, seigneur
de Louraille, seigneur, patron et haut justicier de Bretoville,
Quilly, Saintaux, Bonnicour, seigneur et patron de Tournemille,
Autigny, et de dame Marie-Françoise de Maiquart de Bernières.

Portail (*Mercure de France*, août 1740). Dans son
langage imagé, Turlubleu nous apprend que « toute
la Grèce ne parle plus que de ce mariage. Aucun de
ceux des rois d'Athènes n'avait fait plus de bruit.
Quelle magnificence, quelle pompe accompagne cette
cérémonie ! que de fêtes réitérées dans le palais de
Crésiphon à Athènes ! On se portait en foule aux
spectacles pour y voir la jeune mariée plus brillante
et plus parée que ne le fut Psyché le jour que Jupiter
lui fit prendre place dans l'assemblée des Dieux (1). »

Tout ce qu'on put imaginer de plus beau fut déployé
en cette circonstance. Et rien de surprenant à cela,
Bonnier de la Mosson, qui a fait tant de dépenses folles pour une fille de l'Opéra, ne saurait prodiguer de
moindres largesses en faveur d'une épouse qu'il aime
et dont il est ravi. Son nouveau genre de vie l'a complétement transformé ; la satisfaction se lit sur son
visage. « Ce n'est plus cet homme inquiet, incertain
et fàcheux à lui-même. Le véritable amour semble
régler sa conduite et ses pas (2). » Les fêtes succèdent aux fêtes dans ce bel hôtel du Lude que préside
si bien la reine de céans. M. de la Mosson semble vouloir faire partager sa joie à ses nombreux amis et
s'empresse de leur présenter sa nouvelle épouse. On
adresse des compliments à M\ᵐᵉ de la Mosson, en vers
et en prose ; on lui souhaite la bienvenue dans cette
langue du xviiie siècle, faite pour chanter les amours
et les ris.

Elle, « de son côté, n'est point aveuglée de tout

(1) Turlubleu.
(2) *Id.*

l'éclat de la fortune qui l'environne. Elle en jouit tranquillement en donnant à Crésiphon tous les jours de nouvelles marques de sa reconnaissance ; mais bientôt Crésiphon ne paraît pas tenir à cette vie rangée. Les empressements que sa femme a pour lui l'embarrassent ; il n'y sait plus répondre. Cette compagnie nombreuse et plus choisie que celle qu'il avait autrefois dans sa maison le gêne, il s'en lasse et s'absente souvent pour l'éviter (1). »

De quoi se plaignait Bonnier ? N'avait-il pas une femme charmante, qui faisait avec une infinie distinction les honneurs de son hôtel au milieu de ce magnifique salon, dont le meuble de petit point sur fond blanc était d'une merveilleuse beauté (2)? Tout concourait à le retenir chez lui. Un grand événement sembla devoir resserrer les liens de cette union. La joie et le bonheur n'allaient-ils pas renaître lors de l'heureuse délivrance de Mme de la Mosson, qui donnait une fille à son mari, en 1741. Bonnier va chercher en vain au dehors le bonheur qu'il ne parvient pas à trouver chez lui, ni auprès de sa digne épouse, ni dans les premières caresses de son enfant.

Il faut juger une société avec ses mœurs et non avec les nôtres. Les douceurs du foyer conjugal étaient peu goûtées au XVIIIe siècle, on les soupçonnait à peine, et la manière de vivre maritalement à cette époque a lieu de nous surprendre. « L'amour dans le mariage n'est plus du tout à la mode.., aimer sa femme est une chose tout à fait passée de mode : on n'en trouve ici

---

(1) TURLUBLEU.
(2) Germ. BRICE. Description de la ville de Paris.

aucun exemple, c'est une habitude complétement perdue... On trouve bien encore parmi les gens d'une condition inférieure de bons ménages, mais parmi les gens
de qualité je ne connais pas un seul exemple d'affection réciproque et de fidélité (1). » Vieilleries bien dé-
modées que les joies de la famille, bonnes tout au plus
pour les gens du vulgaire, mais hors de saison pour
les gens de qualité. M. de la Mosson se montra en
cela homme de qualité. Mme de la Mosson sut ne pas
tomber dans l'ornière et s'affranchit des mœurs du
jour. Aussi verrons-nous toujours sa conduite exempte
du moindre reproche.

Ami de la musique, le théâtre attira de nouveau
Bonnier, qui s'éprit comme avant des mœurs, des
libertés, des licences même de l'Opéra et oublia
ses devoirs d'époux et de père. Encore s'il eût été
de ces maris que nous dépeint le prince de Ligne
dans ses *Souvenirs*. « Alors, nous dit-il, les maris
n'étaient pas tous fidèles, mais ils étaient aimables
et remplis d'égards ; le bon air était de ne rien affi-
cher et de se faire pardonner à force de bons procédés. » Bonnier n'usa pas de ces procédés-là. Le souvenir de cette étoile qui s'était éclipsée apparaissait
toujours à son esprit ; il oubliait le désenchantement
qu'il avait éprouvé au bout d'un certain temps, pour
ne se rappeler que la grâce et la beauté de Petitpas.
Il voudrait la retrouver ou tout au moins rencontrer
une créature qui la lui fît oublier. La chose était des
plus aisées. Il se trouve vite une idole, quand se présente un adorateur tel que le riche trésorier. Cette

(1) *Corresp. de Mme du Deffand*, t. I, préf. xv, xvi.

8

perle, il n'eut pas grand peine à la découvrir, grâce à l'obligeante intervention d'un sieur de la Coste, abbé de nom, comme il s'en trouvait alors, mais au fond triste personnage, qui couronna dignement une si honorable carrière (1). Mis au carcan les 3 et 5 septembre 1760, et marqué d'un fer chaud, il se vit condamné aux galères perpétuelles pour vol de bijoux, escroquerie, faux, lettres anonymes et libelles diffamatoires. Cet intrigant possédait au fond quelque esprit, dont il fit un triste usage. Il avait été Célestin, puis s'était marié deux fois et avait empoisonné ses femmes. Heureusement pour lui que la preuve de cette grave accusation ne put être faite. Le rôle qu'il joua auprès de Bonnier lui convenait à merveille. Il trempa dans les négociations du mariage, resté célèbre par ses aventures, du fermier général La Popelinière (2).

(1) Barbier, t. VIII, p. 300. — « Le xviiie siècle est le siècle des abbés qui n'ont d'ecclésiastique que l'habit. Ils courent les rues, les théâtres, les salons.... S'il est un grand nombre de prêtres édifiants, ils sont moins en vue, ils font moins parler d'eux que les abbés mondains. » *Les voyageurs en France*, par M. Alb. Babeau, in-8°. 1885.

(2) Le Riche de La Popelinière régularisa sa situation avec Mademoiselle Deshayes, plus connue sous le nom de Mimi Dancourt, fille d'une comédienne. Celle-ci se montra quelque temps épouse fidèle, mais elle finit par se déranger. Son mari conçut quelques soupçons. Un jour que sa femme était allée à la plaine des Sablons voir une revue que passait le maréchal de Saxe, il fit la découverte de la fameuse cheminée dont la plaque du fond tournait sur des charnières et donnait accès à une maison voisine louée par le duc de Richelieu et où avaient lieu des rendez-vous. La découverte fit beaucoup de bruit, et le mari ne prit pas la chose en philosophe, comme beaucoup de ses pareils ; il ne pardonna pas à sa femme, qu'il chassa de son hôtel.

Ce La Coste, dont nous ne nous occuperons plus, mais qu'il était nécessaire de faire connaître, cet ambassadeur digne d'une telle mission, négocia pour Bonnier avec la Defresne. Fille d'une blanchisseuse de Montmartre, gratifiée d'une jolie figure, sa mère pensa qu'avec ses quatorze ans, ses grands yeux bleus, ses blanches dents, sa bouche vermeille et les plus beaux bras du monde, cette belle enfant aurait mieux à faire de par le monde que de blanchir ses pratiques. Le projet arrêté, la précoce beauté eut bientôt lancé son bonnet par dessus le moulin de la Butte et arriva, de succès en succès, jusqu'au baron de la Mosson. Celui-ci ne pouvait pas, comme la Petitpas, loger sa nouvelle conquête dans son hôtel ; il n'était plus seul chez lui. Il la rapprocha le plus qu'il put de sa demeure et lui loua, dans un des grands hôtels de la rue Saint-Dominique, un appartement qu'il meubla à grands frais. Rien ne fut assez magnifique pour la belle mortelle. Germain, le fameux Germain, ciselait alors une vaisselle pour le roi Stanislas ; cette vaisselle royale ne fut pas jugée digne de la Defresne, M. de la Mosson la voulut plus belle encore.

> .... Ces plats si chers que Germain
> A gravés de sa divine main (Voltaire).

Pour cette femme adorée « le Maignant et l'Empereur fournirent les diamants les plus brillants et les plus rares, » pour elle furent prodiguées

> ...... Ces riches bagatelles
> Qu'Hébert vend à crédit pour tromper tant de belles.

Hébert, qui devait être plus tard secrétaire du roi, maison et Couronne de France, enrichit de toutes ses exquises créations le boudoir de la Defresne. Celle-ci commandait et Bonnier payait. N'était-ce pas le sûr moyen, avec du bon goût (qui n'en avait pas alors?), de réunir les œuvres des meilleurs artistes à la mode du jour. Le luxe de la Defresne devint célèbre dans tout Paris ; il surpassa celui des femmes de la finance, qui l'emportaient à leur tour sur les femmes de la Cour. Les portes de son salon s'ouvrirent toutes grandes ; sa table fut aussi courue que ses salons, et l'on vit se succéder, à ses mercredis et à ses samedis, les gens de qualité, des officiers généraux, même des cordons bleus. Et M. de la Mosson triomphait du succès de la Defresne.

Telle était cette existence étourdissante, que pouvait soutenir seule une fortune comme celle de Bonnier : rien ne paraissait en faire prévoir la fin. Malheureusement un événement, qu'il n'est possible à personne de conjurer, vint y mettre un terme. Il n'était pas réservé à M. de la Mosson de ressentir pour la Defresne le chagrin que lui avait causé la mort de la Petitpas. Il tombe « dans une langueur qui le rend insupportable à lui-même. Il meurt enfin à la fleur de son âge, accablé de sa fortune et du bien-être dont il n'a jamais su profiter (1). » La Defresne eut le malheur de perdre ce puissant protecteur ; comme toutes ses pareilles, elle ne dut pas le pleurer beaucoup, mais elle regretta ses largesses. Elle s'en consola pourtant et le remplaça, mais avec moins d'avantage. Quel sort fut le sien ? peu nous importe. Nous irions trop loin s'il nous fallait suivre la vie aventureuse de la fille de la blanchisseuse. Nous savons seulement qu'elle finit grande dame : La Defresne devint bel et bien marquise de Fleuri, de par un mariage en bonne et due

(1) TURLUBLEU.

formo, au grand scandale des moins délicats. Les affaires avaient bien prospéré et le métier de la galanterie l'avait conduite à la fortune. Avec son argent,
elle voulut se faire une vertu ou un semblant de vertu ;
il lui fallait, pour faire bonne figure dans le monde, un
titre et un nom, elle trouva à acheter l'un et l'autre.
Elle découvrit un homme tombé dans le ruisseau qui
accepta cet infâme marché. Le marquis de Fleuri consentit, moyennant finances, à épouser la Defresne,
qui ne devait plus le revoir une fois la cérémonie nuptiale accomplie (1).

Le baron de la Mosson avait sans doute prévu que
sa vie serait de courte durée et en vrai disciple d'Épi-
cure il se pressa d'en jouir ; plus que personne il avait
tout ce qu'il fallait pour en bien jouir. Au mois de
juillet 1744, le bruit courut dans Paris que M. de la
Mosson était mort dans son hôtel du faubourg Saint-
Dominique. La nouvelle n'était que trop vraie. Sa
grande fortune, qui avait résisté à tant et de si grandes prodigalités, passait entre les mains d'une enfant
de deux ou trois ans, sous la tutelle de sa mère. Cet
événement figure dans les mémoires du duc de Luynes parmi les faits dignes d'être remarqués en cette
année 1744. « Le lundi 27, dit-il, nous apprîmes ici que
M. Bonnier de la Mosson était mort à Paris ; il était
trésorier des États de Languedoc, emploi très considérable, mais qui n'est qu'une commission et par conséquent une pure grâce que le roi fera à celui à qui
elle sera donnée : ce sont les États qui nomment à
cette place, et c'est pour cela que jusqu'à ce qu'ils

(1) CHEVRIER. *Le Colporteur.*

so soient assemblés, on ne sait précisément qui
l'aura (1). »

Peu regretté de celle pour qui il avait répandu l'or
à profusion, méritait-il de l'être par sa digne épouse,
dont les charmes et les qualités ne purent le retenir?
Personne peut-être ne le pleura-t-il pas. Il était de
ces hommes qui ont beaucoup de flatteurs et pas un
ami. Très entourés de leur vivant, on ne voit à leurs
côtés que des parasites, qui subsistent à leurs dépens
et qui s'empressent, après eux, de se tourner vers le
soleil levant.

La vie et les nombreuses aventures de Bonnier de
la Mosson alimentèrent trop souvent la chronique de
l'époque ; elles eurent même leur historiographe, souvent peu bienveillant. En 1745, quelques mois après
sa mort, fut publié, sous la forme d'un conte, *Turlubleu, histoire grecque* (2). Ce petit volume intrigua
beaucoup lors de son apparition. Tout le monde voulut le lire, il était assez difficile de se le procurer. « J'ai
tenu, écrivait Michault au président Bouhier, la bro-
chure de Turlubleu qui contient la vie de M. Bonnier.
Cette petite pièce est plus chère qu'un bon livre (3). »
Nous n'entreprendrons pas de faire l'éloge de cette
histoire allégorique, bien dans le goût du temps.

---

(1) *Mém. de Luynes*, VI, p. 31.

(2) TURLUBLEU. — *Histoire grecque tirée d'un manuscrit gris de
lin trouvé dans les cendres de Troye*: Amsterdam, 1745. — Nous
devons la communication de ce charmant écrit à l'obligeance de
M. Gaudin, qui en a pris lui-même copie à la Bibliothèque de l'Arsenal en juillet 1805. C'est pour nous une bonne fortune, car ce
petit volume est introuvable aujourd'hui comme jadis.

(3) *Correspond.* 30 juin 1745.

Ceux qui pourront la lire sauront l'apprécier ; à ceux
qui n'auront pas cette bonne fortune il suffira de savoir qu'elle fut attribuée à l'abbé de Voisenon, à Voltaire même. Elle était l'œuvre d'un conseiller au parlement de Metz, nommé Menin. Nous avons fait divers
emprunts à ce conte, vrai au fond, qui nous dépeint
Bonnier sous les traits de Crésiphon. Mais devons-nous
accepter, sans contrôle, ses allégations, quand il nous
représente son héros comme un de « ces cœurs en-
durcis qui, nés dans l'opulence et regorgeant des
richesses que leurs pères ont accumulées par leur
travail, comptent pour rien les autres hommes ? »

Cette peinture paraît bien poussée au noir et ne
s'accorde guère avec un autre portrait de M. de la
Mosson par un contemporain aussi, qui nous le montre : « bon vivant, généreux, charitable, n'enviant rien,
ne voulant de mal à personne. » Ce dernier portrait
paraîtrait le plus ressemblant des deux, si l'on en
juge d'après les apparences. Que pouvait envier Bonnier, lui qui possédait tout ce que peut désirer un
mortel ? Aussi ne lui trouvons-nous aucun mérite à ne
pas avoir été envieux. Sa richesse passait en proverbe,
et non-seulement en province, où il lui était facile d'é-
clipser des fortunes bien modestes à côté de la sienne,
mais même à Paris au milieu de tant d'autres considérables et qui pourtant passaient inaperçues : ce qui
ne saurait nous surprendre. N'avait-il pas cette recette
de la Bourse des États, qui rapportait, d'après ce que
nous savons, quatre fois plus que la place de fermier
général (1) ? C'était le veau d'or. Cette source de reve-

_____

(1) CHEVRIER.

nus est seule capable d'expliquer les folies de Bonnier, qui furent impuissantes à ébranler sa fortune.

Il est une chose que M. de la Mosson eût été jaloux de posséder, mais que ses richesses ne pouvaient lui procurer, car elle ne s'achète pas, la naissance. S'appeler le baron de la Mosson était bien quelques chose, mais ce n'était pas assez ; Joseph Bonnier aurait voulu être né gentilhomme : aussi fit-il tout son possible pour le paraître. N'avait-il pas, comme un vrai gentilhomme, son régiment ? n'était-il pas colonel de ce beau Dragons-Dauphin ? Ne jouissait-il pas, grâce à ses airs de grand seigneur et surtout à ses écus, d'une prérogative réservée aux seuls gentilshommes, celle d'avoir un suisse à sa porte ? Il lui en coûta bel et bien, pour l'obtenir, cent cinquante mille livres. C'était un bien cher privilège, mais sa fortune lui permettait pareille folie.

Pour juger un homme sans haine, comme aussi sans trop de bienveillance, il faut attendre qu'il ne soit plus. Voltaire admirait, à cause de son laconisme exempt de flatterie, la légende qu'il lut au bas de la statue que les États du Languedoc érigèrent en l'honneur de Louis XIV, sur la promenade du Peyrou à Montpellier: *A Louis XIV après sa mort.* Loin de nous, l'idée de mettre en parallèle le roi-soleil avec Bonnier ; mais il nous a paru nécessaire, pour bien juger le trésorier de Languedoc, de connaître son existence. Maintenant qu'il n'est plus, faut-il le considérer tel qu'il parut être ou tel qu'il fut réellement ? Nous n'avons vu jusqu'ici que l'homme de plaisir, l'homme de ce siècle facile dont les mœurs étonnent, non sans raison, les gens qui ne le connaissent pas.

M. de la Mosson ne fut pas cependant un de ces cœurs accessibles aux plaisirs et aux richesses seulement ; s'il leur sacrifia beaucoup, il ne leur donna pas tout. Les sentiments généreux et élevés ne le trouvèrent pas insensible, et ce serait à tort qu'on verrait en lui un de ces financiers de son époque, qui ne surent pas se faire pardonner leurs immenses trésors.

Prodigue, Bonnier se montra généreux et charitable à proportion. C'est lui-même qui nous le dit, non pas pour vanter sa conduite, mais pour se défendre contre son évêque. Pendant que nous le voyons au château de la Mosson plongé dans ces fêtes qui paraissent scandaleuses, aux yeux de la morale et de la religion, il n'oublie pas les pauvres, qu'il secourt assidûment, ni les églises, ni les hôpitaux, qu'il aide de ses dons.

Nous posédons encore des témoins indiscutables de sa générosité. Les registres des Récolets célèbrent très haut les bonnes œuvres de Bonnier fils, après avoir exalté celles de son père. Les religieux parlent de lui à chaque instant pour mentionner sa charité et tout le bien qu'il leur fait. « M. Bonnier de la Mosson, qui a hérité de feu son illustre père de richesses immenses, a hérité aussi de son cœur libéral. » Il suit les traditions paternelles ; il a, lui aussi, une vénération particulière pour le saint dont il porte le nom et prend grand soin de sa chapelle de Saint-Joseph, aux Récolets. Chaque année le 19 mars, jour de la fête de son patron, il fait servir aux révérends pères un somptueux repas, auquel il prend part lorsqu'il se trouve à Montpellier. « Il fit l'honneur d'y assister la première fois en 1728 avec nombre de Messieurs de distinc-

tion de cette ville, après avoir entendu dévotement
la sainte messe, pendant laquelle il fit chanter un mo-
tet par un grand nombre de musiciens. » En 1741
aussi, les Récolets enregistrent sa présence ; il les a
« régalés d'un magnifique repas accompagné de dix-
huit seigneurs de ses amys », et a joint au repas un
don de quatre cents livres qui sert à faire « enduire et
recrépir les dehors du couvent. » Aussi la pieuse com-
munauté, en reconnaissance de tant de bontés, adres-
se-t-elle des vœux au ciel pour son « insigne bienfaiteur et toute son illustre famille (1). »

Les filles de l'Opéra n'étaient pas les seules protégées du fastueux trésorier de la Bourse ; les pauvres
et saintes âmes recueillaient aussi leur part de ses
largesses. Faudrait-il voir là-dedans un calcul, qui
établissait un système de compensation et faisait ra-
cheter le mal par le bien? Bonnier agissait en cela,
comme en tout, sans arrière-pensée ; il était bon par
nature : son cœur était accessible aux meilleurs sentiments.

Si les registres des Récolets ne nous avaient pas
été conservés, nous ignorerions les bonnes œuvres du
baron de la Mosson. Combien d'autres devons-nous
supposer, dont le souvenir s'est perdu ou sont restées
inconnues en vertu de l'axiome qui veut que la main
gauche ignore ce que donne la main droite , d'une
application très juste dans cette circonstance. Cette
révélation n'est pas sans intérêt : Voilà bien un des
côtés de cette époque. Le commensal de l'Opéra, le

(1) Intendance du Languedoc. Fonds des Récolets. Arch. départ.
de l'Hérault.

protecteur des actrices, l'ami des acteurs, n'est-il pas
curieux à considérer assis à la table de ces bons pères, après avoir entendu *dévotement* la grand'-messe
en musique. Peut-être sa dévotion n'a pas été si profonde que l'ont cru les Récolets, mais qu'importe. In-
conséquence, diront les uns, frivolité, objecteront
les autres ; ils auront peut-être tous raison. M. de la
Mosson n'était pas un philosophe, il n'était pas non
plus un libertin, dans l'acception que ces deux mots
avaient de son temps ; il était l'homme du siècle, de
ce xviii° siècle qui traitait tout légèrement, excepté
les choses légères. Combien, comme lui, dînaient de
l'église et soupaient du théâtre. Ils étaient de purs
indifférents. Croyons ce que nous dit à ce sujet un
contemporain : « On avait laissé l'athéisme aux académies et aux antichambres ; dans un salon personne
n'aurait osé se montrer esprit fort. »

Les défauts que pouvait avoir M. de la Mosson,
étaient rachetés par les qualités qu'il possédait au suprême degré. Sa réputation de bonté a été certes
méritée ; c'était bien l'homme « ne voulant de mal
à personne. » Nous en avons la preuve dans une
anecdote, digne d'intérêt, que nous rapporte l'avocat
Barbier. Il nous dit que « M. Bonnier, l'un des plus
riches particuliers de Paris, dont la sœur vient d'épouser le duc de Pecquigny » (comme nous le verrons
dans la suite), reçut une lettre par laquelle on le som-
mait de déposer dans le jardin des Tuileries trente
mille livres. On ne se bornait pas alors à prêter aux
riches, on leur faisait à l'occasion des emprunts for-
cés. Or donc, un misérable, un véritable gueux, ne
trouva rien de plus simple que de demander de l'ar-

gent au puissant financier. La menace suivait natu-
rellement la demande ; Bonnier était avisé charita-
blement que s'il ne s'exécutait pas, il lui « arriverait
malheur. » Plainte fut aussitôt portée au lieutenant de
police. Celui-ci fit déposer à l'endroit désigné un sac
rempli de jetons, que surveillaient des exempts et des
archers, cachés ou affectant de se promener dans le
jardin des Tuileries. Le filou, aussi naïf qu'inexpéri-
menté, fut exact au rendez-vous et ne manqua pas
d'être pris. C'était un jeune homme de vingt-trois ans,
qui avoua avoir agi sans complices. Le cas était pen-
dable et le pauvre diable aurait bien certainement
tâté de la potence *pour l'ordre public*, sans la générosité de celui qu'il avait choisi pour victime. M. de
la Mosson ne voulut pas qu'un homme fût pendu à
cause de lui, il implora sa grâce et l'obtint : le jeune
escroc fut envoyé aux îles. Barbier fait la réflexion
que le trésorier « n'aurait pas été tranquille si l'on
avait pendu cet homme (1). »

Cette conclusion du chroniqueur n'est-elle pas le
meilleur éloge que l'on puisse faire de Bonnier ? Nous
ne reconnaissons pas en lui un de ces « cœurs endur-
cis..., qui comptent pour rien les autres hommes. »
C'est, au contraire, le fait d'un homme généreux vis-à-
vis d'un misérable qui bien certainement ne se fût pas
borné à la menace et aurait exécuté ponctuellement ses
projets d'assassinat. Beaucoup d'autres auraient laissé
la justice suivre son cours, et se seraient considérés
dans le cas de légitime défense ; ils n'auraient pas
même pris la peine de savoir si oui ou non le malfai-
teur avait subi le juste châtiment de son crime.

(1) BARBIER, *Journal.*

Si la générosité d'âme de Bonnier est restée dans l'oubli, son nom a laissé une notoriété de meilleur aloi que celle que lui valut son existence mondaine et déréglée. Les richesses et les plaisirs n'avaient pas étouffé en lui l'intelligence, il aimait ce qui élève l'âme.

Le Régent, ce duc d'Orléans, dont la vie privée ne pourrait être citée comme exemple, s'occupa avec un goût très grand de sciences et en particulier de chimie. Ses ennemis, qui tournèrent contre lui ses bons comme ses mauvais penchants, en profitèrent pour lui imputer la mort des princes, due, selon eux, au poison. Il eut des imitateurs en tout dans la personne de ses roués. De tous les temps la nature humaine a été moutonnière. Après la régence, les hommes du XVIIIᵉ siècle suivirent les goûts de leurs devanciers ; comme eux ils s'adonnèrent aux sciences et s'aperçurent que la nature humaine n'avait pas un seul but, le plaisir. Ils se prirent à vouloir interroger la nature et pénétrer ses secrets ; l'histoire naturelle, la physique, la chimie, la magie même, cette science fausse et surannée, excusable à peine durant le Moyen-Age et qui fit encore trop de mal au XVIIIᵉ siècle, surtout quand à la mauvaise foi fut ajouté le poison ; toutes ces investigations les séduisirent. M. de la Mosson suivit le courant, non parce que la mode du jour le voulait ainsi, mais poussé par un amour sincère de la science et surtout de l'histoire naturelle. La vogue était toute aux sciences ; les gens du monde, les femmes les plus futiles y prenaient goût, le bon ton voulait que l'on suivît les cours et les démonstrations pratiques des branches les plus ardues de la science.

Bonnier était bien plus qu'un simple amateur des sciences. Nous en avons la preuve dans la démarche que fait auprès de lui le savant Haguenot. Il lui propose de le faire recevoir membre de la *Société royale des Sciences* de Montpellier. Le trésorier de la Bourse répond, avec modestie, qu'il est bien *sensible aux dispositions flatteuses* de la docte compagnie à son égard, qu'il voudrait bien être en état de pouvoir répondre à l'honneur qu'elle veut lui faire, mais qu'il n'a pour le mériter qu'une excessive bonne volonté : il ne serait pas à la hauteur des savants académiciens (1). Nous voyons par là que Bonnier n'était pas cet homme présomptueux en tout que nous aurions cru trouver. Si Haguenot le propose à la *Société des Sciences*, il sait à quoi il s'engage et apprécie la valeur de son candidat, qu'il connaît de longue date. La *Société royale des Sciences* de Montpellier n'était pas une simple réunion d'hommes de science douteuse, célébrités de clocher, ignorés en dehors de leur cité. Cette compagnie n'avait pas à faire ses preuves ; beaucoup de ses membres portaient un nom connu dans le monde savant, et chacun avait rang à l'Académie des Sciences de la Capitale : tout sociétaire de Montpellier de passage à Paris prenait place aux séances de l'Académie à côté des premiers savants de l'époque, honneur accordé à bien peu d'académies de province (2). Si Bonnier pouvait entrer dans cette société

---

(1) Archives de l'Hôpital Saint-Éloi. — Réponse à la lettre d'Haguenot.

(2) La Société des Sciences de Montpellier jouissait des mêmes priviléges que l'Académie de Paris, avec laquelle, d'après les lettres patentes, « elle ne doit former qu'un seul et même corps. »

ce n'était pas à titre de vrai savant, nous voyons qu'il n'avait pas la prétention de l'être, mais parce qu'il aimait passionnément les sciences. Du reste, il en était ainsi à Paris même, l'Académie ouvrait ses portes non-seulement aux véritables savants, mais encore à des personnages marquants, protecteurs éclairés des sciences et qui recevaient le titre de *membres protecteurs*.

Ce fut donc en amateur consommé que M. de la Mosson parvint à réunir ces collections restées célèbres et dont l'on peut, encore aujourd'hui, apprécier le mérite, grâce au *Catalogue raisonné d'une collection considérable de diverses curiosités de tous genres,* contenues dans *ses cabinets,* qu'a publié Gersaint (1744) (1). Ce catalogue, vieux de plus d'un siècle, passe aujourd'hui même pour un modèle du genre. Aussi, comme à Paris on connaît la réputation des collections du trésorier de Languedoc, est-ce avec la plus vive satisfaction que l'on apprend que Gersaint doit en rédiger le catalogue. Laissons parler le *Mercure* du mois d'octobre 1744 : « Nous nous faisons un plaisir, dit-il, d'apprendre aux curieux que M. Gersaint, déjà connu par différents catalogues de curiosités de sa composition, a été choisi pour diriger la vente des fameux cabinets de M. Bonnier de la Mosson ; le public l'avait déjà nommé d'avance, ce qui justifie ce choix. Il y a tout lieu d'espérer que nous aurons de lui un catalogue aussi exact de toutes les curiosités dont ces cabinets sont remplis, que le temps qu'on lui donnera pourra le lui permettre. On assure que la vente de toutes ces raretés, qui sont immenses dans leur va-

(1) 1 vol. in-12. Paris, 1744.

riété, pourra être commencée dans les premiers jours
de l'année prochaine (1). »

Le nom seul de l'auteur du catalogue nous dit l'importance des collections. Les notices contenues dans
les catalogues de Gersaint en font de véritables traités sur l'art et la curiosité : les plus célèbres qu'il ait
laissés sont ceux des ventes de Lorangère et de la
Roque. Toutefois celui de Bonnier se distingue par un
caractère tout particulier. Tandis que les autres ne
mentionnaient que des collections d'estampes, de tableaux, dont personne n'était plus expert que Gersaint, le catalogue de la vente Bonnier comprenait
des collections de toutes sortes, exigeant des connaissances très étendues : ses notes savantes donnent
une haute idée de la science de leur auteur. Le moindre amateur connaissait le célèbre marchand, dont
l'adresse, dessinée et gravée par François Boucher,
énonçait tout le contenu de sa boutique. « A la Pa-
gode, Gersaint, marchand-joailler sur le Pont Notre-
Dame, vend toute sorte de clainquaillerie nouvelle et
de goût, bijoux, glaces, tableaux de cabinet, pagodes,
vernis et porcelaines du Japon, coquillages et autres
morceaux d'histoire naturelle, cailloux, agathes et
généralement toutes marchandises curieuses et étran-
gères. A Paris. 1740. » Voulait-on un objet rare ou de
bon goût, on allait chez Gersaint. L'art régnait en
maître chez lui aussi bien au dedans qu'au dehors.
Ami de Watteau (2), ce fut lui qui l'inventa et le

(1) *Mercure de France.* Octobre 1711.

(2) Nous citerons à l'appui de ce que nous avançons à ce sujet
l'opinion d'un auteur qui fait autorité : « Le meilleur des amis de

lança ; il lui acheta ses premiers essais et fit sa réputation. Aussi celui-ci en conserva-t-il une grande reconnaisance. L'auteur *des Fêtes Vénitiennes* lui peignit cette enseigne restée célèbre. Elle représentait la boutique de Gersaint tapissée de tableaux et visitée par les curieux. Cette enseigne, un des plus fins ouvrages de maître, perdue aujourd'hui pour la France, ne l'est heureusement pas pour l'art ; séparée en deux, elle se trouve — par quel caprice du sort ? — dans les salles de l'Académie des Beaux-Arts de Berlin (1).

. Ces collections, que nous fait parcourir par la pensée le catalogue de Gersaint, formaient neuf cabinets, remplis de curiosités de tous genres. On remarquait : 1° le cabinet d'anatomie, 2° le cabinet de chimie ou le laboratoire, 3° le cabinet de pharmacie ou d'apothicairerie, 4° le cabinet des drogues, 5° le cabinet du tour et des outils propres à différents arts, 6° le premier cabinet d'histoire naturelle, contenant des animaux en flole dans une liqueur conservatrice, avec quelques minéraux ; 7° le deuxième cabinet d'histoire naturelle, qui renfermait des animaux desséchés, les papillons et autres insectes, les plantes, les mines,

Watteau fut Gersaint, fameux marchand de tableaux à Paris. C'est lui qui nous a laissé la plupart des détails dont se compose l'histoire connue de Watteau. Gersaint n'était pas un simple marchand de tableaux, il savait tenir la plume, et ses *Catalogues*, aujourd'hui si rares, si recherchés, renferment d'excellentes appréciations, des notices curieuses touchant les artistes, de bonnes annotations sur la qualité, le nombre et les aventures de leurs tableaux. » Ch. Blanc, *Histoire des Peintres*. École française, Watteau.

(1) On a pu la voir en 1883, à l'occasion des noces d'argent du prince impérial.

les minéraux, etc.; 8° le cabinet de physique ou cabinet des machines, avec plusieurs pièces d'artillerie et nombre d'autres morceaux qui ont rapport aux mathématiques; 9° le troisième cabinet d'histoire naturelle contenant les coquilles, l'herbier, plusieurs volumes d'estampes, qui, la plupart, ont rapport aux coquilles, et d'autres parties d'histoire naturelle, de la physique; ce cabinet était aussi celui de la bibliothèque.

Les diverses branches de la science se trouvaient représentées dans ces collections que ne pouvait contenir qu'une vaste demeure telle que cet ancien hôtel de Lude. Aussi Gersaint, à même de parler avec autorité, avoue qu' « il ne s'est point encore trouvé en France jusqu'à présent un cabinet qui ait autant mérité l'attention du public. » Cette réunion de morceaux de choix et de grande rareté ne pouvait appartenir qu'à un amateur riche et passionné. M. de la Mosson ne laissait pas à sa fortune seule le soin de lui former des collections; il ne marchandait ni son temps, ni sa peine; fureteur comme tout amateur, il cherchait de tous les côtés, et quand il avait trouvé un objet qu'il ne connaissait pas bien, il s'informait de sa nature, de ses qualités, de ses propriétés et de ses usages. C'était bien là, ainsi que nous l'avons avancé, le collectionneur éclairé. Il était secondé par ceux qui connaissaient ses goûts: le professeur Haguenot profite de ce que le président Bonnier d'Alco se rend de Montpellier à Paris pour faire parvenir à M. de la Mosson une *boête de curiosités de la nature*, en même temps que ses félicitations au sujet du mariage de sa sœur (1734). Le collectionneur se montre très sensible à cette double attention et s'empresse de remercier le savant de son envoi, l'ami de ses compliments. Bonnier ne craint pas d'entreprendre de longs voyages pour augmenter ses collections. Il va deux fois en Hollande à la recherche de ce qu'il peut y découvrir de précieux et de beau. Ces deux voyages aux Pays-Bas ne furent pas les seules pérégrinations du curieux et de l'amateur d'histoire naturelle ; le souvenir des autres n'est pas parvenu jusqu'à nous.

La science et l'art se trouvaient côte à côte dans ces nombreux cabinets. Les armoires, si bien garnies, étaient de bois d'essences rares et variées, ornées de cuivres, de sculptures, et protégées contre la poussière du dehors par de belles glaces. Combien était remarquable ce grand et magnifique corps de boiserie du plus beau bois de Hollande, sculpté et garni de glaces, que l'on voyait dans le « cabinet des insectes et autres animaux desséchés. »

Homme de goût et ami des arts, M. de la Mosson ne possédait cependant pas ce que l'on nomme une galerie. Mais il avait réuni nombre de dessins, d'estampes et de tableaux des meilleurs maîtres ; ses toiles portaient les signatures de « Vanude, des Portes, Moucheron, Lajoue, Raoulx, Sbick, Quintin Mésius, Ruysdaïl, Pitre Nefs, » la plupart peintres de l'École flamande, rapportés sans doute de ses voyages dans les Pays-Bas. Il possédait aussi des bronzes de grande valeur, si nous en jugeons par la description qui en a été faite et par le prix qu'ils ont atteint à sa vente. Il avait enfin « diverses belles porcelaines tant nues que montées en argent et en bronze doré d'or moulu, » qui aujourd'hui seraient d'un prix très élevé.

Les objets curieux et rares abondaient chez Bonnier de la Mosson. Il serait aussi long que fastidieux de les énumérer, malgré l'intérêt qu'ils pourraient offrir, tant en ce monde on se lasse même des meilleures choses. Toutefois nous ne croyons pas devoir passer sous silence ces meubles et ces bijoux qui, par leur importance artistique, furent jugés dignes de figurer sur ce catalogue en si bonne compagnie, tels que deux petites bibliothèques garnies de « magnifiques bronzes dorés à l'or moulu, » surmontées l'une d'une pendule et l'autre d'un thermomètre du célèbre Cressant, qui atteignirent le prix alors insensé de 3201 livres. De Cressant aussi étaient deux délicieuses commodes assorties à ces bibliothèques et qui se vendirent 3160 livres. Signalons, au hasard, ces tables de marbre à consoles dorées, « chefs-d'œuvre de sculpture, » ces bureaux de travail, ces pendules, ces écritoires, ces « tables de nuit (nous les trouvons parmi les objets rares et précieux), écrans et autres ustensiles proprement exécutés et d'un bon goût, » ces boîtes d'or, de nacre, de jaspe, « d'ancien lac, de vernis du sieur Martin, » des flacons d'or et d'autres objets que l'art et la matière rendent également précieux.

Enfin, pour résumer ce que nous venons de voir, nous ne saurions mieux faire que de recourir à une autorité incontestée qui nous dira : « Bonnier avait toutes les curiosités d'un homme de goût. Il recherche et réunit autour de lui : chasses de Desportes aux bordures armoriées, bergeries de Raoux, paysages de Moucheron, architecture de Lajoue et vieux tableaux de Quentin-Metzys ; tables de marbre dans les pieds desquels courent des battues de sangliers, fouillées

par Pelletier ; cabarets de Saxe, de Chine, groupes
de sujets galants, girandoles, gros droguins de porcelaine, couchés sur des carreaux de velours bleu, et
bronzes et bustes d'empereurs romains, portés sur
des escabelons dignes d'eux ; une merveilleuse pendule
de Chagny, donnant le temps dans un petit monde,
dans une danse champêtre, dans des arbres et des
feuillages de cuivre émaillé, fleuris de porcelaine ; une
écritoire de cristal de roche avec deux plumes d'or. Il
avait des bibliothèques de bois violet bien garnies de
livres. Il s'occupait : un tour, la physique et la chimie,
à la mode depuis le régent. Il possédait un musée,
neuf musées d'histoire naturelle, formés avec grand
soin, poursuivis jusqu'en Hollande, qu'il savait par
cœur et expliquait même avec grande science : ses
armoires d'animaux en fiole, poissons desséchés, minéraux, cailloux, insectes, coquilles, renfermées dans
un coquillier de satin bleu et de satin blanc, au milieu
desquelles était la reine des coquilles, la *Scalata*, unique Paris, ce cabinet que Buffon envie et qu'il enlè-
vera sa vente, les figurations en cire coloriée du
corps humain et les squelettes (1). »

Bonnier était bien un vrai *curieux*, selon le mot de
l'époque. Aujourd'hui le nom peut avoir changé, mais
la chose est restée. Notre pays a été et sera toujours
la patrie du bon goût, quoique l'on puisse dire avec
le fabuliste :

> Rien n'est plus commun que le nom,
> Rien n'est plus rare que la chose.

(1) Ed. et J. de Goncourt. — *Portraits intimes du XVIIIe siècle*,
p. 94 et suiv. — Lettre de Michault au p^t Bonnier 30 juin 1715.

Gersaint nous apprendra ce que l'on entendait par *curieux*, et son opinion mérite d'être citée. « Un curieux, nous dit-il, a souvent l'avantage et le mérite de n'être point livré à ces passions fortes et si familières à la nature humaine. L'objet de sa curiosité remplit les vides de son loisir ; amusé par ce qu'il possède, ou occupé par les recherches de ce qu'il désire posséder, il ne lui reste que les moments suffisants pour travailler au progrès de sa curiosité, et son cabinet devient le centre de tous ses plaisirs et le siége de toutes ses passions.... Il ne connaît pas ce que c'est que l'ennui. S'il se lasse d'être chez lui, son titre de curieux lui donne entrée dans les cabinets les plus fameux et il peut aller s'y récréer. En qualité de curieux, il devient l'égal de ceux mêmes qui, livrés à cette noble passion, se trouvent au-dessus de son état par leur rang et leur condition. L'amour de la curiosité suppose toujours dans un curieux du goût et du sentiment. Cet amour perce ordinairement dès la plus tendre jeunesse. On commence assez souvent par la possession de quelques bagatelles, dans lesquelles, faute d'expérience, on trouve des beautés qui s'évanouissent bientôt par la comparaison qu'on est plus en état de faire dans la suite. Les yeux s'ouvrent enfin, le bon goût se forme.... Par gradation on acquiert la qualité de connaisseur. »

Ainsi parle avec sa grande autorité un vrai connaisseur. Expert consommé, Gersaint ne se borne pas à apprécier les choses de l'art, il explique en excellents termes les motifs de ses jugements, restés sans appel.

M. de la Mosson étendait sa curiosité sur tout. Il

possédait un médailler, peu nombreux, il est vrai,
mais contenant des pièces très remarquables, des ca-
mées et des intailles justement estimées. Et ces cabinets qui renfermaient sa bibliothèque méritent une
mention toute spéciale. Il avait beaucoup et de bons
livres : un catalogue particulier en fut fait après sa
mort. Chaque volume, richement relié, portait sur ses
plats, d'un côté, les armes du trésorier de Languedoc,
et de l'autre, ces mots : « M. Bonnier de la Mosson. »
Ces livres ont subi le sort de tout le reste ; eux aussi,
ils ont été dispersés aux quatre vents. Toutefois, une
grande partie, au dire d'un savant chercheur, serait
aujourd'hui à la bibliothèque de l'Arsenal (1). Bonnier
figure parmi les amis des livres, et son *ex libris* a été
jugé digne de prendre place dans l'*Armorial du Bibliophile*, qui reproduit, d'après le catalogue de sa
bibliothèque (26 avril 1745), ses armoiries : « sept
burelles d'or, accompagnées en chef de trois gerbes
liées de même et mises de fasce sur champ (2). »

Maintenant que nous connaissons le baron de la
Mosson par ses bons côtés, que nous avons considéré
en lui l'homme au goût élevé, à l'intelligence distin-
guée, ne sommes-nous pas tentés d'oublier certaines
légèretés de son existence? Le protecteur des déesses
d'Opéra est effacé par le financier bienfaisant, généreux, ami des arts, des sciences et des lettres ; on
aime à constater qu'il ne mésusa pas toujours des
richesses que la Fortune semble lui avoir départies
sans compter.

(1) M. Cousin, créateur du Musée de la ville de Paris à l'hôtel
Carnavalet.
(2) Paris, Barrois, 1743, in-8°.

Barbier nous l'a dit, après lui d'autres l'ont répété :
Bonnier passait pour l'un des plus riches particuliers de Paris et même de France. Nous n'avons pas
eu de la peine à nous en convaincre. L'origine de
cette fortune nous est connue : elle lui provient de
son patrimoine et des revenus de la Bourse des États
de Languedoc, première source de ce beau patrimoine.
Aussi possédait-il des propriétés considérables dans
tout le royaume. Nous lui connaissons ce bel hôtel du
Lude, au faubourg Saint-Germain, déjà très remarquable quand il lui échut en partage, et qu'il embellit encore, d'après les conseils du grand architecte du temps, Le Roux ; cette superbe maison que
son père avait fait construire à Montpellier, au *Pas-
Étroit*, et ce magnifique château de la Mosson, avec
toutes ses merveilles, dont le plus grand défaut était
de se trouver si loin de ce Paris que Bonnier n'aimait
pas à perdre de vue. Aussi fut-il obligé d'acheter une
maison des champs aux portes de la Capitale. Tout
homme à la mode avait au xviiie siècle sa *folie* ; Bonnier eut la sienne dans cette partie de la banlieue où se
portait la vogue du jour, aux Porcherons. C'est là que
tous les gens de plaisir possédaient un pied-à-terre,
c'est là que Ramponneau, le légendaire Ramponneau,
attirait dans son cabaret le tout Paris qui s'amusait.
Les historiens (1) nous rapportent que les Porcherons,
situés en haut du faubourg Montmartre, à gauche, depuis la rue Saint-Lazare jusqu'au bas de la Butte,

(1) THIERRY, I, p. 403. — Voltaire rapporte que des princes même
visitèrent Ramponneau. Et Vadé prétend que voir Paris sans voir
la Courtille, sans fréquenter les Porcherons, c'est voir Rome sans
voir le Pape.

étaient couverts de cabarets : encore en 1787, subsistait là une guinguette très en renom dans Paris. Les dimanches et fêtes, gens de qualité et du menu peuple envahissaient les Porcherons. Parmi les élégantes folies bâties en ce coin de la banlieue, la plus célèbre était celle de M. de Montigny, un autre trésorier général des États, de ceux de Bourgogne. Mme Du Deffant, qui aimait tout ce qu'aimait son temps, avait une affection particulière pour les Porcherons ; on lui attribue un manuscrit, le « théâtre des Porcherons », pièce qu'elle écrivit et joua avec ses amis non loin du cabaret de Ramponneau. De tout cela il ne reste plus que le faible souvenir d'un beau rêve : les Porcherons, ses folies, Ramponneau, les guinguettes, tout s'est évanoui sans laisser la moindre trace. La vaste cité a enlacé dans ses grands bras les Porcherons, aujourd'hui quartier de la capitale qui ne diffère en rien des autres (1).

La plaque commémorative de la fondation du château de la Mosson nous apprend que Bonnier ajoutait à son titre de baron de la Mosson ceux de seigneur de Juvignac, Aussargues, Malbosc, et autres places. La liste serait longue si nous faisions l'énumération des autres places que Bonnier laissa en mourant à son fils et de celles que celui-ci acquit depuis. Autour de la baronnie de la Mosson se groupaient de près ou de loin, outre les seigneuries que nous venons de nommer, les terres de Bione, Campagne, Latour, Biard (2),

_____

(1) L'inventaire du château de la Mosson mentionnait l'existence d'un plan de la maison des Porcherons (Arch. départ. de l'Hérault).

(2) Achetée à l'évêque de Montpellier.

la Paillade, Fabrègues, Agnac, Mujolan, St-Jean-
de-Corgnies, toutes dans le diocèse de Montpellier.
Dans ceux de Béziers et de St-Pons, Bonnier possédait
les seigneuries de Castelnau près Vendres, St-Bauzille
de-Clairan, Colombières, Caroux, St-Martial, St-Martin-
de Larçon ; près de Narbonne, la terre de l'Étang sa-
lin ; en Vivarais, le château de la baronie de Mirandol,
les domaines de Valgorge et de Baladuc lui appartiennent. Le baron de la Mosson était vicomte de par la
vicomté de Villemur, dans le diocèse de Montauban,
sorte de petite principauté, avec ses vingt-quatre
paroisses, traversée par le Tarn, une rivière, presque un
fleuve, qui mettait en mouvement plusieurs moulins
du vicomte. Ce dernier avait haute, moyenne et basse
justice dans ses terres ; il possédait des droits de
chasse, de pacage et de clavage dans la forêt royale,
sa voisine.

Baron, vicomte, Bonnier était aussi marquis ; c'est
pourquoi souvent il prend ou on lui donne ce titre. Il
possédait le marquisat de Mesuit-Garnier.

M. de la Mosson avait des terres même en Normandie, près de Vallory, à cinq lieues au sud de Montereau.
Le chateau de Valery ou de Vallory était une ancienne
seigneurie de la famille de Condé ; depuis 1588 les
princes de cette maison y avaient établi leur sépulture.
« Cette terre fut attribuée à mademoiselle de Sens et
M. le Duc n'a pas voulu la reprendre. Mademoiselle
de Sens l'a vendue depuis à M. Bosnier. On dit que les
marbres des tombeaux ont été ôtés et vendus (1). »
Nous ne croirons jamais M. de la Mosson capable d'un

(1) Luynes, T. III (1740).

pareil vandalisme ; nous en appelons à ses goûts de curieux. Le duc de Luynes aura probablement été induit en erreur.

A ces nombreuses richesses territoriales on pourrait en ajouter d'autres de toutes sortes : Actions de la Compagnie des Indes, Créances sur les États, sur les Villes et Communautés de Languedoc, sur les principaux personnages de la Province, qui avaient souvent recours au Trésorier de la Bourse ; le nombre en est incalculable, et ce serait vouloir dresser un inventaire, que de chercher à les faire connaître. Notre but serait dépassé ; nous avons seulement voulu donner une idée de la fortune de celui qui, avec beaucoup de raison, passait pour un des plus riches financiers de France.

On se rappelle l'indécision de Bonnier à la mort de son père, ne sachant pas s'il renoncerait à son beau régiment de Dragons-Dauphin ou bien à la grasse position qui s'offrait à lui. Il voyait la vie avec ses yeux de vingt ans et les illusions de la jeunesse. Pour lui, sacrifier la première de ces positions, c'était déchoir. C'était s'amoindrir que de devenir le Caissier des États. Une estampe très connue représente une tenue des États de Languedoc. Sur un siège élevé, abrité par un dais, est assis le Cardinal archevêque de Narbonne, président, ayant à sa droite les vingt-trois prélats, à sa gauche les vingt-trois barons et en face de lui les soixante-huit députés du Tiers État, les Trois Ordres de la Province. Au milieu, sous le fauteuil présidentiel, se trouve une table recouverte d'un tapis aux armes de Languedoc où sont assis les officiers des États chargés de faire exécuter les décisions de l'Assemblée ; ce sont

les trois syndics, les deux secrétaires et le trésorier.
A en juger d'après cette réunion des députés du
Languedoc, la situation du Trésorier de la Bourse
paraît bien modeste. Mais il n'en est nullement ainsi,
et la fierté de M. de la Mosson n'aura pas à en
souffrir. Si dans la salle des séances sa place se trouve
être une des dernières, au dehors elle est une des plus
importantes. Pendant la tenue de ces augustes assemblées, ce ne sont que fêtes, dîners, représentations,
offerts par les principaux personnages de la province
et de la ville où siégent les États : les réceptions du
Trésorier de la Bourse paraissent occuper un des premiers rangs.

Laissons la parole à un page de la Cour de Louis XV
qui fut témoin d'une série de fêtes données à Montpellier, pendant une tenue d'États; il nous dit que les
semaines s'y passèrent très agréablement : « Le Commandant de la Province, les Archevêques de Narbonne
et de Toulouse, l'Intendant, le Trésorier général de
Languedoc, le Fermier général en résidence obligée à
Montpellier, le premier Président de la Cour des Aides
et beaucoup de riches particuliers de la ville s'épui-
saient en représentations dans ce *moment* de luxe.
Aux repas multipliés succédaient les jeux, à ceux-ci
d'autres plaisirs. De jolies femmes, parmi lesquelles
on désignait spécialement Mesdames de Melon, de
Mourgues, les baronnes de Sauve, d'Axat, y augmentaient l'agrément des Cercles (1). »

Dans ces fêtes nous voyons le trésorier de la Bourse
occuper un rang fort honorable et figurer en bonne

_____

(1) *Souvenirs d'un ancien page de Louis XV*, T. II, p. 203.

compagnie, parmi les aimables amphitryons qui ouvrent leurs salons aux premiers dignitaires de la
province et aux plus belles dames de Montpellier.
Personnage le plus puissant du Languedoc, *par la
finance*, la plupart des grands seigneurs étaient ses
obligés. Souvent même il offrait une généreuse hospitalité dans son hôtel du *Pas-Étroit* aux archevêques
de Toulouse et de Narbonne, lorsque les États se réunissaient à Montpellier. La relation que nous avons
empruntée à cet ancien page de Louis XV date, il
est vrai, de 1775, époque à laquelle Bonnier n'était
plus de ce monde depuis déjà longues années ; mais
si l'un de ses successeurs représentait si bien les trésoriers de Languedoc, on peut se faire une juste idée
de ce que devaient être les réceptions de M. de la
Mosson lorsqu'il faisait, en ville ou dans son château,
les honneurs de ses salons avec son luxe et ses grands
airs de prince de la finance.

Bonnier ne venait à Montpellier que lorsque les affaires de sa charge lui en faisaient un devoir ; encore pas-
sait-il la plus grande partie de son temps à la Mosson.
Toutefois son installation du *Pas-Étroit* n'était pas
un simple pied-à-terre ; son hôtel était toujours tenu
comme si le maître devait l'habiter. Aussi bien qu'à
l'hôtel de la rue Saint-Dominique, qu'au château de la
Mosson, on y voyait des meubles de goût, des tapisseries, des bronzes dorés, de l'argenterie, des tableaux,
enfin tous ces objets remarquables par l'art et la curiosité qui remplissaient ses diverses résidences. Aux
salons succédaient des salons, salles à manger d'hiver
et d'été, cabinets, chambres nombreuses étaient toujours prêtes à recevoir le maître du logis ou ses invités.

Dans le jardin quatre bustes de marbre à *la romaine*
étaient abrités pendant la belle saison par de beaux
orangers dans de grands vases. Mille détails que la
relation de son inventaire nous ont conservés nous font
voir que le trésorier de la Bourse pouvait arriver à Montpellier sans être attendu ; il ne prenait jamais ses gens
en défaut.

Si le receveur général des États de Languedoc ne put
conserver son régiment de Dragons-Dauphin, il lui fut
permis de garder sa charge de bailli et capitaine du
bailliage et capitainerie royale des chasses *de la Varenne des Tuileries, pont de Saint-Cloud, plaine
de Saint-Denys, Gennevilliers et dépendances* (1) ;
vraie magistrature d'un exercice peu absorbant, il est
vrai, mais qui obligeait à tenir des audiences le lundi
de chaque semaine ; le bailli rendait la justice au palais
des Tuileries, revêtu d'une robe noire et assisté de
ses deux lieutenants. Les capitaineries constituaient
« des circonscriptions territoriales où le droit de chasse
était exclusivement réservé au roi. » La circonscrip-
tion des Tuileries comprenait un rayon assez étendu
autour de Paris. Tous les litiges qui s'élevaient dans
la Varenne étaient portés au tribunal du bailli, qui les
jugeait solennellement. Tout propriétaire dont les
terres étaient englobées dans la capitainerie ne pouvait y apporter la moindre modification sans avoir
sollicité et obtenu l'assentiment du roi, qui avait droit
de chasse sur son domaine. L'on sait combien les princes et les seigneurs tenaient à ces priviléges, derniers
vestiges de la féodalité, si vexatoires pour le peuple.

(1) Le plan de la capitainerie des Tuileries était mentionné
dans l'inventaire de la Mosson. (Arch. Dép. de l'Hérault.)

Cette charge de bailli devait être de quelque profit pour celui qui en était investi ; il ne pouvait donner gratuitement et son temps et sa peine. Toutefois M. de la Mosson tenait plus à ces fonctions, alors très-recherchées, qu'aux épices ou émoluments qu'il en retirait. Les baillis et les capitaines étaient en général gens de qualité, quelquefois gentilshommes du roi ; aussi le trésorier des États conservait avec soin cette charge, qui semblait lui donner plus de considération.

L'un des lieutenants de Bonnier au bailliage de la Varenne du Louvre était ce Privat de Saint-Rome, qui figura dans le galant voyage de Paris à la Mosson. Commensal ordinaire du trésorier, le sieur de Saint-Rome était aussi son parent ; M. de la Mosson le payait généreusement de ses complaisances, le logeait dans son hôtel (1), et peut-être même lui avait-il fait don de sa lieutenance. Ce pauvre hère était un de ces parasites qui s'attachent à tout homme puissant, gens sans consistance, prêts à payer en flatteries et en services de tous genres ce qu'ils reçoivent d'une autre manière.

Bonnier mort, on se demande quel sort est réservé à l'édifice immense de sa fortune ? Constance-Gabrielle-Madeleine du Moncel de Louraille, sa veuve, reste seule avec sa fille unique, enfant en bas âge, dont la tutelle lui est justement confiée. Elle est entourée d'un conseil composé d'hommes très sages, qui n'auront qu'à ratifier la prudente gestion de ses affaires. En première ligne figurent le chevalier de Moncel, président au parlement de Rouen, son frère, et le duc de Chaulnes, son beau-frère, puis viennent les parents et amis de

(1) Il logeait rue Saint-Dominique comme lui.

Bonnier de la Mosson, tels que le premier président honoraire Xavier de Bon, baron de Fourques, marquis de Saint-Hilaire, conseiller d'État; son fils Louis-Guillaume, son successeur à la première présidence; le président d'Alco, le chanoine Dejean, prieur de Villeneuve, conseiller-correcteur à la Cour des Aides; de Gouy; le conseiller du roi Bedos, juge en la Cour royale de Gignac; Jausserand, conseiller au Présidial; Trouzat et de Melon, trésoriers généraux; Campan, conseiller à la Cour des Aides; Joseph de Gévaudan, seigneur de Boisseron, et l'inévitable Privat de Saint-Rome. Les intérêts de Mademoiselle de la Mosson ne pouvaient être placés entre meilleures mains; le caractère et la situation des hommes qui formaient le conseil de famille en étaient les plus sûrs garants.

Les volontés du trésorier de la Bourse devaient être aussi exactement remplies par les exécuteurs testamentaires qu'il avait désignés en la personne de messire haut et très-puissant seigneur Jean-Louis Portail, président au Parlement de Paris, seigneur de Vaudreuil, Leyris et autres lieux, et François Lamouroux, receveur des finances de la généralité de Moulins, résidant à Paris, paroisse St-Roch.

De tels conseillers étaient nécessaires dans ces circonstances. A l'importance de cette succession venait se joindre la liquidation, sinon embrouillée du moins laborieuse, de la trésorerie de Languedoc. Bonnier père et M. de la Mosson avaient toujours eu une gestion irréprochable; chaque année ils avaient fait régulariser leur situation, tandis que pendant ses soixante ans d'exercice, Penautier n'avait jamais fait apurer ses comptes. Les Bonnier paraissaient, en conséquence,

être bien et valablement déchargés de toute responsabilité. Néanmoins des difficultés surgirent. Le 18 août
1744, un arrêt rendu par le roi en son Conseil attribua
la connaissance du règlement de la succession de
M. de la Mosson, trésorier de la Bourse de Languedoc,
à l'intendant de la Province, Lenain, qui devait prononcer en dernier ressort. Les choses traînèrent en
longueur. Alors, plus encore que de notre temps, les
affaires administratives avançaient d'un pas lent, et en
1754 aucun règlement n'était intervenu. Les membres
du Conseil de famille s'émurent de cette situation.
L'un d'eux, le duc de Chaulnes, qui avait ses entrées
à la Cour, adressa personnellement une demande à
Louis XV. Ses plaintes durent être écoutées, car l'affaire fut aussitôt évoquée par le roi siégeant en Conseil d'État.

De délais en délais, le règlement finit par aboutir.
Les deux gestions des trésoriers de la Bourse, Bonnier
père et fils, furent reconnues exemptes de toute erreur
de calcul, de double emploi ; toutefois il s'y trouvait
des recettes qui n'avaient pas été portées en compte.
La succession s'empressa de réparer cette omission
involontaire. Une transaction vint terminer ce long et
laborieux règlement. Moyennant la somme de cinq
ent mille livres la succession des Bonnier de la Mosson demeurait quitte et déchargée vis-à-vis des États
de la Province de toutes les sommes qui auraient pu
lui être réclamées tant pour erreur de calcul, faux et
doubles emplois, que pour omission de recettes. A
l'avenir leurs héritiers se trouvaient à l'abri de toutes
recherches.

Ce simple aperçu nous montre de quelle manière fut

réglée la grosse gestion de l'administration des trésoriers de la Bourse à la mort de M. de la Mosson.
Longs seraient les détails que fourniraient les gros et
nombreux dossiers de cette importante affaire, et l'on
y trouverait matière à beaucoup de développements.
Mieux vaut les laisser dormir leur paisible sommeil
sur ce lit de noble poussière où ils reposent, dans les
archives, si curieuses d'ailleurs pour qui ne craint pas
de les interroger, de l'Intendance du Languedoc. Il
faudrait entreprendre une étude sur les finances de la
Province, travail qui dépasserait notre but. Nous
nous bornons, après ces quelques mots, à indiquer la
source où l'on pourra contrôler nos simples indications.

Comme l'on peut penser, la charge si importante de
Trésorier de Languedoc fut très recherchée à la mort
de Bonnier de la Mosson. Le duc de Luynes nous apprend que « beaucoup de gens ont déjà fait des démarches pour l'obtenir, mais le choix du roi est toujours
la règle de la décision des États. M. Bosnier avait sous
lui un caissier nommé Lamouroux, dont le frère demeure ici dans le voisinage au bout de mon parc. Il a
acheté depuis quelques années un fief nommé Mauvières... Lamouroux, caissier des États de Languedoc, est
protégé par M. de Richelieu et par l'archevêque de Narbonne; aussitôt après la mort de M. Bosniér, il alla
trouver le roi sur sa route pour demander la place
de Trésorier. Il paraît certain qu'il aura cette place,
mais on en fait un mystère jusqu'à l'Assemblée des
États. Ce Lamouroux, qui est marié en secondes noces, depuis deux ou trois ans, a eu de son premier
mariage un fils qui est devenu aveugle à l'âge de deux

ou trois ans et qui en a actuellement vingt-quatre ou
vingt-cinq; ce fils, qu'il a fait élever avec tout le soin
possible, a appris la musique, qu'il sait fort bien ; il
joue des instruments, il compose, il joue aux échecs,
au tric-trac; il a même appris le dessin, et son oncle
ayant voulu faire à Mauvières un bâtiment nouveau,
c'est cet aveugle qui a conduit ce bâtiment, qui est
assez joli et bien exécuté. Il donnait lui-même aux
différents ouvriers les mesures des longueurs, largeurs
et formes dont ils étaient chargés (1). »

Grâce à la prolixité du noble chroniqueur, nous
voilà bien renseignés sur le trésorier que les États
choisirent pour remplacer Bonnier et qui géra quelque temps cette charge, dans l'intérêt de sa succession. Lamouroux, qui ne put faire passer la trésorerie
de Languedoc sur la tête de ce fils dont l'infirmité
constituait un empêchement irrémédiable, la vendit à
Mazade de Saint-Bresson. Joubert, précédemment syndic de la Province, vint après et clôtura la série de
ces riches financiers (2). L'hôtel du *Pas Étroit* avait
subi le sort de la Bourse; comme celle-ci, il avait
été acheté successivement par les trésoriers qui s'é-
taient suivis (3). Il conservait dernièrement encore le
nom de Joubert, qu'une rue avoisinante porte aujour-
d'hui.

Représenté par une fille, le nom de Bonnier de la
Mosson était destiné à disparaître par un mariage qui
l'aurait absorbé. Malheureusement il devait s'étein-

(1) Luynes, T. II, p. 31 et 32.
(2) Appendice, E.
(3) Le 16 mars 1750, Lamouroux l'acheta par contrat passé devant
Mᵉ Carron, notaire à Paris.

dre plus tôt. En 1753 mourait, à l'âge de douze ans, Mademoiselle de la Mosson, et ses grandes richesses allaient presque toutes se concentrer entre les mains de la sœur de M. de la Mosson, Anne-Joseph Bonnier Duchesse de Chaulnes. En apprenant la mort de sa nièce, Mme de Chaulnes éprouva un grand embarras ; la question qui la préoccupe surtout n'est pas de savoir comment elle gèrera sa nouvelle fortune, mais quel deuil elle doit porter en qualité d'héritière : devra-t-elle mettre le grand deuil ou le deuil ordinaire ? La question lui paraît si grave qu'elle en réfère au chef de la maison, au duc de Luynes, et, celui-ci entendu, « il est décidé qu'on ne doit le prendre (le grand deuil) au degré collatéral que quand on est héritier universel par testament (1). »

Toutefois, après la mort de cette enfant, le nom de Bonnier était dignement porté par la malheureuse mère qui eut la douleur de fermer les yeux à sa fille unique. Jeune encore, elle se trouvait seule, sans la moindre consolation en face de son chagrin, au moment où elle fondait mille rêves d'avenir sur la compagne de son veuvage. Toute à cette dernière, le soin qu'elle prenait de ses intérêts lui donnait une grande sollicitude. L'année même qui précéda ce malheur, elle était intervenue comme tutrice et légitime administratrice des biens de sa fille, dans une contestation relative à des actions de la compagnie des Indes, jugée en dernier ressort par le Conseil du Roi (2). Depuis la mort de son mari, elle avait quitté l'hôtel de

(1) Luynes, T. XIII, p. 102.
(2) Arch. dép. de l'Hérault.

la rue Saint-Dominique, devenu trop grand pour une femme et une enfant, et bien vide depuis qu'il était dépouillé des collections de Bonnier de la Mosson. En sage administratrice, elle loua l'hôtel du Lude et se logea dans la rue de Grenelle, ne voulant abandonner ni le faubourg Saint-Germain, ni la paroisse Saint-Sulpice.

Lorsque le temps, ce consolateur des plus vives douleurs, eut émoussé celle de la mère, la femme reprit ses droits. Mᵐᵉ de la Mosson se trouvait trop jeune pour vivre isolée et briser une existence qui se présentait longue encore et pleine de promesses ; elle n'avait perdu aucun de ces attraits qui avaient attiré sur elle les regards du trésorier de Languedoc. Son premier mariage lui avait laissé d'amers souvenirs ; mais était-ce une raison pour ne pas contracter une seconde union ? Le bonheur qu'elle n'avait pas trouvé avec Bonnier, elle dut le goûter avec son second mari, M. de Batz, marquis de Castelmore, maître de camp, chevalier de Saint-Louis (juillet 1755). On s'accordait généralement à reconnaître en M. de Castelmore un homme aimable et un officier distingué.

Que subsistait-il maintenant de Messire Bonnier, baron de la Mosson, vicomte de Villemur, marquis de Mésuit-Garnier, seigneur de maintes places, conseiller du Roi en la grande chancellerie, trésorier général de la Bourse de Languedoc, bailli et capitaine de la Varenne des Tuileries, ancien maréchal-des-logis de la maison du roi et mestre de camp-colonel d'un régiment de Dragons-Dauphin ? rien, absolument rien. Ce nom, si retentissant de son vivant, ne laissait plus de trace après lui, et en présence d'un tel néant sur é-

dant à tant de grandeurs, on se rappelle involontaire-
ment les graves paroles que l'évêque de Meaux laissa
tomber de la chaire en présence de Louis XIV, lui
montrant la vanité des choses de la terre. Un souffle
de destruction semble avoir passé après la mort de
Bonnier ; les pierres qui, elles du moins, auraient dû
nous redire le faste du trésorier, n'ont pu résister
à cette dévastation. De ce superbe château élevé à
grands frais et dont le nom était lié au sien, où il
avait prodigué, après son père, tout le luxe de ce
siècle du bon goût, il ne reste plus qu'une ruine,
et rien ne vient ranimer ces lieux enchanteurs, témoins autrefois de si joyeuses fêtes. Bonnier semble
avoir emporté dans la tombe et le nom et les merveilles de la Mosson : sans lui le château n'aura plus sa
raison d'être ; les nymphes de la Mosson pleureront
à tout jamais leur haut et puissant baron.

Il n'y avait pas un an que Bonnier était mort, lorsqu'une sentence du Châtelet de Paris vint inaugurer
le démembrement du château. Afin d'éviter le dépé-
rissement dans une demeure inhabitée des glaces et
trumeaux adhérents aux murs, ordre était donné de les
faire vendre (1). Non-seulement abandonnée, mais
livrée déjà à la destruction, cette résidence magnifique s'en ira désormais en morceaux.

On ne peut s'expliquer la rapide disparition de cette
œuvre si gracieuse qui fut le château de la Mosson ;

(1) Il faut reconnaître qu'à cette époque, des glaces comme
celles qui ornaient les appartements de la Mosson avaient une
grande valeur : ce qui explique pareille mesure. Ce fut pour le
même motif que les glaces de la maison de Montpellier ne furent
pas comprises dans la vente de l'hôtel.

à quelles circonstances devons-nous attribuer son
éphémère durée, sa destruction, alors qu'il était à
peine achevé et la dispersion de ses splendeurs aux
quatre vents ? On serait tenté de rendre responsable
de ces ruines un de ces bouleversements qui changè-
rent souvent la face des choses ; mais quand éclata
la Révolution, depuis longues années le château de la
Mosson n'existait plus ; sa destruction avait été con-
sommée de sang-froid.

Peu de temps après la mort de Bonnier, Messire
Paul-Camille de Guilleminet, conseiller à la Cour des
comptes, aides et finances de Montpellier, portait les
titres de baron de la Mosson et de seigneur de Saint-
Jean de Corgnies, comme autrefois le trésorier de la
Bourse les avait réunis sur sa tête, et comme lui rendait hommage, pour cette dernière seigneurie, à l'é-
vêque de Montpellier, alors Messire de Charancy. Le
21 avril 1759, cette terre retournait dans la famille
Bonnier ; le conseiller Guilleminet (1) la vendait au
président d'Alco, qui ne devait pas tarder à la céder
(le 31 octobre 1765) au marquis de Castries, avec
profit : le président l'avait achetée quinze cents livres
et la vendait cinq mille. Comme la seigneurie de Saint-
Jean le château de la Mosson ne tarda pas à passer à
d'autres maîtres, et sa destruction avait déjà eu lieu.
Le titre de baron de la Mosson paraît avoir été trop
lourd à porter par les successeurs de Bonnier ; on
peut dire qu'il disparut avec celui-ci, après avoir été

(1) Guilleminet était d'une ancienne famille qui donna, en 1649,
1703 et 1741, trois secrétaires des États du Languedoc : Pierre,
Pierre-François et Paul-Étienne de Guilleminet.

pris pendant de longues années par les propriétaires successifs de cette terre et avoir brillé du plus vif éclat avec les trésoriers des États de Languedoc.

Cependant Louis-Gabriel de Batz, marquis de Castelmoro, baron d'Espade et autres lieux, et, à dater de 1764, Louis-Constantin de Batz (1), comte de Castelmoro, ancien capitaine au régiment royal étranger cavalerie, se qualifiaient de barons de la Mosson, l'un comme mari, l'autre comme fils de la veuve de Bonnier. Mme de Castelmoro avait eu la terre de la Mosson, *tant comme seule héritière, sous bénéfice d'inventaire quant aux meubles et acquêts et aux biens régis par le droit écrit de défunte Renée,.... sa fille, et de défunt Bonnier,.... que comme lui étant abandonnée par très haute et très puissante dame Anne-Joseph Bonnier, épouse de très haut et très puissant seigneur le duc de Chaulnes, seule et unique héritière quant aux propres de la dite demoiselle.* — Ce grimoire peut seul nous expliquer une situation que l'on ne comprendrait pas.

C'est en 1755 que la veuve du trésorier de Languedoc vendit la seigneurie de la Mosson à M. de Guilleminet. Celui-ci, qui n'avait pas payé son achat ou qui en devait au moins la plus grosse part, fit argent de tout et avait commencé à dépecer son domaine quand la mort vint le surprendre. Sa sœur Anne-Françoise de Guilleminet, veuve de M. Pacius, se trouva fort

---

(1) Faut-il voir dans ce fils de Mme veuve de la Mosson cet *infâme* de Batz qui voulut enlever la famille royale pendant la captivité du Temple, homme très riche, dont la Convention mit la tête à prix moyennant 300,000 livres?

embarrassée de cet onéreux héritage. Elle supplia
M. et Mme de Castelmore de reprendre, en paiement
de ce qui leur était dû, « les terres, seigneuries,
châteaux, maisons et domaines invendus, » et de se
charger des créances que son frère devait recouvrer.
Cette rétrocession fut acceptée et Mme de Castelmore
redevint la dame de la Mosson (1).

Mais le court passage de Guilleminet avait été
désastreux. Le titre de haut et puissant baron devenait
illusoire après lui. Les pierres du château vendues
et emportées, avec les statues et les groupes de marbre, la désolation régnait dans ce séjour naguère
enchanteur.

En 1786, le fils de Madame de Castelmore déposait le
titre de baron de la Mosson, qui ne devait plus être porté
et vendait sa seigneurie à François Œuf (2). Celui-ci
établit dans le château ruiné de Bonnier une fabrique
de savon et un atelier où l'on teignait en 'rouge ga-
rance des étoffes de coton. Combien nous sommes
loin de ces beaux draps teints en pourpre kermès,

(1) La veuve de Bonnier mourut en 1764. — Le 1er juin 1761
eut lieu la rétrocession de la seigneurie de la Mosson à M. et Mme de
Castelmore. Guilleminet l'avait vendue en janvier 1760 à Magnol,
trésorier de France, moyennant 99,000 livres. Des difficultés s'éle-
vèrent et l'affaire fut portée devant le parlement de Toulouse. La
vente dut être résiliée : elle ne l'était pas encore le 1er juin 1761.

(2) Cette vente du 20 avril 1786 comprenait les terres et seigneurie de la Mosson (*un château ruiné*), la Paillade et Juvignac ; l'acquéreur avait le droit de nommer aux six places d'incurables à
l'hôpital général fondées par Bonnier (testament de 1719). — On
voit encore à l'intérieur des murs du château des traces de couleur rouge de la fabrique de François Œuf. Celui-ci mourut le
20 frimaire an XI, laissant deux filles.

qui avaient fait la fortune des ancêtres du trésorier de Languedoc.

Le nom de Bonnier n'est pas complétement tombé dans l'oubli : un vague souvenir en est resté et hante encore l'esprit des habitants voisins de la Mosson. Une légende s'est faite à son sujet, composée de vrai et de faux, comme toute légende. On a prêté à ces riches trésoriers et avec usure. Tantôt on raconte que Bonnier père, recevant le régiment de son fils au château, fit mettre sous la serviette de chaque officier une belle montre en or. Une autre fois, pendant une grande fête (était-ce celle du noble jeu de l'arc ou toute autre ?), M. de la Mosson fit préparer un énorme punch en faisant jeter dans un puits du château de l'eau-de-vie, du sucre et du citron. On prétendait aussi, — la légende est vieille femme et partant cancanière et méchante langue, — qu'à l'extrémité de son parc une porte dérobée lui permettait de rendre de fréquentes visites à la dame de Bionne, sa noble voisine. A cela il y a un léger inconvénient, c'est que le château de Bionne appartenait à Bonnier, et nous voyons dans son testament (1) qu'il en donna la jouis-

---

(1) Moins heureux que pour Bonnier père, nous n'avons pu connaître que de rares passages du testament de M. de la Mosson, qui fut reçu dans les minutes de Mᵉ Caron, notaire à Paris. Nous pensions pouvoir nous en procurer la copie en nous adressant à la Chambre des notaires de la capitale. Le président a répondu, avec regret, par un refus, se retranchant derrière les devoirs professionnels et les intérêts des familles. Ce scrupule nous paraît excessif après un siècle et demi et par suite de l'extinction des descendants de Bonnier de la Mosson. Les dernières volontés de ce trésorier de la Bourse eussent été du plus grand intérêt.

sance, sa vie durant, à son célèbre cousin, le chevalier
Privat de Saint-Rome. *Ab uno disce omnes.* Si de tant
de commérages il se trouve quelque chose à prendre,
il faut beaucoup rejeter ; nous en conclurons que le
souvenir des barons de la Mosson s'est transmis de
génération en génération, grâce à la munificence dont
avaient été éblouis ses contemporains et qu'un écho
lointain semble redire encore à leurs descendants.
Le nom de la Mosson rappellera toujours celui de
Bonnier, receveur de la Bourse des États de Languedoc.

La Duchesse de CHAULNES

Bonnier d'Alco, ou plutôt le président d'Alco, pour employer le langage de l'époque, se trouvant à Paris (mars 1734), écrivait à un des personnages marquants de Montpellier combien sa famille était honorée du mariage de sa cousine Mlle Bonnier avec le duc de Pecquigny. De son côté, M. de la Mosson, frère de la jeune fille, accueillait avec une satisfaction mêlée d'orgueil, comme nous l'avons vu, les félicitations qui lui étaient adressées au sujet de cette future union (1).

Sa fortune mettait très en vue la fille du receveur des États de Languedoc et la faisait rechercher par les plus grands seigneurs de son temps. On s'occupe beaucoup d'elle ; à tort ou à raison on lui attribue pour mari M. de Nesles, puis M. de Forcalquier. Le bruit court que « M. le comte de Forcalquier, fils de M. le marquis de Brancas, qui a été ambassadeur en Espagne, enlève Mlle Bonnier et dix-sept cent mille livres à M. de Nesles (2). » Ce ne fut qu'un bruit ; pas plus que M. de Nesles, le fils du marquis de Brancas

(1) Archives de l'Hôpital Saint-Éloi, B. 81. — Lettre à Haguenot.
(2) Journal de la Cour et de Paris (1723 à 1733). — Revue rétrospective, 1836, t. V, 2e série, p. 201.

ne ravit ni la jeune fille, ni sa riche dot, qui étaient destinées à un autre. Née le 15 avril 1718, Anne-Joseph Bonnier épousait en 1734 l'héritier de l'un des plus grands noms de France : Michel-Ferdinand d'Albert d'Ailly, vidame d'Amiens, duc de Pecquigny (depuis 1731) (1). Il était fils du duc de Chaulnes, chef de la branche cadette de la maison de Luynes.

Érigée une première fois (1621) en duché-pairie par Louis XIII en faveur d'Albert, maréchal de Chaulnes, frère du connétable de Luynes, la terre de Chaulnes fut une seconde fois rétablie en duché-pairie en faveur de Louis-Auguste d'Albert, fils du duc de Chevreuse, vidame d'Amiens. Celui-ci fut le père du mari de Mᵐᵉ Bonnier ; il mourut le 9 novembre 1744 maréchal de France.

Mais chaque fois la création de ce duché fut faite à la condition que les titulaires et leurs descendants relèveraient les noms et armes de la maison d'Ailly, dont était sortie Claire d'Ailly, comtesse de Chaulnes, dame de Pecquigny et vidamesse d'Amiens, femme d'Honoré d'Albert. Cette seconde restauration, de plus de durée que la première, devait finir avec le siècle et ne pas survivre à l'ancien régime. Nous verrons que le dernier duc de Chaulnes mourut en 1793 sans laisser d'héritier (2).

Il est aisé de se figurer combien les petits-fils du marchand de laines de Montpellier devaient se montrer fiers de cette alliance avec l'arrière-neveu du fa-

(1) Né en 1714.
(2) Ducs en France, par M. Fréd. Masson. Gaulois du 10 mai 1883. — Mém. de Dangeau, t. XIV, p. 8.

vori de Louis XIII. On ne s'expliquerait pas une pareille
union, si l'on ne se représentait la grande fortune de la
« fille du sieur Bonnier, homme de rien, mais puissamment riche. » Le duc de Pecquigny ne paraissait pas
très porté à ce mariage, mais il fut poussé par sa
mère (1), qui l'engagea, en un langage singulièrement
imagé, à « prendre du fumier pour engraisser ses
terres. »

Ces sortes d'alliances n'étaient pas rares au XVIII
siècle. La haute aristocratie savait les écus de ces
bourgeois enrichis nécessaires pour redorer leurs
vieux blasons. « Le métier de financier, qui était autrefois méprisé, devient à présent un état réglé (2). » Du
reste Bonnier ne fut pas le seul trésorier de la Bourse
de Languedoc qui maria sa fille avec un grand seigneur.
La fille de ce Crozat, que nous avons vu traverser la
trésorerie de Languedoc, avait épousé le comte
d'Evreux, troisième fils du duc de Bouillon; ce qui
faisait dire à la duchesse, en parlant de la fille de cet
homme « énormément riche et glorieux à proportion »,
que c'était un « petit lingot d'or » (3).

Plus tard encore le duc de Villequier, ensuite duc
d'Aumont, devenait le gendre d'un autre trésorier de
Languedoc, Mazade de Saint-Bresson, qui après Lamouroux occupa la place de Bonnier. Non-seulement
ces unions étaient fréquentes, et servaient à relever
de grands noms ; mais l'on en voyait de plus surpre-

(1) Marie-Anne de Beaumanoir, ép. de Louis-Auguste d'Albert
d'Ailly, duc de Chaulnes, maréchal de France.
(2) Barbier, V, p. 70.
(3) *Mém. de Madame du Deffant*, édit. de Saint-Aulaire, CXX, T. I.

nantes encore, c'étaient celles des gens de finance,
qui pour se rehausser avaient « épousé des filles de
grande maison (1). »

Sénac de Meilhan, qui vécut dans l'intimité de madame de Pecquigny, nous dit que sans avoir « jamais
été belle, elle avait de la physionomie ; ses yeux étaient
brillants, expressifs ; son teint avait de la blancheur,
mais rien d'animé ; son maintien avait de la grâce et
de l'embarras jusqu'à ce qu'elle eut donné l'essor à
son esprit. Elle n'avait jamais eu de grâces. »

Grand seigneur, le duc de Pecquigny (2), devenu à
la mort de son père (3) (1744) duc de Chaulnes, était
honoré et respecté. Louis XV l'avait surnommé *l'hon-*
nête homme, qualification qui joignait au sens que
nous lui donnons aujourd'hui l'idée d'homme aimable
et de bonnes manières. A la mort de son frère aîné,
duc de Pecquigny avant lui, il avait hérité de brevet de
Capitaine des chevau légers. Cette charge ne fut pas
pour lui une sinécure de courtisan. Il se consacra avec
le plus grand zèle à l'organisation de cette compagnie
d'élite : tantôt il travaille pendant deux ou trois jours
avec le roi et obtient ce qu'il demande ; tantôt il fait
construire dans sa maison de l'avenue de Sceaux, à Versailles, un manége pour l'instruction de ses cavaliers ;
une autre fois, il crée des inspecteurs et sous-inspec-

(1) Barbier, T. V p. 70.

(2) Terre qu'il possédait à trois lieues d'Amiens.

(3) Le duc de Chaulnes avait été compris dans la promotion de
sept maréchaux que fit le roi en 1741 ; les autres étaient le Comte
de Belle-Isle, le marquis de Brancas, le marquis de Nangis, le
prince d'Issenghien, le duc de Duras, Desmaret, marquis de Mail-
lebois. (Barbier, III, p. 202.)

teurs pour chaque genre d'exercice, et il obtient du
roi trente mille livres par an, dont il « dispose pour
le plus grand bien de sa troupe (1). »

La compagnie se recrute à merveille. « M. de Chaulnes est plus embarrassé à refuser des sujets qu'à en
trouver. Il leur fait monter une artillerie, » dont ils
sauront faire un fier usage. Grâce à leur capitaine,
l'école des cheveau-légers a beaucoup de succès,
c'est avec le plus grand soin que le soldat y est formé,
mais il lui faut deux ans, et pendant ce temps chaque
homme coûte cinq à six mille livres d'entretien (2).

« Il faisait sa cour assidûment à Louis XV, avait
même des conversations particulières à des heures
où personne n'entrait ordinairement chez le roi; il
vivait en quelque sorte dans la plus grande intimité
tant chez Louis XV que chez le duc de Chevreuse, son
cousin (3). » Quoique très en faveur le duc de Chaulnes
ne se montra pas un simple officier de cour. Il fit
preuve en maintes occasions de beaucoup de bravoure.
En 1742 il reçut le gouvernement d'Amiens en récompense de sa conduite au siége de Prague (4), où il fit
merveille. Le 15 mars 1740 il avait été fait brigadier
en même temps que MM. d'Ayen et de Soubise, et le
30 mai 1743 il reçut le brevet de maréchal de camp(5).

Le duc de Chaulnes fit toutes ses campagnes en
qualité de l'un des dix aides de camp du roi. Il possédait de grandes connaissances stratégiques, et on lui

(1) Luynes, T. V, et VIII, p. 137, T. XVI, p. 392.
(2) Id., T. XIV, p. 33.
(3) Maurepas, p. 147, 148.
(4) Luynes, T. IV, p. 301-302.
(5) Id., T. III, p. 160 et T. V, p. 24.

attribue une large part au succès de la victoire de Fontenoy. « On assure même que c'est lui qui proposa au maréchal de Richelieu de faire avancer à Fontenoy la maison du roi ; il y était pour les chevau-légers(1)... Le duc de Chaulnes servait en qualité d'aide de camp du roi qui le chargea au commencement de la bataille de Fontenoy, de faire établir sur la rive gauche de l'Escaut une batterie de canons qui rompit l'aile gauche de l'armée ennemie. Dans la même bataille il fit avancer à la tête de la maison du roi 4 pièces de campagne pour rompre la colonne... Il réclame contre le duc de Richelieu le gain de la bataille et se fait honneur de l'affaire des canons (2). »

Si nous ne consultions que le témoignage de Luynes nous pourrions le tenir pour suspect, et craindre que ses liens de parenté avec le capitaine des chevau-légers ne l'aient porté à donner une trop grande importance au rôle que joua le duc de Chaulnes en cette glorieuse journée. Mais nous voyons qu'il n'est pas seul à parler de son héroïque conduite.

La faveur n'était donc pas l'unique cause de l'avancement de M. de Chaulnes et ne lui tenait pas lieu de bravoure. Elle n'était que la récompense méritée de l'estime du Prince pour un si digne courtisan. Aussi rien de plus juste qu'ayant été au péril, il se trouve aux honneurs. Il figure dans la liste de Marly ; il suit le roi à Trianon, à Fontainebleau. La faveur dont il jouit vaut à Mme de Chaulnes, dans la Cour des Fontaines, le logement qu'ont occupé avant elle la maré-

(1) Luynes, T. V, p. 117, 118.
(2) Mém. de Maurepas, 4 vol. in-18, 1792.

chale d'Estrées et Mme de Mailly. Le duc de Chaulnes
est un de ceux qui reçoivent comme aides de camp du
roi deux mille écus de pension. Il assiste à toutes les
cérémonies de la Cour : réjouissances ou deuil, il figure
toujours aux premiers rangs (1).

La reine fait-elle au duc de Luynes l'honneur de le
visiter dans son château de Dampierre ; c'est le duc de
Pecquigny qui aide le seigneur de Dampierre à faire
les honneurs de chez lui. Selon l'étiquette, les ducs de
Luynes et de Pecquigny se présentent pour servir la
reine à table. Celle-ci ne le souffre pas, et un simple
gentilhomme de M. de Luynes est chargé de ce soin (2).

Le gouvernement d'Amiens, accordé au duc de Pecquigny, en récompense de sa belle conduite au siége
de Prague, lui fut donné par le roi à la suite de la démission du maréchal de Chaulnes, son père. Celui qui
avait été l'objet de cette nouvelle faveur alla, selon
l'usage, en remercier la reine. Mais à cette dignité
étaient attachés plus d'honneurs que de profits ; le duc
de Chaulnes se réserva les revenus de ce gouvernement, qui s'élevaient à quatorze mille livres. (Décembre
1742) (3).

Le maréchal était mort lorsque le nouveau duc de
Chaulnes songea à acheter la lieutenance générale de
Bretagne. Le marché n'était pas des plus avantageux ;
mais une haute convenance l'y poussa : la considération dont le nom de Chaulnes jouissait dans cette province. « M. le maréchal de la Fare, qui avait cette

_____

(1) LUYNES, t. X, p. 06, 231, 411 ; — t. XII, p. 320 ; — t. XVI,
p. 232.

(2) LUYNES, t. III, p. 439, 443, 481.

(3) LUYNES, t. IV, p. 301, 302.

charge, la vend 560,000 livres ; elle ne vaut que 24,000 livres de rente, toute déduction faite, et le brevet de retenue que M. de Chaulnes a obtenu est de 280,000 livres, comme celui de M. de la Faro. Il est convenu dans le marché que 100,000 livres demeureront entre les mains de M. de Chaulnes à fonds perdus, dont il fait 10,000 livres de rente à M. de la Faro (1). » (Juin 1747).

M. de Chaulnes eut d'abord un grand succès en Bretagne. A l'ouverture des États le discours qu'il prononça fut si apprécié que les membres de l'Assemblée désirèrent en avoir la copie, « marque de distinction quelquefois accordée. » Le roi, de son côté, approuva sa manière de gouverner et lui en manifesta toute sa satisfaction. L'usage voulait que le souverain répondît aux Commandants des Provinces une lettre composée par un secrétaire d'État, qu'il ne signait même pas, bien qu'au bas s'y trouvât : *Louis*. Non content de s'en remettre à cette coutume consacrée, Louis XV écrivit à son lieutenant en Bretagne une lettre de sa propre main. Aussi nous ne sommes pas surpris, en signalant de tels procédés, de voir le roi accorder au duc de Chaulnes tout ce qu'il demande (2).

Bon administrateur, il n'est pas surprenant que le lieutenant général de Bretagne fût à la hauteur de ses fonctions comme homme du monde et représentât en grand seigneur le pouvoir royal. La tenue des États, qui se prolongeait six semaines, était toujours suivie de nombreuses réceptions, source de grandes dé-

(1) Luynes, t. VIII, p. 247.

(2) Luynes, t. X, 273, 301, 371, 303, 300, 418 à 461.

penses pour les principaux personnages de la Province et de profits pour le petit commerce de la ville
où siégeait l'assemblée. Le représentant du roi recevait, pour subvenir à ces frais, une allocation de cent
mille livres de la Cour, de trente mille livres de la
Province, tandis qu'il était accordé quinze mille livres
à sa femme. Ces diverses sommes, très importantes
certainement, ne suffisaient pas à défrayer toutes les
dépenses et le lieutenant général devait avoir recours
à sa cassette particulière. Si le duc de Chaulnes représentait honorablement son souverain, la duchesse
le secondait très bien ; les deux nobles époux, d'a-
près les témoignages du temps, « faisaient tout au
mieux (1). »

Cette sérénité ne devait pas être de longue durée :
le ciel de Bretagne s'assombrit bientôt pour M. de
Chaulnes. On craint que sa douceur et sa patience ne
viennent échouer contre la ténacité proverbiale des
Bretons. Les États nommaient chaque année des commissaires chargés de la répartition des impôts. Ceux
qui furent désignés au mois de décembre 1752 ne convinrent pas [aux représentants de la Province. De
là conflit entre ces derniers et le lieutenant général qui échangea une longue correspondance avec
la Cour, à ce sujet. Les esprits paraissent un instant
se calmer, grâce aux dispositions conciliantes de

(1) Luynes, t. X, 303, 300, 448 à 401. La description de la tenue
des États et des fêtes qui les accompagnaient, forme un sujet
plein d'intérêt. L'entreprendre serait dépasser les limites de notre étude ; c'est à regret que nous devons y renoncer, mais le récit
que l'on peut lire dans les Mémoires du duc de Luynes reproduit
le vibrant écho de ces assemblées d'un autre siècle (1747-1750).

M. de Chaulnes, et même de la duchesse, dont on
fait les plus grands éloges ; néanmoins, l'orage ne
peut être conjuré et force est de « séparer » les États.
Mieux en position que personne d'être bien informé,
le duc de Luynes nous mettra au courant de cette
grosse affaire. « Mme de Luynes, écrit-il, me mande du
27 qu'elle a été avec Mme de Chaulnes pour les révé-
rences d'arrivée de Bretagne, et que Mme de Chaulnes
lui a conté avec beaucoup de rapidité et d'éloquence
plusieurs détails de ce qui s'est passé aux États, entre autres, que les États traînaient exprès les affaires en longueur pour avoir le temps d'apprendre ce
qui se passerait en Languedoc, et lorsqu'ils l'eurent
appris, il furent encore près de trois séances sans le
croire ; enfin, en ayant été persuadés, ils voulurent
nommer leurs commissaires. La Cour, sur les présen-
tations de M. de Chaulnes, leur en avait nommé douze ;
le choix a déplu aux États, pas un ne leur convint.
Sur cela, il a été décidé que le *vingtième* serait levé
comme les deux dernières années, c'est-à-dire par
l'Intendant. Mme de Chaulnes ajoute que les États ont
été bien fâchés de ne pas avoir profité de la grâce
que M. de Chaulnes avait obtenue, et que les gens rai-
sonnables ont donné à sa douceur et à sa patience les
louanges qu'elles méritaient (1). »

Ce n'est pas seulement le duc de Luynes qui nous a
conté les difficultés du lieutenant de Bretagne avec
les États. Barbier nous apprend aussi que « le duc de
Chaulnes a tenu les États de la part du roi, et l'on
est parvenu à les réduire aux mêmes conditions des

(1) Luynes, t. XII, p. 206, 302, 322.

États de Languedoc. Les États ne sont finis et séparés que dans la fin de décembre dernier ; mais comme il y a eu trop d'obstination de la part de quelques membres de la noblesse, on a cru qu'il fallait punir, et soutenir l'autorité royale. On dit que M. l'Évêque de Rennes est exilé dans son diocèse ; cela a surpris, parce que M. de Vauréal, évêque de Rennes, qui a été ambassadeur en Espagne, est homme de Cour, livré par conséquent aux intérêts du Roi. Mais peut-être a-t-il été engagé à s'opposer à M. le duc Chaulnes, dans cette conjoncture, par le clergé, qui sent bien l'effet de la réduction des États par rapport à lui. On dit aussi qu'il y a eu plus de vingt lettres de cachet ; qu'il y a eu trois des principaux gentilshomme arrêtés et les autres exilés loin de leur province. Cette politique est juste et nécessaire pour assurer l'autorité du souverain (1). »

Le Lieutenant général finit par triompher. Un pareil conflit s'était élevé aux États du Languedoc, que ceux de Bretagne prenaient pour modèle ; en 1750, ils ne levèrent pas, comme d'habitude, « l'imposition du vingtième », par ordre du roi (2).

La douceur du duc de Chaulnes, s'accommodait encore mieux des luttes du champ de bataille, que des orages parlementaires. Cette lieutenance générale de Bretagne ne pouvait lui convenir ; il ne devait pas tarder à s'en démettre. Peu de temps après la tenue des États de décembre 1752, il vendit sa charge au duc d'Aiguillon, moyennant six cent mille livres. Une diffi-

(1) BARBIER, t. V, p. 333 et 334. Janvier 1753.
(2) Id., T. IV, p. 418.

culté faillit interrompre les négociations de cette affaire. Jusqu'à ces derniers temps le commandement
de la Bretagne n'avait été confié qu'à un maréchal ou
à un lieutenant général ; le duc d'Aiguillon n'était que
simple maréchal de camp ; M. de Chaulnes, lui aussi,
n'avait pas un plus haut grade. Mais le précédent que
le roi toléra en faveur de ce dernier, profita à son successeur ; cette nouvelle grâce, accordée à l'*honnête
homme*, rejaillit sur M. d'Aiguillon (1).

A son retour de Bretagne, le duc de Chaulnes reçut
le meilleur accueil à la cour. Le roi lui accorda une
marque de satisfaction, en le recevant un des six chevaliers de l'Ordre du Saint-Esprit, de cette création.
Déjà, en 1751, M. de Chaulnes avait obtenu l'adjonc-
tion au gouvernement d'Amiens qu'il possédait, celui
d'Artois, qui était venu à vaquer par la mort du prince
Charles de Lorraine. La redevance à payer par le nouveau gouverneur s'élevait à cent mille écus en trente
ans, ou dix mille livres par an. Le revenu en était apprécié à soixante-dix mille livres au moins. Ici la gloire
ne se trouvait pas seule en jeu, comme pour la lieute-
tonance générale de Bretagne; les profits étaient réels.

Mais le duc de Chaulnes devait rencontrer là encore
les tracas inséparables des grandeurs. L'éternelle
question des préséances fut la source du conflit. L'Intendant de Picardie et d'Artois prétendait que son
secrétaire devait avoir le pas sur celui du gouverneur.

La querelle, si insignifiante au début, s'envenima et
le gouverneur eut gain de cause. L'intendant Boislandry d'Aligre dut céder sa place à Maynon d'Invault

(1) LUYNES, T. XII, p. 420, 430.

(août 1754) (1). « M. d'Aligre de Boislandry a été révoqué de son intendance d'Amiens. Il a eu une querelle
avec M. le duc de Chaulnes, commandant des chevau-légers et gouverneur de Picardie, dans un repas
de la ville, à Amiens. M. le duc de Chaulnes y avait
amené son secrétaire ; M. l'Intendant y amena aussi
le sien. M. le Gouverneur trouva mauvais de dîner avec
le secrétaire de l'Intendant, et s'en plaignit à M. de
Boislandry, qui lui riposta sur le même ton. M. de
Chaulnes lui mit la main au bouton de son habit, en lui
disant s'il ne savait pas qui il était. M. l'Intendant, qui
est jeune et fort, le prit par l'épaule et lui fit faire un
demi-tour, en lui disant qu'il valait mieux que lui. Cela
s'échauffa ; l'un et l'autre ont été porter leurs plaintes
à Compiègne. Mais M. de Boislandry fit entendre à
M. de Chaulnes qu'il le suivrait de près, et que deux
gentilshommes devaient vider une affaire d'honneur
ensemble, sans interrompre la cour des détails. M. de
Chaulnes, soit par hauteur, soit par trop de prudence,
n'entendit pas ce langage et suivit sa démarche. Cette
affaire était difficile à décider par les Ministres. On a
offert à M. de Boislandry l'intendance de Franche-
Comté pour l'éloigner de M. de Chaulnes. Il a refusé
pour suivre son projet ; il avait fait ses preuves pour
se battre, n'étant qu'avocat du roi au Chatelet. On a
dit que cette affaire ne faisait pas honneur à M. de
Chaulnes, duc et pair, et qu'elle perdait M. d'Aligre
pour la fortune. On a donc donné l'intendance
d'Amiens à M. Maynon d'Invault, maître des requêtes,
petit-fils d'un fermier général. M. de Boislandry est

(1) LUYNES, T. XIII, p. 320,

charmé et se contente de se faire appeler le marquis de Boislandry, et d'être en épée sur le pavé de Paris. Mais il y a toute apparence qu'on ne l'y laissera pas tranquille, pour faire quelque insulte au duc de Chaulnes (1). »

Il y avait eu du côté du gouverneur, d'humeur si douce, quelque vivacité, et du côté de l'Intendant une certaine arrogance. Il était bien difficile que l'affaire n'allât pas plus loin. Barbier jugea convenable de ne pas se prononcer. Toutefois nous ne saurions croire que M. de Chaulnes évitât une rencontre *par trop de prudence.* Il n'était pas à faire ses preuves de bravoure. Il refusa plutôt par hauteur; supérieur de l'Intendant, il ne voulut pas se mesurer avec lui ; duc et pair, le descendant du Connétable de Louis XIII ne se considéra pas comme l'égal du petit-fils d'un simple échevin de Chartres et ne jugea pas digne de lui d'aller sur le terrain avec un avocat au Châtelet de Paris. Non, le Commandant des chevau-légers s'était montré trop brave sur le champ de bataille pour reculer devant une rencontre en champ clos.

Toutefois, le duc de Chaulnes n'était pas fait pour le métier des armes, mais plutôt pour les sciences. Il consacra la plus grande partie de sa fortune à encourager et à cultiver les principales branches de la science. Maurepas, que l'on peut croire, nous dit que : « c'était un homme d'esprit qui avait porté ses recherches mécaniques et géométriques au point qu'on appliquant le micromètre au microscope, il était parvenu à mesurer jusqu'à la quatre millième partie d'une li-

(1) BARBIER, T. VI, p. 49, 50.

gno. » Il conquit dans le monde savant une réputation
méritée, qui est arrivée jusqu'à nous (1). Mais il ne fut
pas exclusif dans ses goûts, et les sciences ne l'absor-
bèrent pas au point de le rendre insensible au beau. Il
forma dans son hôtel des collections très curieuses,
non-seulement d'histoire naturelle, mais encore d'objets rares de la Chine, d'antiquités égyptiennes, de
bronzes d'art et de poteries étrusques, si prisées depuis. On ne sera pas surpris que tant de choses curieuses aient pu être recueillies de pays si divers et si
éloignés, quand on saura que leur possesseur fut de
ces gentilshommes qui, bravant un ridicule préjugé,
crurent ne pas déroger en favorisant le commerce et
acceptèrent d'être directeurs d'honneur de la Compagnie des Indes (2).

Ces richesses furent recueillies dans un logement
dignes d'elles. Lorsque les Chaulnes vendirent aux
Nicolaï leur hôtel de la Place Royale (N° 0 et rue de
l'Égout), ils franchirent la Seine et s'établirent rue
d'Enfer. Leur nouvelle habitation construite d'après les
desseins de Le Blond et agrandie depuis, a mérité d'ê-
tre décrite par Daviler. L'hôtel de Chaulnes constituait
une demeure aristocratique, avec des dépendances
nombreuses, remises, écuries, cour d'honneur et bas-

(1) Le duc de Pecquigny fait dans une lettre à Luynes la description de l'invention de Vaucanson expérimentée à l'hôtel de
Longueville (1738).

(2) Le duc de Bourbon était protecteur né de la Compagnie
des Indes; il y avait huit directeurs d'honneur : le duc d'Antin, le
Maréchal d'Estrées, de Nocé (c'est une erreur, il faut lire : le marquis de Lassay), le maréchal de Grammont, le duc de Chaulnes,
le marquis de Mézières et M. de Vendômes. (BARBIER, T. I, p. 102.)

ses-cours habilement dissimulées. Deux grands appartements, l'un pour l'hiver, l'autre pour l'été, occupaient le rez-de-chaussée et le premier étage ; au-dessus, les mansardes étaient affectées au logement des domestiques. La façade de l'hôtel du côté de la cour présentait un caractère de sévérité, que n'avait pas celle qui donnait sur le jardin. Deux arrière-corps flanquaient un corps central plus élevé ; neuf fenêtres régnaient le long de la façade sur laquelle courait un attique, interrompu par un fronton au-dessus des trois fenêtres du milieu (1).

Le jardin avait aussi bon air que l'hôtel, malgré son irrégularité, que le talent de Le Blond était parvenu à dissimuler (2). Cette demeure ou son emplacement appartenait à l'origine aux Chartreux, et fut vendu par eux-mêmes à la duchesse de Vendôme, qui le vendit, à son tour, au duc de Chaulnes tel que nous le représente Daviler. Il ne devait pas rester longtemps dans la famille de Chaulnes ; il passa entre les mains de la duchesse d'Anhalt. Contigu au jardin du Luxembourg, la nouvelle propriétaire obtint du roi l'autorisation d'établir une porte grillée qui lui permit de communiquer avec le jardin. Aujourd'hui l'hôtel de la rue d'Enfer, après avoir abrité de si nobles personnages, est devenu une maison d'étude où des jeunes gens se préparent à passer des examens. Il en est des demeures des grands comme de tout en ce bas monde, *habent sua fata* (3).

_____

(1) Daviler. *Cours d'Architecture*, in-4°, p. 213, 214, pl. 63, D. E. F. G.

(2) Blondel. *Architecture française*, t. II, p. 36.

(3) École Lavoisier N° 59. — *Tableau historique et pittor. de Paris*. J.-B. de Saint-Victor.— Lefeuve. *Anc. maisons de Paris*, etc.

Grand collectionneur, le duc de Chaulnes était aussi
un amateur de livres, un vrai bibliophile dans toute
l'acception du mot. A défaut de preuves, l'éloquence
des chiffres nous dirait combien devait être remarquable cette bibliothèque dont la vente, à sa mort,
atteindra le chiffre de 41,000 livres (1). Aussi son nom
figure-t-il au premier rang « parmi les honnêtes gens
qui nous ont enseigné la passion du livre (2). »

Ami du beau, sous toutes ses manifestations, le duc de
Chaulnes aimait la musique et avait un véritable talent.
Il figure souvent dans cet orchestre d'amateurs qui
joue à Versailles, quand il y a comédie à la Cour. Il
est un des violons du roi.

En le recevant dans ses rangs (1743), l'Académie
des Sciences consacra les titres scientifiques du duc
de Chaulnes, qui sut se maintenir à la hauteur de ses
nouveaux collègues. Il publia de nombreux mémoires
estimés, qui figurent dans les recueils de la savante
compagnie. Les plus remarquables sont ceux sur la
*Nouvelle méthode pour diviser les instruments mathé-
matiques* et la *Description d'un microscope*. Il posséda,
le premier en France, une machine électrique assez
puissante, de l'avis de ce ceux qui ont pu en juger,
pour reproduire l'effet de la foudre.

Si nous avons insisté sur la valeur et les éminentes
qualités du duc de Chaulnes, c'est afin de combattre
un jugement porté par Chamfort. Il raconte que le duc
avait fait peindre sa femme en Hébé, et ne sachant
comment se faire peindre lui-même, Mme Quinaut, à

(1) 228,103 fr. de notre monnaie.
(2) J. JANIN. *Le Livre*. 1870, in-8°.

qui il confiait son embarras, lui aurait répondu : « Faites-vous peindre en Hébété (1). » Il ne faut considérer cette réponse, en supposant qu'elle ait été faite, que comme un jeu de mots trop facile et d'un esprit plus que douteux. Ce que nous connaissons de M. de Chaulnes nous le représente sous un jour tout autre et fort à son avantage.

L'hôtel de Chaulnes devint une Académie au petit pied, où se réunissaient Mairan, Clairaut, le Monnier et d'autres savants de l'époque. La duchesse assistait à ces réunions, dépourvues de tout attrait pour elle, dans lesquelles se débattaient les problèmes arides de la science ; elle voulut prendre part à ces causeries. « Je vous écoute avec plaisir, dit-elle aux académiciens ; mais votre société me plairait bien davantage si vous vouliez m'initier dans les sciences que vous professez. — Rien de plus facile, Madame ; donnez-nous seulement une heure par jour et vous serez bientôt en état de les entendre. » Sans perdre de temps, on se mit à l'étude.

Grâce aux rares qualités de l'élève et à son vif désir d'apprendre, — car, au dire de Mᵐᵉ du Deffant, la duchesse de Chaulnes avait une telle rage de tout approfondir qu'elle voulait savoir « qui l'a pondue, qui l'a couvée. » — Au bout de six mois ses maîtres déclarèrent n'avoir plus rien à lui enseigner. Désormais elle était digne d'entrer dans la docte compagnie. Comme Mᵐᵉ de Chatelet, comme tant d'autres à cette époque, elle compta parmi les femmes qui « ont forcé le sanctuaire des sciences. » Le grand monde savait

(1) Champfort, t. II, p. 293.

unir alors à des mœurs légères un penchant très vif pour les plaisirs intellectuels.

Si la duchesse de Chaulnes eut, comme son mari, du goût pour les sciences, comme lui aussi elle aima les belles choses et prit rang parmi les « dames curieuses » de son temps. N'était-elle pas, du reste, la sœur de ce Bonnier de la Mosson qui savait donner libre cours à sa fortune et faire une grande part aux curiosités des sciences et des arts, ainsi que nous l'apprend le précieux catalogue de Gersaint?

N'avait-elle pas aussi, notre duchesse, à soutenir cette vieille réputation des dames de Chaulnes? Au siècle précédent, parmi les plus beaux cabinets, était célèbre celui d'une illustre voisine de Mlle de Scudéry, la duchesse de Chaulnes, dans son hôtel de la place Royale. « Outre que toutes les salles et toutes les chambres étaient meublées très magnifiquement, il y avait encore une galerie et trois cabinets, tous pleins de choses rares, riches et précieuses. Ce n'était pas seulement des statues et des tableaux que l'on y voyait, mais encore une abondance prodigieuse de tables, de cabinets et de vases d'or et d'argent, garnis de pierreries d'un prix inestimable. Il y avait aussi de grandes figures d'or, des vases d'agathe et d'albatre oriental enrichis de diamants. » Dans ses épîtres en vers publiées en 1660, Boisrobert nous donne une haute idée de l'ameublement de l'hôtel de Chaulnes, bien que le *Livre Commode* (1692) n'ait pas fait figurer Madame de Chaulnes parmi les curieuses de l'époque (1).

(1) V. Cousin, *La Société française au XVIIe siècle*, d'après le *Grand Cyrus* et Mlle de Scudéry. t. II, p. 318.

N'était-ce pas la même dame de Chaulnes qui, à ce que nous apprend Madame de Sévigné, envoya, à l'exemple du grand roi, ses tables et ses guéridons à la monnaie? C'était probablement celle-là aussi qui avait imaginé ces guéridons pittoresques dont s'empara la mode et que Loret célébra dans sa *Muse historique*. Ils furent inaugurés à l'occasion d'une fête que donna en jui 1651 la duchesse de Chaulnes à la régente Anne d'Autriche.

> ..... Elle avait fait arranger
> A l'entour de la même salle,
> Et dans une distance égale,
> Des mores noirs et pas blonds
> Faits en forme de guéridons (1).

Ce titre de *dame curieuse* que sut mériter la sœur de Bonnier de la Mosson nous prouve qu'elle se montra à la hauteur de ses devancières.

« D'une pénétration vive... tous les objets frappent; aucuns n'attachent ni ne fixent » Mme de Chaulnes, si ce n'est la science. « Les sciences les plus abstraites sont les seules pour lesquelles elle ait de l'attrait, non parce qu'elles éclairent son esprit, mais parce qu'elles l'exercent (2). Elle a toutes les qualités, mais d'une manière superficielle, fragile et fugitive. N'exigez d'elle ni patience, ni inaction, ni prudence ; mais si vous voulez l'ardeur, l'intelligence, l'habileté, c'est chez elle que vous les y trouverez. Son esprit étincelant a été comparé à ces liqueurs spiritueuses qui font un grand plaisir quand on a ôté le bouchon, mais qui

---

(1) HAVARD. *L'Art dans la maison*, p. 127, 303. — Les panaches du lit de Mme de Chaulnes étaient estimés 14,000 livres.

(2) SÉNAC DE MEILHAN, p. 150, 460. Édit. 186.

s'évaporent après. Elle le dépensait, comme les prodigues leur argent, pour le plaisir de le dépenser, et jamais de paraître..... Raison, jugement, habileté, etc., on aperçoit toutes ces qualités en elle, mais c'est à la manière de la lanterne magique ; elles disparaissent à mesure qu'elles se produisent. Tout l'or du Pérou passe par ses mains, sans qu'elle en soit plus riche (1). »

Si elle fut méchante, ainsi qu'on l'a prétendu, elle le fut malgré elle, en quelque sorte, plutôt pour donner libre carrière à son esprit que par pure malveillance. Collé nous dit : « La sœur de défunt Bonnier est, à ce qu'on prétend généralement, la plus méchante créature et la plus noire qu'on puisse trouver. » N'est-ce pas aller un peu loin, surtout quand celui qui parle, et encore d'après des on-dit, pourrait s'accuser de bien des peccadilles de ce genre ?

Prétentieuse ou précieuse, Mᵐᵉ de Chaulnes ne l'a jamais été. Sa conversation remplie de grâces naturelles était son vrai triomphe ; elle dépensait sa poudre en feu d'artifice. Un sujet lui plaisait-il, son esprit était captivé ; son discours pétillait de finesse, de verve et de trait ; tous ceux qui l'écoutaient restaient sous le charme de cette parole magique. Le feu de la conversation la transfigurait à tel point, qu'il fallait non-seulement l'entendre, mais la *voir* parler, si nous en croyons ses contemporains.

Si elle parlait bien, « elle écrivait mal, et c'était un effet de son esprit, dont la vivacité se refroidissait par la plus légère attention. » Néanmoins, quelle exu-

(1) Sénac de Meilhan, p. 459.

bérance dans ses lettres. Aussi rapide que le trait, sa pensée court, vole, frappe l'un, frappe l'autre ; elle dit ce qu'elle conçoit, et comme elle le conçoit, sans prendre garde à la manière dont elle l'écrit et ne se doutant pas plus des blessures qu'elle fait à son prochain que de celles dont elle crible cette pauvre orthographe, avec une cruauté, hélas ! bien involontaire ; semblable à certaines jolies femmes du siècle qui avaient beaucoup d'esprit, mais peu d'orthographe. (La Société d'alors pouvait-elle être plus exigeante que l'Académie ?) Nous trouvons un échantillon de ce style *à la diable* dans une lettre datée des eaux de Forges (1), de ces eaux qui guérissaient tous les maux. Voici un extrait de cette lettre telle que nous la donnent MM. de Goncourt, avec son orthographe et sa ponctuation des plus fantaisistes :

« Ah bon Dieu que vous avès bien raison ma chère
» marmote quel chien de train et quelle chienne de vie
» et surtout quelles chienne de gens, rien n'est compa-
» rable aux personnes vraiment les noms n'en apro-
» chent pas les visages et les stiles sont bien autres
» choses c'est un ennui, un cavagnol, des complimens
» des bétises des gayetés et surtout des agrémens à
» souffleter, des mérites fort propres aux galères et des
» dévotions faites comme de cire pour l'enfer ; mais
» une Mme Danclosi plaine de grâces qui nest pourtant
» rien auprès de Mme de Lagrange qui avant hier n'a-

(1) Mlle de Montpensier, dans ses *Mémoires*, décrit la vie qu'on mène à Forges, déjà en vogue. On se lève à 6 h., on va boire jusqu'à 8 h., on se promène dans le jardin avant la messe, puis on fait sa toilette pour le dîner de midi, on soupe à 6 h. et on va se coucher à 9 h. Genre de vie, qui paraît-il, n'a pas beaucoup changé.

» voit que soixante et onze ans, une grande fille et un
» lait répandu de sa dernière couche il y a quatre ans,
» mais qui depuis hier i a ajouté un gouëtre de demi
» aulnes qui lui est survenu dans la nuit, la pauvre
» femme couchée étique s'est réveillée ni plus ni moins
» qu'un roi de Sardaigne très étoffé, voilà de ces coups
» de la fortune que les eaux ici procurent plus souvent
» à des mousquetaires qu'à des accouchées septuagé-
» naires, mais que faire, il faut bien que la pauvre femme
» après avoir sans doute reçu la rosée du ciel accepte
» la graisse de la terre avec résignation elle sera
» consolée de tout pourvu que dieu lui fasse la grâce
» d'avoir un fils, je ne vous surfait pas d'un mot; si
» tout le reste estoit à l'avenant il y aurait plaisir
» mais les dames de paris sont inssoutenables C'est
» un alliage de petites maitresses de begueules de
» dévotes de comères et partout de bétise si profonde
» que je scait plus où me fourer, j'en suis même assez
» malade.... (1). »

La fin de cette lettre est aussi à l'avenant deux
grandes pages durant. Mais ne s'imagine-t-on pas entendre la voix de Mme de Chaulnes, tant il y a de vie
dans cet écho bien éloigné ?

Mme du Deffant se trouvait, elle aussi, à Forges avec
« cette spirituelle, cette originale, cette extravagante,
cette galante » duchesse de Pecquigny. C'est là qu'elle
a appris à la connaître; c'est de là qu'est datée sa
correspondance, qui nous la dépeint si bien et rarement à son avantage. « Oh ! mon Dieu, s'écrie-t-elle,
comme elle me déplaît! Elle est radicalement folle :

_____

(1) E. et J. DE GONCOURT. *Portraits du XVIIIe siècle.*

elle ne connaît point d'heure pour ses repas ; elle a
déjeuné à Gisors à huit heures du matin avec du veau
froid ; à Gournay elle a mangé du pain trempé dans le
pot, pour nourrir un Limousin, ensuite un morceau de
brioche, et puis trois assez grands biscuits. Nous arri-
vons, il n'est que deux heures et demie, et elle veut du
riz et une capilotade ; elle mange comme un singe, ses
mains ressemblent à leurs pattes ; elle ne cesse de ba-
varder. Sa prétention est d'avoir de l'imagination et
de voir toutes choses sous des faces singulières, et
comme la nouveauté des idées lui manque, elle y sup-
plée par la bizarrerie de l'expression, sous prétexte
qu'elle est naturelle. Son âme est comme les chambres
de cabaret, il ne lui faut de tapisseries, que des enlu-
minures. Elle me déclare toutes ses fantaisies, en
m'assurant qu'elle ne veut que ce qui me convient ;
mais je crains d'être forcée à être sa complaisante ;
cependant, je compte bien que cela ne s'étendra pas
sur ce qui intéresse mon régime. Elle est avare et peu
entendue, elle me paraît glorieuse, enfin elle me déplaît au possible. Elle comptait tout à l'heure s'établir
dans ma chambre pour y faire ses repas, mais je lui
ai dit que j'allais écrire : je l'ai priée de faire dire à
Mme la Roche les heures où elle voulait manger, et ce
qu'elle voudrait manger, et où elle voulait manger, et
que, pour moi, je comptais avoir la même liberté (1). »

   Mme du Deffant est vite fatiguée d'une pareille compagne, qu'elle déclare, sans ambages, être *insupportable*. « Si vous voyez Silva, » le médecin à la mode,

   (1) Correspond. de Mme du Deffant. Édit. St-Aulaire, préf. XLIX,
L., LI ; édit. de Leseure, T. I, p. 16, 17.

« ne lui parlez du régime qu'observe Mme de Pecquigny, elle m'en saurait mauvais gré. Elle m'a fait rester cinq grands quarts d'heure à la voir pignocher, éplucher et manger tout ce qu'elle a commencé à mettre au rebut : elle est *insupportable;* je vous le dis pour la dernière fois, parce que je ne veux pas me donner la licence d'en parler davantage. Je sens que cela serait malsonnant couchant sous le même toit, et mangeant sur la même nappe. Ah! quel toit! Ah! quelle nappe! (1) »

Mais la langue ou la plume démange à Mme du Deffant, la fantasque duchesse reparaît dans ses lettres : « La P... n'est d'aucune ressource, et son esprit est comme l'espace; il y a étendue, profondeur, et peut-être toutes les autres dimensions que je ne saurais dire, parce que je ne les sais pas; mais cela n'est que du vide pour l'usage. Elle a tout senti, tout jugé, tout choisi, tout rejeté : elle est, dit-elle, d'une difficulté singulière en compagnie, et cependant elle est toute la journée avec toutes nos petites dames à jaboter comme une pie... — Ce qui m'est insupportable, c'est le dîner: elle a l'air d'une folle en mangeant; elle dépèce une poularde dans le plat où on la sert, ensuite la met dans un autre, se fait apporter du bouillon pour mettre dessus tout semblable à celui qu'elle rend, et puis elle prend un haut d'aile, ensuite le corps dont elle ne mange que la moitié, et puis elle ne veut pas qu'on retourne le veau pour couper un os, de peur qu'on amollisse la peau; elle coupe un os avec toute la peine possible, elle le ronge à demi, puis retourne à sa poularde;

(1) *Correspondance,* édit. Lescure, T. I, p. 18.

après elle pèle tout le dessus du veau, ensuite elle revient à ronger sa poularde ; cela dure deux heures. Elle a sur son assiette des morceaux d'os rongés, de peaux sucés, et pendant ce temps je m'ennuie à la mort ou je mange plus qu'il ne faudrait. C'est une curiosité que de lui voir manger un biscuit, cela dure une heure, et le total c'est qu'elle mange comme un loup...
— La Pecquigny a eu ses grandes vapeurs. Cela fait horreur ; elle fait des cris, des pleurs, elle devient d'un changement affreux. Je la soupçonne de prendre ses eaux tout de travers. Elle se purgea l'autre jour et le même soir de sa médecine, elle prit de l'élixir d'un petit chirurgien, qui est avec Madame de Rosambeau. Elle rendit tout ce qu'elle avait dans le corps. Depuis ce temps-là, les eaux ne lui passent point. Hier nous nous arrangions, Formont et moi, sur le parti que je prendrais si elle venait à crever. C'est une folle, mais c'est au pied de la lettre (1). »

Ces détails, d'un réalisme et d'une intimité des plus grands, nous représentent la vraie duchesse de Chaulnes, sans fard, dans le plus grand négligé ; on n'oserait même pas les rapporter si la spirituelle marquise ne les eût déjà traités. Mme du Deffant ne peut s'habituer à cet « esprit profond, mais nullement gracieux, » qui « veut toujours savoir qui l'a pondu, qui l'a couvé. » Elle respire quelques instants lorsque sa compagne fait sa promenade de « tous les jours, à cheval, avec Mlle Desmazis, qui est une espèce de cent suisse de soixante ans.... dont le sexe est mal décidé (2). »

(1) Correspondance, édit. St-Aulaire, préf., p. XLIX, L, LI. — Édit. Lescure. T. I, p. 72. — MM. de Goncourt, p. 206, 207.

(2) Correspondance, édit. Lescure, T. I, p. 10, 31, 42.

Le Président Hénault, l'un des correspondants de Mme du Deffant, reconnaît que la peinture qu'elle fait de Mme de Pecquigny est inimitable ; il ne trouve « rien de plus plaisant, de plus neuf, ni de plus démêlé. » Il en fait part à Mme de Flamarens ; il « l'a diverti au delà de tout. » Mais il se garderait bien d'en parler à Mme de Luynes, personne de grande considération et d'une vertu éprouvée, tante de Mme du Deffant ; aussi celle-ci fait-elle ses recommandations au Président : « Ne dites pas à Mme de Luynes, que Mme de Pecquigny me déplaît. Il est dangereux de lui dire ce qu'on pense, ce sont des armes qu'on lui donne contre soi (1). »

Toutefois ne partageait-il pas l'avis de Voltaire, constatant qu'il « y a plus de vitriol dans une bouteille d'eau de Forges, que dans une bouteille d'encre (2), » le Président Hénault, lorsqu'il exhorte l'expansive marquise à la patience et lui « conseille de ne demander à son caractère (de Mme de Pecquigny) que ce qui s'y trouve, et comme vous êtes sûre, lui dit-il, que les intentions sont bonnes, de passer l'écorce qui ressemble à du maroquin du Levant. »

Ces citations, peu flatteuses, il faut en convenir, pour celle qui devait être la duchesse de Chaulnes, nous la font connaître sous un jour fort étrange, qui nous aidera à expliquer certaines phases de sa singulière existence.

« Chez cette femme, qui semblait, comme Mme de

(1) *Correspondance*, édit. St-Aulaire, préf., p. XV. — Édit. Lescure, T. I, p. 41, 83, 60.

(2) Lettre à M. Thiériot, 20 juillet 1723.

Graffigny l'a dit de la France, s'être échappée des mains de la nature lorsqu'il n'était encore entré dans sa composition que l'air et le feu; chez Mme la duchesse de Chaulnes, l'âme, le cœur, le caractère, les sens, tout était esprit. Tout en elle venait de l'esprit et retournait à l'esprit. Entretiens, causeries, dissertations, sa parole n'avait que la langue de l'esprit et le thème de l'esprit. Enfant gâtée, enfant terrible de ce siècle où il fallait tant d'esprit pour en avoir assez, elle en avait trop. Elle le jetait à toute volée, à l'étourdie, avec des boutades soudaines, des mots qui partaient ainsi qu'un coup de batte, des traits, des images, des portraits au vif, des facéties, un barbouillage effréné, un ridicule à draper le monde, des épithètes à tuer un homme, des comparaisons tirées on ne sait d'où, des caricatures qu'elle découpait comme au ciseau; et, sans y songer, sans viser au rôle qu'allait prendre la maréchale de Luxembourg, son ironie violente, pleine de verve, faisait, dans les plus grands salons de la noblesse, une police des sottises et des bassesses pareille à celle que la raison de Mme Geoffrin faisait, dans la société, des défauts d'ordre et de bon sens. Elle osait tout avec une insolence de duchesse. « A quoi cela est-il bon un génie? » dit-elle un jour... Elle avait aussi bien le mot fin que le mot vif. Étonnée de l'insuffisance d'une femme qui avait désiré ardemment la voir, insuffisance qu'une amie de cette femme expliquait par la crainte de se trouver devant une personne de son esprit : « Ah ! fit Mme de Chaulnes, cette crainte-là est la conscience des sots. » A l'aventure, c'est la devise de sa pensée et de sa vie ; sa conscience n'est qu'un premier mou-

vement, et Senac de Meilhan l'a peinte tout entière
en comparant sa tête au char du Soleil abandonné à
Phaéton. Intelligence à la dérive et pleine de flammes,
elle étonne toujours par l'éclat et l'imprévu. Son génie fou, le caprice de sa bouffonnerie, ses éclairs de
raison, le dérèglement et la chaleur de ses idées, la
fièvre de tout son être, le feu de ses gestes et de son
regard, animent la société ; et tous s'empressent
autour de la duchesse au teint de cire, aux yeux d'ai-
gle (1).

La voilà bien cette débauchée d'esprit (2). Malheureusement l'esprit paraît l'aveugler et lui tenir lieu de
cette vertu qu'elle semble rejeter comme inutile. Aussi
que de contrastes affligeants dans cette vie, compa-
rable à celle de cette étourdie Mme d'Olonne, dépeinte
par Bussy-Rabutin, qui, avec un esprit vif et péné-
trant, aimait les plaisirs jusqu'à la débauche.

Et ne serait-on pas porté à croire à sa grande
vertu, lorsqu'on lit la lettre qu'elle écrivait de Chaulnes, le 7 mai 1746, au président Hénault, pendant que
le duc faisait campagne? « La guerre est un furieux
obstacle à mon bonheur, dit-elle, et je vous proteste
que je n'ai pas plus envie que vous de choisir le quartier des héros... Pour les amants, je ne sais pas trop
comment se comportent ceux que l'on a, mais à en
juger par ceux que l'on a peints, le commerce de ces
messieurs est très orageux, et toute cette espèce
bonne à fuir... Effectivement, dans cette compagnie il

(1) *La femme au XVIIIe siècle*, par MM. de GONCOURT, p. 81 à 82.
(2) Ce mot que Valpole appliquait à Mme du Deffant convient
également à la duchesse de Chaulnes.

n'y a que des coups de bâton à gagner, ainsi ne craignez pas que je la choisisse pour paradis. Je vous dirai
même que le canton des amis a ses inconvénients, il
n'y fait pas sûr.... Notre ami en a été témoin, ainsi
que le stoïque M. de Ch...., qui en a beaucoup ri, à
mon grand scandale. Avez-vous jamais rien vu de plus
bête ? Moi, trois, quatre, cinq, six, vingt amants, si vous
le voulez, et de vilains maux... » Faut-il ajouter foi,
d'après cette lettre qui continue sur le même ton, à la
noble indignation de la duchesse ? La vertu ne gît-elle
que dans son imagination ? Est-elle réellement ce
qu'elle dit ? Peut-être alors, mais depuis...

L'histoire des premières années du xviii° siècle
nous retrace la vie étonnante de cette fille du Régent,
la duchesse de Berri, morte à l'âge de vingt-quatre ans
(1719), princesse douée de mille avantages brillants,
mais qui avait déclaré la guerre et à la vertu et au bon
sens. A une vie de désordres elle mêlait les retraites
pieuses ; elle avait loué une cellule chez les Carmélites, où plusieurs fois par an elle allait s'enfermer,
menant alors une vie plus austère que les religieuses,
se montrant bonne et repentante. Puis, à peine sortie
du couvent, elle volait avec plus d'ivresse à ses déré-
glements. Comme cette royale princesse, la duchesse
de Chaulnes s'adonna aux plaisirs , comme elle alliant
les austérités du cloître à une vie des plus désordon-
nées. Mais elle n'eut pas toujours, comme cette fille
du Régent, la jeunesse pour excuse, et ses égarements
se prolongèrent au delà de l'âge des passions. C'est
bien d'elle que parlent les mémoires du temps quand
ils nous disent : « La moitié de Paris regarde comme
une messaline une vieille duchesse que l'autre moitié

de cette ville regarde comme une sainte ; » et ajoutent : « Mme de Chaul... a deux réputations, l'une à la cour, l'autre dans sa paroisse, » où les pauvres la bénissaient à cause de sa charité.

Il faut avoir de sérieuses présomptions contre une femme, pour ajouter foi à des jugements si durs, surtout quand ils sont portés par un pamphlétaire qui déchira à belles dents, à tort et à raison, les hommes et les femmes de son temps. Malheureusement tout porte à croire que Thévenau de Morande, ce *gazetier cuirassé*, a bien pu commettre ici péché de médisance, sans recourir à la calomnie, car il n'est pas le seul à flétrir cette conduite. Collé nous présente, dans son *Journal*, « Mme la duchesse de Chaulnes sollicitant, avec la dernière indécence, » un fauteuil à l'Académie pour l'abbé de Boismont. Prédicateur du roi, Boismont était le type de l'abbé de cour ; élégant, bien fait de sa personne, poli, musqué, pomponné. Toutefois, si nous en croyons le duc de Luynes, il ne se borna pas à être un abbé de ruelles. En 1748, il prêcha à la cour devant la reine. Le prédicateur de la Cène du roi venant à manquer, on a recours à celui de la reine, il « s'appelle Boismont, chanoine de la Cathédrale de Rouen ; » bien qu'il n'eût pas fait de compliment au roi, parce qu'il n'en avait pas préparé et que « l'après dînée il prêchât le même sermon devant la reine.... tout le monde est fort content (1). »

Ses sermons sont d'un esprit des plus évangéliques. En 1752, il traite « des fausses vertus, plus communes qu'on ne croit, plus criminelles que l'on ne pense. Il a

(1) LUYNES, T. IX, p. 7.

de l'esprit et parle avec facilité, mais trop vite, et sa voix ne se soutient pas dans les finales ; on perd beaucoup de ce qu'il dit (1). »

Il ne craint pas d'aborder, en présence de la Cour, les sujets les plus sévères. Malgré les quelques défauts que signale M. de Luynes, le roi le goûte toujours; il prêche devant lui le carême de 1756. « On trouve sa voix assez éclatante, mais comme il ne soutient pas ses finales, on en perd beaucoup. Son sermon a été la vie de la Cour (mot qu'il a répété souvent) comparée avec les devoirs du chrétien. On lui a trouvé de l'éloquence, mais Mme la Dauphine a fort bien décidé que c'était plutôt un discours qu'un sermon (2). »

La duchesse de Chaulnes suivait très assidûment les sermons si édifiants du prédicateur de la Cour, mais ne les mettait, pas plus que lui-même, en pratique. Boismont, à qui les faveurs de Versailles et de Mme de Chaulnes ne suffisaient pas, brigua les suffrages de l'Académie, pour le fauteuil que la mort du P. Surian, évêque de Vence, laissait libre. Il avait affaire à un sérieux concurrent, d'Alembert, que soutenait Mme du Deffant ; aussi le protégé de la duchesse échoua. On prétend qu'il n'en fallut pas davantage pour que la marquise rompît définitivement avec son ancienne compagne de Forges. D'Alembert fut élu par quatorze voix, tandis que Boismont en obtint neuf; on prétendit, à ce propos, que ce dernier avait

(1) Luynes, T. XII, p. 201.
(2) Luynes, T. XII, p. 405, 406. — Il a été publié de l'abbé de Boismont un *Panégyrique de Saint-Louis*, en 1750. In-4°, avec frontispice, et 2 vignettes de Gravelot.

« ôté toute sa vie à la chasse du ridicule ; à quoi un
plaisant répondit : l'animal s'est retourné et a imprimé
sa griffe sur le chasseur (1). » Toutefois, en présence
d'un homme tel que d'Alembert, l'intrigue, sinon le
talent, valut à Boismont une défaite honorable. Luynes ne manque pas d'en parler : « Il y eut hier, dit-il,
une élection à l'Académie pour remplir la place va-
cante par la mort de M. l'Évêque de Vence. Les dames
ordinairement sollicitent beaucoup dans ces cas d'é-
lection ; il y avait plusieurs aspirants : M. l'Évêque
de Troyes (Poncet de la Rivière), M. l'abbé Trublet,
M. l'abbé de Boismont, M. d'Alembert, et peut-être
quelques autres que je ne sais pas. Mme de Chaulnes
sollicitait avec la plus grande vivacité pour l'abbé de
Boismont, elle avait écrit à tous les académiciens, ou
avait été les voir. Mme la duchesse d'Aiguillon (Crus-
sol) et Mme du Deffant s'intéressaient beaucoup pour
d'Alembert, la pluralité des suffrages s'est réunie pour
celui-ci (2). » Peu s'en fallut que ne se réalisât l'aver-
tissement de M. de Fromont, écrivant à d'Alembert :
« Vous vous imaginez qu'il n'y a qu'à se présenter à
l'Académie pour y être admis ; mais il faudrait pour
cela qu'il n'y eût pas de duchesse de Chaulnes au
monde (3). »

Les portes de l'Académie qui, en 1754, s'étaient en-
trebaillées pour l'abbé Boismont, s'ouvrirent devant
lui l'année suivante. La haute faveur de sa protectrice
le fit asseoir sur le fauteuil que la mort de Boyer, évê-

(1) *Corresp. de Mme du Deffant*, édit. St-Aulaire, p. LIX.
(2) Luynes, t. XIII, p. 393, 394.
(3) *Corresp. de Mme du Deffant*, édit. Lescure, t. I, p. 226.

que de Mirepoix, avait rendu vacant. Cette nomination, qui fit certain bruit, valut à Messieurs de l'Académie française cette leste épigramme :

Messieurs déjà Livie (1) en votre temple
Vous a fait recevoir un guerrier (2) sans talents ;
Aujourd'hui même encore Julie (3), à son exemple,
Pousse un petit collet (4) qu'elle a mis sur les dents.
Prenez garde qu'enfin quelqu'autre messaline,
    Consultant ses seuls intérêts,
    Pour confrère ne vous destine
    Un âne de Mirebalais.

Les méchantes langues ne furent pas seules à s'entretenir de cette élection. M. de Fromont écrit à Mme du Deffant : « Je suis enchanté de l'élection de d'Alembert : il semble qu'il ne fallait que le montrer et que c'était une chose faite. Cependant vous avez eu besoin de tous les talents que vous avez pour la négociation, mais on n'est plus surpris quand on fait réflexion que vous aviez affaire à l'illustre, à la savante duchesse de Chaulnes. Après avoir eu le succès que chacun sait en Bretagne, elle s'est donnée en spectacle en Normandie, où elle a acheté une terre ; elle s'y est montrée fort grande dame, fort impertinente et encore plus ce que vous savez. L'abbé de Boismont commence à trouver qu'il est plus aisé de prêcher un carême que de faire longtemps sa cour à Mme la Duchesse. Il a senti le besoin de troupes auxiliaires ; il a fait donc

(1) Mme de Pompadour.
(2) Le comte de Bussi reçu en 1750.
(3) Mme de Chaulnes.
(4) L'abbé de Boismont reçu en 1755. — *Espion anglais*, t. III, p. 40.

venir un chanoine de Rouen, de ses amis, qui a été
parfaitement bien reçu et à bras ouverts : il en est revenu avec une belle boîte. Celui-ci ne vise point au
bel esprit, et si elle se donne des mouvements en sa
faveur, ce ne sera point pour le faire entrer à l'Académie. Voilà ce que j'ai appris du public, son confident ordinaire (1). »

Ce n'est pas certainement le duc de Luynes qui nous
parlera de la conduite équivoque de Mme de Chaulnes.
N'oublions pas que celle-ci se trouvait dans une famille dont il était le chef, et son intérêt particulier
l'obligeait à jeter un voile sur les désordres de cette
duchesse. Toutefois, dans certains passages des *Mémoires*, on peut lire entre lignes ce que le public dit
tout haut. Lorsqu'il s'agit de l'élection à l'Académie,
ne nous apprend-il pas que « Mme de Chaulnes sollicitait avec la plus grande vivacité pour l'abbé de Boismont », et ailleurs n'en dit-il pas plus long quand il
nous rapporte que « Mme de Chaulnes a obtenu depuis,
la résignation du prieuré de Lyons, près d'Amiens,
de M. l'abbé Ozanam à qui M. le bailli de Mesmes
l'avait résigné. C'est pour M. l'abbé de Boismont,
grand vicaire de Rouen, fameux prédicateur. Ce
prieuré vaut 15 à 18 mille livres de rente. Le résigna-
taire se réserve une pension de 6 mille livres. C'est
M. l'abbé de Cluny (M. le Cardinal de Larochefou-
cauld) qui nomme à ce prieuré ; il a donné son consen-
tement. Il n'y a que quatre ou cinq religieux dans cette
maison, ce sont des Bernardins (2). »

---

(1) *Corresp. de Mme du Deffant*, édit. Lescure, t. I, p. 224.
(2) LUYNES, t. XII, p. 50, 24 juillet 1752.

Luynes affecte de mettre Mme de Chaulnes en évidence lorsqu'il peut en rejaillir quelque éclat pour sa maison. Il nous l'a montrée en Bretagne, pendant la tenue des États, secondant admirablement son mari ; à Fontainebleau, occupant un logement d'honneur (1743) ; il est bien aise de faire savoir qu'elle se trouvait parmi les dames « à qui la reine avait permis de la suivre » aux Carmélites, pour la prise du voile blanc de Mme de Rupelmonde ; que c'est elle qui a eu l'honneur de présenter à la Cour la jeune et jolie veuve de M. de Tyrconel, ministre plénipotentiaire, mort à Berlin. Du reste, la duchesse de Chaulnes, grâce au nom de son mari, avait sa place à la Cour, elle était dame à accompagner de la Reine (1).

Ce n'est pas seulement à la Cour, mais aussi dans ses affaires privées que Luynes aime à nous parler de la duchesse de Chaulnes. Par lui nous savons qu'elle demande son avis au sujet du deuil de sa nièce, Mme Bonnier de la Mosson (1753). Ailleurs il nous apprend qu'elle a été la marraine de son petit-fils, enfant de Mme de Chevreuse, dont elle est la tante à la mode de Bretagne (1754). Quelqu'autre part il nous dit que son fils, son frère, M. et Mme de Chaulnes assistent à l'ouverture du testament de sa grand'-tante, une Luynes, mariée à Louis de Castelnau de Clermont-Lodève, marquis de Seissac (1756) (2).

---

(1) LUYNES, t. V, p. 131 ; t. XI, p. 254 (1751) ; t. XIV, p. 427 (1756).

(2) *Id.* t. XIII, p. 102, 153 ; t. XIV, p. 427. — Luynes prétend que cette dame de Seissac attira Lapeyronie à Paris. « M. de La Peyronie mourut hier au soir (23 avril 1747). Mme de Saissac et le chevalier de Luynes, qui l'avaient connu à Montpellier où il était en grande réputation, l'engagèrent à venir à Paris pour l'opération

Ces divers renseignements ne nous paraissent pas dépourvus d'intérêt, ils nous font voir avec quel soin le duc de Luynes s'efforce à nous représenter Mme de Chaulnes au mieux avec sa famille et surtout avec son mari.

Malheureusement ce ne fut pas la seule fois que, dans cette noble maison, les femmes donnèrent prise à la critique. Jadis une duchesse de Chaulnes, devenue veuve et femme d'un comte d'Hauterive, avait quelque peu fait parler d'elle. Le duc de Chaulnes, le mari de celle dont nous nous occupons, avait eu un frère qui mourut jeune encore ; Marais nous dit en parlant de la femme de ce dernier, une princesse de Rohan : « Le jeune duc de Pecquigny laisse une belle veuve qui ne le pleurera pas beaucoup (1). » D'autres devaient suivre le même exemple.

Nous avons vu qu'en plein XVIIIe siècle un mari homme de qualité ne devait pas aimer sa femme ; c'était « une habitude complétement perdue ; mais à bon chat, bon rat ; les femmes en font bien autant pour leurs maris (2). » Toutefois, nous ne saurions croire que le duc de Chaulnes ait adopté les mœurs de l'époque, auxquelles, de son côté, la duchesse s'était trop scrupuleusement conformée. Aussi peut-on appliquer à cette dernière ce qu'un homme d'esprit disait d'une autre fille d'Ève, qu'elle porta gravé trop pro-

---

des hémorroïdes à M. le duc de Chaulnes, depuis maréchal de France...» Mémoires, p. 192, t. VIII.

(1) 13 juillet 1731. — MARAIS, journ. et correspond., T. IV, p. 260.

(2) Mme du DEFFANT, Corresp., édit. Lescure, T. I, p. XVI.

fondément dans son cœur le commandement qui ordonne « l'amour du prochain. »

Le bruit de si grands égarements arriva jusqu'à la Cour. Louis XV, qui ne se montra pas toujours très scrupuleux pour de pareilles licences, fut outré de la conduite de cette femme; c'est pourquoi il prit en affection son « honnête » mari et tâcha, à force de bontés, d'adoucir ses cruelles infortunes. L'estime de son roi était beaucoup pour le duc de Chaulnes, mais rien ne pouvait le consoler de ses malheurs, qui mirent un terme prématuré à son existence ; il mourut en 1769, à cinquante-cinq ans, dans la force de l'âge. On a voulu voir une cause de ce fatal dénoûment dans les dépenses excessives de sa femme, qui l'auraient conduit à la ruine. La véritable raison suffisait sans qu'un motif imaginaire vînt servir de prétexte aux commentaires. Que son amour pour les sciences, les arts, aient poussé le duc de Chaulnes à des dépenses qui ébranlèrent son patrimoine, c'est fort possible ; mais la fortune des Trésoriers de Languedoc, qui passa, à la mort de Bonnier fils, presque entière entre les mains de Mme de Chaulnes, lui permettait de satisfaire sa prodigalité et de commettre toutes sortes de folies, qui, celles-là du moins, lui eussent été pardonnées. Après la mort de sa nièce, Mlle de la Mosson, elle dut recueillir presque tout l'héritage de l'homme que l'on considérait comme l'un des plus riches particuliers du royaume. Aussi se passa-t-elle bien des fantaisies.

Engouée du château de la Meilleraye, sur la rive gauche de la Seine, près de Caudebec, dans le diocèse de Rouen, la duchesse de Chaulnes en fait l'acquisition moyennant un million (1755). Elle n'a pas grand'peine à trouver une somme si respectable. Elle « a de son frère pour 12 ou 1500000 livres de terre en Normandie, qu'elle compte vendre pour payer celle-ci ; elle avait outre cela quelque argent à placer. Elle a voulu avoir une habitation agréable pour en faire usage, en cas que quelque circonstance, comme seraitcelle de la guerre, l'empêchât d'habiter Chaulnes. La Meilleraye vaut de 15 à 16000 livres; il y a un château fort habitable, de beaux jardins et fort proche une forêt qui à la vérité est au roi, mais qui donne de l'agrément pour la chasse. Cette forêt s'appelle la forêt de Brotonne. Outre la paroisse de la Meilleraye, il y en a encore trois autres qui en dépendent... » Cette terre fut vendue à Mme de Chaulnes par le comte d'Houdetot, qui l'avait acquise de la succession du maréchal d'Harcourt. La Meilleraye avait été érigée en marquisat, en 1698, en faveur d'Angélique Fabert, femme de François d'Harcourt, marquis de Beuvron (1).

Une fortune qui permettait de pareilles fantaisies devait être inébranlable. Aussi laissons à la duchesse les torts qui lui sont personnels, sans y ajouter celui, un peu trop imaginaire, d'avoir ruiné son mari (2).

Dans ce siècle fécond en défaillances, il en est peu qui soient comparables à celles de cette femme au

(1) *Mém. de madame d'Epinay*, t. I, p. 296 ; — LUYNES, t. XIV, p. 46.

(2) La duchesse de Chaulnes conserva l'hôtel du Lude, qui lui venait de son frère, mais ne l'habita pas. Elle le loua au contrôleur-général des finances, M. de Sechelles, ministre secrétaire d'État. Il passa ensuite au prince de Conti, au duc de Valmy et au ministère de l'agriculture et du commerce, ainsi que nous l'avons déjà dit.

cœur et à l'esprit si capricieux. On se prend un moment à espérer que la mort du duc la fera rentrer en elle-même et déterminera un changement favorable. Vain espoir ! Un événement que tout autre eût considéré comme un malheur, ne fut regardé par elle que comme une délivrance : désormais elle était libre ! Elle manqua une belle occasion de se faire oublier et de laisser au temps le soin de passer l'éponge sur ses erreurs ; elle ne sut ou plutôt elle ne voulut pas en profiter.

Après quatre ou cinq ans de veuvage (1773), cette douairière trouva encore moyen de faire parler d'elle, et peut-être alors plus que jamais. Elle contracta un second mariage à un âge où de pareilles unions ne se pardonnent pas, quand au lieu de les excuser tout concourt à les rendre ridicules. Un sot et fol amour lui fit « perdre et son nom et sa dignité et le tabouret ; » cet honneur du tabouret qui, d'après M** de Motteville, élevait au rang de princes les personnes auxquelles la reine l'accordait et qui n'appartenait sous le grand roi qu'aux princes du sang, aux bâtards de France, et aux maisons de Savoie et de Lorraine. L'exemple de M** de Chaulnes ayant été suivi par la duchesse de Brancas, qui se remaria avec un ex-jésuite, une personne auguste prétendit que si cette contagion gagnait, elle ferait porter la moitié des tabourets au garde-meuble (1).

« Un mariage très disproportionné et d'un ridicule singulier amusa la Cour et la ville, » la duchesse de Chaulnes devint, comme elle le dit elle-même « la

_____

(1) Biblioth. Mazarine. *Nouvelles à la main*, 13 décembre 1773.

femme à Giac »... Grosse douairière, toute bouffie, gorgée, soufflée, boursouflée de santé masculine et de sensibilité philosophique, qui se faisait ajuster et coiffer en petite mignone et qui zézayait en parlant pour se *rascunir* (1). » C'est ainsi que Mme de Créqui nous dépeint la future épouse de « l'homme de justice le plus pédant, le plus ridiculement coquet et le plus ennuyeux. » Toutefois les préliminaires traînèrent en longueur ; il semblerait que Mme de Chaulnes hésitât avant de se couvrir de ridicule. Tour à tour annoncée et démentie, cette union est sur le point de se conclure. Dans une lettre pleine de sentiment et de passion pour son futur époux, Mme de Chaulnes demanda à la reine son assentiment (2). Enfin l'hymen fut conclu.

Un pareil ménage était bien assorti. Martial Henry de Giac, seigneur de la Chapelle en Parisis, n'eut pas fort à faire pour consoler cette veuve peu éplorée. Il était maître des requêtes, conseiller du parlement Meaupou et surintendant de la maison de la jeune Dauphine, grâce à la protection et aux deniers de la duchesse, qui enleva en deux heures cette charge dont le possesseur Château-Giron demandait à traiter. Bien jeune avec ses trente-cinq printemps pour celle qui lui apportait ses cinquante-six hivers, Giac se trouva fasciné (on le croit sans la moindre peine) plus par les richesses de la fille de Bonnier que par les charmes de la douairière, alors qu'à la suite de la disparition des siens elle se trouvait seule à la tête d'une fortune véritablement princière. Le magot était si ten-

(1) Souvenirs de Mme de Créqui.
(2) Biblioth. Mazarine. *Nouvelles à la main* (1773).

tant que le grave magistrat ne sut pas y résister ;
il laissa sa future épouse lui constituer deux cent
mille livres de rente, ou bien, d'après le bruit qui courut à l'époque, une part d'enfant s'élevant à plus de
1,500,000 livres (1). Les richesses mirent les honneurs
en fuite. « Pour lui apprendre à compromettre sa
dignité parlementaire en épousant une folle à cause
de son argent, le Parlement de Paris l'obligea de
quitter la magistrature, et le roi l'exila du côté de Baréges (2). « Il lui fut enjoint de ne plus paraître au
Conseil, et les pensions qu'il avait lui furent retirées.
Il ne devait pas jouir longtemps de cette charge d'intendant de la maison de la Dauphine enlevée à Château-Giron ; il fallut en céder le brevet. C'est en vain
que le malheureux Giac essaie de se blanchir aux
yeux du roi, en vain que la ci-devant duchesse supplie
les membres du Conseil de revenir sur la détermination prise par eux, de fermer leur rang à un collègue ;
rien n'y fait. Le roi ordonne aux conseillers d'avoir à
cesser tout rapport avec lui (3).

Dans ses *Souvenirs*, la marquise de Créqui raconte
les préliminaires de cette union. Le duc de Richelieu,
pensant que Mᵐᵉ de Chaulnes, malgré la grande envie
qu'elle avait de se remarier, ne pourrait jamais trouver un homme de qualité « qui voulût affronter une
pareille exubérance de chairs, de ridicules et de mous-
taches », se donna le malin plaisir de faire courir le
bruit de son mariage avec le chevalier de Giac. La

(1) Biblioth. Mazarine. *Nouv. à la main*, 1773.
(2) Souvenirs de Mᵐᵉ de Créqui.
(3) Biblioth. Mazarine.

duchesse, ayant eu vent de la chose, chercha à voir
le conseiller, qui lui convint et à qui convinrent aussi
ses écus ; si bien que la main fut aussitôt accordée
que demandée. Richelieu éprouva un grand désappoin-
tement à l'annonce de ce mariage qui le privait de la
riche succession de sa parente.

Ce récit, fort ingénieux sans doute, manque de vrai-
semblance et a l'air d'un conte fait à plaisir. Nous
inclinerions à croire que l'auteur contesté (1) des
Souvenirs, en général bien au courant des faits et
gestes de son temps, est ici un peu en défaut. Le duc
de Richelieu (quelle que fût sa parenté avec notre
duchesse) ne pouvait pas espérer une grosse part
dans l'héritage de Mme de Chaulnes qui avait un fils,
peu aimable à la vérité, mais auquel son cœur de mère
dut, sans doute, beaucoup pardonner. Nous préfère-
rions une autre version plus simple et plus vraisem-
blable. La duchesse plaidait devant le Parlement contre son fils au sujet de la succession de son mari,
réclamant ses droits matrimoniaux et sa dot en partie
aliénée. M. de Giac, nommé rapporteur en cette
affaire, eut ainsi l'occasion de voir Mme de Chaulnes ;
ces deux cœurs crurent se comprendre et s'unirent.
Voilà, en quelques mots, ce que nous estimons être
la vérité. Aussi trouva-t-on à redire. Giac, après avoir
demandé la permission au roi, essaya de se justifier. Il

(1) On sait que ces *Souvenirs* ont été attribués à Causin, un original presque toujours habillé en femme et qui se faisait appeler
comte de Courchamps. Il recueillit une foule d'anecdotes qu'il
publia sous le nom de la marquise. Il avait fait paraître le *Val
funeste,* roman copié d'un livre oublié, et que Génin appelait le
Vol funeste.

dit n'avoir conçu ce projet que longtemps après le
rapport du procès de la douairière contre son fils (1).

Cette union fit beaucoup de bruit. Tout Paris s'occupa longtemps des deux tendres époux, qui reçurent
force coups de boutoirs : on chuchota, on parla, on
rima, on exhuma même pour la circonstance une épigramme de « haute graisse », qui avait déjà servi en
pareille occasion pour cette autre duchesse de Chaulnes, Mᵐᵉ de Tournon, lors de son mariage avec le
comte d'Hauterive ; les vers en sont piquants, mais les
rimes, semblables à celles de *Vert-Vert*, pourraient
choquer aujourd'hui de jolies oreilles, bien que n'étant
pas oreilles de Visitandines.

Une pareille union ne devait compter ni sur la
durée, ni sur le bonheur. La lune de miel éclaira
(si toutefois elle daigna montrer ses faibles rayons)
d'une lueur bien pâle les premiers jours de cet hymen, duquel toute illusion était bannie d'avance.
Aussi l'année n'avait-elle pas achevé sa course que
« ce qu'on avait prévu est arrivé, Mᵐᵉ de Giac, ci-
devant duchesse de Chaulnes, est déjà séparée de
son nouvel époux (2). » Le bruit de cette rupture est
consigné, le 30 juin 1774, dans ces mêmes mémoires
qui, le 27 octobre précédent, avaient annoncé le mariage. Ce fut court. « On avait bien pensé qu'un tel
hymen ne fixerait pas son inconstance (de la duchesse). Aussi cette rupture a-t-elle causé moins d'é-
tonnement que les nouveaux nœuds qu'elle avait

(1) Le duc de Richelieu se maria : 1° avec Mˡˡᵉ de Noailles, et
2° avec Mˡˡᵉ de Guise.

(2) BACHAUMONT. *Mémoires.*

formés (1). » Les deux époux eurent encore la sagesse de se séparer d'un commun accord, sans éclat,
et chacun d'eux vécut à sa guise. Comme la marquise
de Créqui faisait observer à Mme de Chaulnes que
c'était là la conséquence inévitable d'un mariage con-
tracté à son âge, celle-ci lui répondit : « Madame,
apprenez qu'une duchesse n'est jamais vieille, et
qu'un homme de robe est toujours vieux. » Ce qui ne
l'empêcha pas plus tard de reconnaître ses torts, un
jour que l'on parlait du mariage d'une femme de qualité avec un bourgeois : « Je ne le crois pas, dit-elle,
on ne fait qu'une de ces folies en un siècle, et je l'ai
déguignonnée (2). »

Tandis qu'elle continuait de vivre à Paris la même
vie ; de son côté, le pauvre Giac, dans sa retraite forcée de Baréges, menait une existence aussi ridicule
que sa personne, « se promenant le long des ruis-
seaux, costumé comme un berger d'opéra, sous un
parasol orné d'églantines et la houlette à la main. »
Loisirs pleins de poésie pour un homme qui, disons-
le en passant, avait sacrifié aux Muses.

Les douceurs du foyer que l'épouse avait mises en
fuite, la mère ne devait pas les connaître. En 1741,
Mme de Pecquigny avait donné un héritier à son mari.
Malheureusement la naissance de Louis-Marie-Joseph
d'Albert, vidame d'Amiens, ne resserra pas les liens
un peu distendus entre les deux époux. Le nouveau
venu fut accueilli avec les honneurs dus à son rang.

(1) Biblioth. Mazarine. *Nouv. à la main.* 4 juillet 1774.
(2) *La femme au XVIIIe siècle,* par MM. de Goncourt, p. 82. —
Chamfort.

« Madame de Pecquigny accoucha la nuit d'avant-hier
à hier d'un garçon qu'on appelle le vidame d'Amiens.
Le roi vient de donner ordre tout-à-l'heure devant
moi, nous dit le scrupuleux Luynes, à un gentilhomme ordinaire d'aller savoir des nouvelles de sa
part. Le roi envoie toujours chez les femmes titrées,
lors même qu'elles accouchent d'une fille ; il me semble que la reine se dispense souvent d'y envoyer (1). »
Il est à présumer qu'elle s'en abstint dans cette circonstance, d'après la remarque du noble chroniqueur,
si chatouilleux en matière d'étiquette, surtout quand
il s'agit de sa maison ; il paraît même en éprouver un
semblant de dépit.

M. de Luynes suit les premiers pas du jeune vidame
avec une sollicitude toute particulière. Ainsi il nous
apprend qu'en décembre 1748 « M. de Chaulnes présenta au Roi son petit garçon…. Le major des gardes
du corps… fit la politesse à M. de Chaulnes de laisser
mettre son fils à la première place. Aujourd'hui M. de
Chaulnes lui a fait prendre l'ordre dans la place ordinaire dans le salon d'Hercule, avec le grand uniforme
de chevau-léger et des bottes ; il l'a ensuite présenté
à la Reine, à M. le Dauphin, à Mme la Dauphine et à
Mesdames. Le petit garçon est bien fait et a une jolie figure (2). » Il ne saurait en être autrement.

Devenu successivement duc de Pecquigny, puis, à la
mort de son père, duc de Chaulnes, le jeune vidame
d'Amiens embrassa la carrière des armes. Nous l'avons
vu en faire l'apprentissage de bonne heure, en 1748,

(1) 20 nov. 1741. LUYNES, t. IV, p. 28.
(2) LUYNES, t. IX, p. 145, 146.

avec ses bottes et son joli uniforme. Le 19 juin 1756,
il fut pourvu d'un brevet de cornette surnuméraire de
la compagnie des chevau-légers de la garde ordinaire
du roi, avec commission de mestre de camp. Bien
qu'elle lui fût ouverte toute grande, cette carrière ne
devait pas être conforme à ses goûts. Vers la fin de
l'année 1769, il donna sa démission, abandonnant la
cour et les honneurs, auxquels sa naissance et son
mérite lui donnaient droit. Il avait reçu de son père,
avec le nom, l'amour de la science. Il eut une grande
prédilection pour la chimie, et les recherches auxquelles il se livra ne furent pas sans utilité. Il se révéla, en 1775, au monde savant en publiant un mémoire, dans lequel il prouvait que l'air méphitique des
cuves de brasseries n'était que de l'acide carbonique.
On lui dut une invention contre l'asphyxie, par l'alcali
volatil. Pour mieux l'expérimenter, il s'asphyxia lui-
même et recommanda à son domestique de faire sur
lui l'essai de son remède, en l'administrant aussitôt
qu'il aurait perdu connaissance. Sa confiance en son
valet de chambre et en sa préparation devait être également grande, car l'un et l'autre auraient pu lui jouer
quelque mauvais tour. L'expérience fut heureusement
couronnée de succès.

Les mémoires de Bachaumont nous apprennent
aussi qu'il tenta en public, près de l'hôtel de Chaulnes,
sur le boulevard voisin de la rue d'Enfer, une autre
expérience, celle du cerf-volant en taffetas, considéré
comme conducteur de l'électricité des nuages. C'est
le principe du paratonnerre. Tout le monde sait que
cette expérience fut tentée par Franklin et lui valut en
partie le vers célèbre :

E   uit cœlo fulmen, sceptrumque tyrannis.

Le jeune duc ne borna pas ses recherches à la science pure. Il entreprit de nombreux et longs voyages pour sa propre instruction. En 1765, il alla en Égypte et en rapporta un mémoire sur la véritable entrée du monument égyptien qui se trouve à quatre lieues du Kaire, près de Sakara.

Mais à ces *excellentes dispositions* s'alliaient de mauvais travers, que l'on pourrait appeler d'un autre nom, fruits de son caractère et d'une déplorable éducation maternelle. Si nous voulons juger de quelle manière avait été élevé le vidame d'Amiens, nous n'avons qu'à interroger la marquise de Créquy. Elle nous raconte, sans crainte de braver l'honnêteté dans les mots, qu'il « voulut un jour absolument pi. . . . sur un gigot de mouton qu'il voyait tourner à la broche, et la scène avait lieu dans une auberge de Picardie, où les voyageurs attendaient ce morceau de rôti pour leur souper. L'enfant pleurait, et la mère envoya dire à l'hôtelier de le laisser faire, à condition que ce serait du côté du manche. » Voilà qui dépeint bien les deux personnages ! on se demande ce qui est le plus étonnant, ou l'idée du fils, ou le *distingo* de la mère. Une autre fois, ce charmant enfant donna un soufflet à sa tante ; la mère, témoin de pareille irrévérence, se gardera bien de le réprimander, mais elle lui fera observer judicieusement qu'il aurait dû se servir de la main droite et non de la main gauche.

Ces deux jolis traits paraissent devoir combler la mesure. Cependant il y a encore mieux que cela. Le petit vidame a un précepteur dont il n'est pas content ; —jusque là rien de surprenant, beaucoup de ses semblables ont souvent partagé cette manière de voir. —Il

ne trouve rien de mieux, pour s'en débarrasser, que de
le tuer. Cédant aux prières de la mère, le pédagogue
se laisse tirer par son élève un coup de pistolet chargé
à poudre et consent à faire le mort. Le pauvre « im-
bécile » reçoit comme salaire de sa sotte complaisance
une pension viagère de quatre cents livres ; marché
peu honorable, mais trop lucratif pour tant de plati-
tude.

Aussi ne soyons pas surpris d'apprendre que ce
petit garçon était détesté de ses camarades, qui vou-
laient lui faire un mauvais parti. Mis en quarantaine
par ces derniers, il n'allait jamais dans les promenades publiques. L'amour-propre de la mère fut blessé
de la situation faite à son fils; elle adressa une requête
au Parlement, pour implorer la protection de la haute
Cour en faveur du noble enfant, appelé à siéger un
jour, comme duc et pair, sur les fleurs de lys. Le procureur général fit à cette supplique l'accueil qu'elle
méritait, et le roi donna ordre à la duchesse de Chaulnes de rester désormais tranquille.

Ce qui était caprice chez l'enfant dégénéra en folie
chez l'homme, comme nous le montrent nombre
d'exemples. Nous n'en voulons pour preuve que son
affaire, qui fit tant de bruit, avec Beaumarchais. M. de
Chaulnes protégeait une actrice, Mlle Ménard, mais à sa
manière, en la brutalisant. Fatiguée de pareils traite-
ments, la belle finit par l'éconduire. Le duc furieux
s'en prend non pas à celle-ci, mais à Beaumarchais,
qu'il veut tuer dans un duel. Le poursuivant partout,
sans le rencontrer nulle part, la rage lui monte au cer-
veau, il jure de l'égorger comme un chien. Il va le re-
lancer jusque dans le sanctuaire de la justice, au tri-

bunal de la Varenne du Louvre, où il siége en robe noire, comme lieutenant général des chasses de la capitainerie, entre MM. de Rochechouart et de Marconville : il finit par le trouver dans sa propre maison, se précipite sur lui, lui déchire le visage et aurait mis certainement à mort son adversaire sans défense, si les gens de service ne fussent venus le secourir.

Impossible d'étouffer un pareil scandale, qui eut d'autant plus d'éclat, que l'auteur du *Barbier de Séville*, à la veille de représenter sa pièce, était plus en vue. La justice se vit forcée d'intervenir. Reconnu coupable, sa qualité de grand seigneur n'empêcha pas à M. de Chaulnes d'être enfermé à Vincennes ; tandis que, de son côté, Beaumarchais allait méditer au For-l'Évêque sur les désagréments qu'entraînait après elle la haine d'un duc et pair. Toutefois le fils de l'horloger Caron, qui savait tirer profit de tout, de la bonne comme de la mauvaise fortune, oublia ses ennuis, et se fit un jour gloire de cette aventure ; provoqué en duel par M. de la Blache, il lui répondit : « J'ai refusé mieux. »

Gudin nous a laissé un portrait du duc de Chaulnes, que nous avons tout lieu de croire fort ressemblant, dans lequel nous retrouvons beaucoup de traits d'origine maternelle: « Son caractère, dit-il, était un assemblage de qualités et de défauts contradictoires ; de l'esprit et point de jugement, de l'orgueil et un défaut de discernement tel, qu'il lui ôtait le sentiment de sa dignité dans ses rapports avec ses supérieurs, ses égaux et ses inférieurs ; une mémoire vaste et désordonnée ; un grand désir de s'instruire, et un grand goût pour la dissipation ; une force de corps prodigieuse ; une violence de caractère qui troublait sa raison toujours assez confuse, de fréquents accès de colère dans lesquels il ressemblait à un sauvage ivre, pour ne pas dire à une bête féroce. Toujours livré à l'impression du moment, sans égard pour les suites, il s'était attiré plus d'une mauvaise affaire. Banni du royaume pendant cinq ans, il avait employé le temps de son exil à faire un voyage scientifique; il avait visité les Pyramides, fréquenté les bédouins du désert, rapporté plusieurs objets d'histoire naturelle, et un malheureux singe qu'il assommait de coups tous les jours. » C'était le digne fils de Mme de Chaulnes.

Les faibles complaisances de la mère ne devaient pas être payées de retour. La duchesse fut en procès avec son fils, qui ne la ménagea pas plus qu'il ne ménageait les autres. Aussi s'attira-t-il de Beaumarchais dont il attaquait la modeste origine, cette leçon bien méritée : « Moi, lui répliqua l'auteur du *Mariage de Figaro*, qui m'honore de mes parents devant ceux mêmes qui se croient en droit d'outrager les leurs (1). »

(1) Les *Nouvelles à la main* de la Bibliothèque Mazarine sont d'un avis opposé relativement au procès dans la succession paternelle. D'après elles, les mémoires du fils sont écrits avec respect et ceux de la mère ne gardent aucune mesure, manque de tact que l'on impute aux hommes d'affaires. La perte de ce procès menaçait de mettre le duc à la merci des créanciers de son père et de le réduire à la gêne. Il propose un accommodement à sa mère qui réclame ses droits matrimoniaux et sa dot aliénée en partie, puis il demande que les biens de sa mère soient mis sous séquestre, prétendant qu'elle seule avait dissipé la substitution par ses dépenses (*Nouvelles à la main*. Bibliothèque Mazarine, novembre 1773).

Malgré l'assertion de ces *Nouvelles*, la version contraire nous

Le duc de Chaulnes ne devait pas transmettre son nom, ne laissant pas d'enfant après lui. Mme de Pompadour, qui rêvait un grand mariage pour Jeanne-Alexandrine Lenormant d'Etioles, sa fille, n'osant pas prétendre à un prince du sang, songea à M. de Chaulnes, un duc et pair. Le bruit en courait à la ville et à la Cour, Barbier nous en est garant : « Melle Alexandrine, fille unique de M. Normant d'Etioles, fermier général, et de Mme la Marquise, qui était au couvent de l'Assomption sur un grand pied, est morte le 15 de ce mois (juin 1754), en très peu de temps, d'une convulsion d'une grosse dent qui a percé ; d'autres disent d'une indigestion pour laquelle on l'a saignée mal à propos. Elle avait environ onze ans ; elle était promise et accordée avec M. le duc de Pecquigny, fils de M. le duc de Chaulnes. C'est un événement bien triste pour Mme de Pompadour. C'était un appui pour elle dans les événements, d'avoir sa fille duchesse et dans la maison de Chaulnes et Luynes, qui est en grand crédit à la Cour (1). » La mort de cette enfant ne rompit pas les relations de M. de Chaulnes avec Mme de Pompadour. Il régna entre eux une intimité assez grande, si l'on en juge par la manière dont la marquise traitait le duc en l'appelant, sans savoir pourquoi,

---

paraît plus vraie et plus dans le caractère du duc. Ce qui nous confirme dans cette opinion, c'est qu'il est, pendant le procès, exilé au Havre ; puis on lui permet de venir à Poissy pour se rapprocher de ses juges, et ensuite à Vincennes, avant d'être autorisé à rentrer à Paris. Pourquoi Beaumarchais lui aurait-il donné la leçon que nous rapportons ci-dessus ?

(1) Barbier, t. VI, p. 30.

« son cochon, » terme d'amitié du dernier sans façon (1).

La maison de Chaulnes n'eut pas à regretter la perte de Melle Lenormant, comme future épouse du duc de Pecquigny. Une alliance se présenta pour celui-ci plus honorable à tous égards. Le 23 mai 1758, il se maria avec Melle de Chevreuse, sa parente, fille du duc de Chevreuse et d'Henriette Nicole d'Egmont de Pignatelly, née au mois de septembre 1744, et par suite plus jeune que lui de quelques années. Cette union fut célébrée au château de Dampierre, chez le duc de Luynes, avec toute la pompe digne des deux époux et du châtelain, qui représentaient les trois branches de la maison d'Albert. Quel narrateur plus autorisé que le grand-père pourrait nous conter les fêtes du mariage ? Écoutons M. de Luynes : « Nous fîmes ici (à Dampierre) le mariage de ma petite-fille, Melle de Chevreuse, avec le vidame d'Amiens, fils unique de M. de Chaulnes. La mariée aura quatorze ans au mois de septembre et le marié en a à peu près dix-sept. On ne compte les laisser vivre ensemble que dans deux ans. M. et Mme de Chaulnes ont paru désirer que le mariage se fît dès

---

(1) Une anecdote citée par Chamfort à propos de Mme de Chaulnes nous prouve que ces libertés de langage, qui nous offusquent aujourd'hui, n'étaient pas rares au siècle précédent. « M. de Voltaire, nous apprend-il, se trouvant avec Mme la duchesse de Chaulnes, celle-ci, parmi les éloges qu'elle lui donna, insista principalement sur l'harmonie de sa prose. Tout d'un coup, voilà M. de Voltaire qui se jette à ses pieds. « Ah ! Madame, je vis avec un cochon qui n'a pas d'organes, qui ne sait pas ce que c'est qu'harmonie, mesure, etc. » Le cochon dont il parlait, c'était Mme du Chatelet, son Émilie.

à présent, et dans la circonstance de la mort du comte de Dunois, la réunion de nos deux branches nous a paru plus convenable que jamais. En considération de ce mariage mon fils vend à M. de Chaulnes l'hôtel de Clermont, rue de Varennes (1), la somme de deux cent cinquante mille livres de rente, dont l'intérêt au denier vingt sera payé à ma petite-fille et fera partie des vingt mille livres de rente dont elle jouira dès ce moment. M. de Chaulnes donne aussi actuellement vingt mille livres de rente à son fils ; ces vingt mille livres de rente, de part et d'autre, font l'intérêt de quatre cent mille livres, outre lesquelles on assure trois cent mille livres à la petite Chevreuse et deux cent mille livres au Vidame. Nous demandâmes l'agrément du Roi, de la Reine, etc., le jour de la Pentecôte ; nous fîmes signer le contrat à Versailles dimanche dernier, et nous le signons ici lundi au soir. Le départ de mon frère pour Rome le mardi de la Pentecôte nous a privé du plaisir de lui voir donner la bénédiction nuptiale à nos enfants. » A défaut du cardinal de Luynes on avait compté sur le cardinal de Tavannes, qui fut obligé d'aller à Paris ; il fallut renoncer à la pourpre romaine et se contenter de l'archevêque de Tours et de l'évêque de Chartres. « Il ne convenait pas de donner de fête ; tout s'est passé simplement ; le mariage à midi et demi à la paroisse... Tous MM. les Curés des cinq paroisses y ont assisté. M. le maréchal de Belle-Isle est venu exprès de Versailles pour le mariage, il a dîné ici et est retourné

(1) N° 71. Bâti de 1708 à 1714 par le Blond pour la marquise de Seissac, veuve de Clermont-Lodève, dont il a déjà été question.

14

le soir même à Versailles, grande marque d'amitié au milieu de toutes ses affaires. Voilà ce qui était ici : les deux mariés, M. et Mme de Chaulnes, Mme d'Egmont, douairière, M. et Mme d'Egmont, M. de Pignatelli, ambassadeur de Madrid à Copenhague, cousin germain de M. d'Egmont, M. l'Évêque de Chartres, M. l'Archevêque de Tours, M. le maréchal de Belle-Isle et M. de Gisors, son fils, Mme la comtesse de Guiche, comme amie, M. de Vierne, qui succéda cette année à M. de Bernage dans la place de prévôt des marchands ; M. de Bernage y était prié aussi : ses affaires ne lui ont pas permis de venir ; M. le président Hénault, comme ami, M. et Mme de Chevreuse, Mme de Luynes et moi, et le comte d'Albert, mon petit-fils. » Personne n'est oublié.

« Il y avait la grande table de vingt-quatre couverts, où étaient, entre autres, huit officiers des gardes de mon fils, qui étaient venus exprès de Paris pour lui donner une marque d'attention dans cette circonstance.

» Il y avait encore une troisième table pour le clergé. Il y avait outre cela, une grande table pour les femmes de chambre, trois tables pour l'office et une d'environ cinquante pour la livrée. On vit après le dîner, de dessus le balcon, une chasse de lièvre, on alla à l'île, on soupa et on joua, mais il n'y eut ni musique, ni feu d'artifice, ni même d'illumination, par la raison que j'ai dite. M. de Grimberghen a donné une fort belle toilette d'argent à la mariée avec une jolie tabatière ; M. et Mme de Chaulnes ont donné des diamants ; Mme de Luynes une fort belle cave de cristal de roche. Elle a eu encore d'autres présents dont il serait trop long de marquer le détail (1). »

De détails, il y en a peut-être trop ; mais il eût été bien cruel d'interrompre le noble historiographe dans cette longue énumération où il se complaît, sans nous faire grâce de rien. La fête eût encore été plus pompeuse sans le deuil récent dont nous parle le duc ; elle ne manqua pas de solennité, mais elle fut dépourvue de tout éclat.

Au mois d'avril de cette même année était mort le comte de Dunois, petit-fils de M. de Luynes, jeune hommes de dix-huit ans, promettant un brillant avenir ; il mourut, consumé par la fièvre, à Rure-monde, où il se trouvait en qualité de « colonel en second du colonel général des dragons avec brevet de commandant en l'absence de M. de Goujon. »

Tout paraissait assorti dans ce mariage, de côté et d'autre. Deux familles de même origine, deux grandes fortunes, la fille du duc Chevreuse, gouverneur de Paris, et le fils du duc de Chaulnes, honoré avec juste raison des bontés du roi : rien ne manquait en apparence. Malheureusement on n'avait pas consulté les goûts des deux jeunes époux. Pouvait-on préjuger des sympathies réciproques de deux enfants de treize et de dix-sept ans, qui devaient vivre étrangers l'un à l'autre pendant deux ans, à cause de leur jeune âge. Le mari « espèce de fou... le lendemain de son mariage disparût subitement pour aller en Égypte. Il y resta plusieurs années, et, à son retour, il ne voulut jamais revoir sa femme (2). » Si c'est là ce que l'on est convenu

(1) LUYNES, t. XVI, p. 448 à 450.
(2) Mém. de Mme de Genlis, T. I, p. 371.

d'appeler un mariage de raison, il faut avouer qu'il était bien peu raisonnable.

Si tous ceux qui ont connu le duc de Chaulnes le représentent comme une espèce de fou, sa femme fit, au contraire, preuve d'autant de tact que de bon sens. Lors de l'arrivée à Versailles de la Dauphine, de celle qui devait être l'infortunée reine de France, Madame de Noailles, sa dame d'honneur lui présente ses dames : la Marquise de Duras, la Comtesse de Mailly, la Comtesse de Tavannes et la Duchesse de Pecquigny. Combien sont différents les deux portraits que nous connaissons de celle-ci : si nous en croyons Madame de Genlis « la Duchesse de Chaulnes, fille du duc de Chevreuse », la meilleure amie de sa tante, « était jolie, mais manquait absolument d'esprit et de naturel, et elle avait mille prétentions ridicules. C'est la seule femme que j'aie connue, ajoute-t-elle, dont on ait pu dire comme de certains hommes qu'elle avait de la *fatuité*. Il y en avait dans son maintien, dans ses manières, dans son ton et dans tous ses discours. Au reste elle avait une très bonne conduite. »

D'après MM. de Goncourt : « Madame de Pecquigny était la digne belle-fille de Madame la Duchesse de Chaulnes. Elle avait de sa belle-mère l'abondance d'idées, le flux de saillies, les fusées, les éclairs et les feux de paille. Elle était tout esprit, comme elle, et son esprit était cet esprit à la diable, « le char du soleil abandonné par Phaëton. » Elle prenait, en se jouant, son parti de toutes choses et de son mariage et de son mari, ce fou d'histoire naturelle qui, disait-elle, avait voulu la disséquer pour l'anatomiser. Quelles distractractions pour la Dauphine dans cette compagnie, dans

cette causerie, qui ne respectait rien, pas même l'insolence de la fortune, pas même la couronne de la du
Barry ! Et le dangereux maître, cette Madame de Pecquigny, qui, derrière son éventail enhardit, émancipe
la jeune Dauphine (1) ! »

Lequel de ces deux portraits est le plus ressemblant ? Peut-être celui de Madame de Genlis ? Mais
a-t-elle connu « la meilleure amie de sa tante ? » D'un
autre côté, les historiens de Marie-Antoinette, si bien
renseignés sur les choses et les personnages du xviii°
siècle, n'ont pas avancé au hasard ce qu'ils ont écrit sur
Madame de Pecquigny, et puis cet esprit, cette malice
qu'ils accordent à la compagne de la jeune Dauphine,
ne sont-ils pas dans le ton de cette gracieuse, insou-
ciante et rieuse cour de Trianon ? Nous invoquons à
l'appui, comme témoignage contemporain, le quatrain
de *l'Almanach des muses* adressé en 1772 à notre
Duchesse :

> Près de la Dauphine, ainsi vous allez vivre,
> Sous le nom de Dame d'atour ?
> Elle est belle comme l'Amour,
> Et les grâces doivent la suivre (2) !

Non, la Duchesse de Pecquigny ne pouvait être cette
femme ridicule, sans esprit et sans naturel, dépeinte
par Madame de Genlis, dont les souvenirs sont certainement en défaut ; elle n'eût pas été digne de figurer
parmi cette jeune cour, à qui l'on a reproché son lais-
ser-aller, si différente de celle de Versailles, guindée,

(1) MM. DE GONCOURT, *Hist. de Marie-Antoinette*, p. 52 et suiv.
in-12.

(2) A Madame la duch. de C... par madame Barrette, 1772. P. 106.

s'efforçant de faire bonne figure auprès du monarque
vieillissant.

Ce n'était pas une femme sans esprit, cette Duchesse
qui brava les préjugés ou les craintes de son époque,
en se faisant inoculer une des premières en France,
en même temps que le duc d'Orléans faisait expérimenter sur ses propres enfants la découverte de Jen-
ner. « Depuis peu, nous apprend l'avocat Barbier, la
fille de M. le Duc de Chevreuse, gouverneur de Paris,
mariée au duc de Pecquigny, fils du duc de Chaulnes,
de la même maison, a été inoculée avec succès (1). »

Nous ne suivrons pas plus loin cette dernière duchesse de Chaulnes au XVIIIᵉ siècle. Eut-elle le triste
sort de son infortunée reine ou survécut-elle à son
étrange mari, qui mourut obscurément, en 1793, épargné par le couperet révolutionnaire ; son amour pour
la science n'eût pas fait oublier son ci-devantisme, et
comme cet autre chimiste qui fut arraché à ses recherches et auquel on ne tint pas compte de ses utiles
découvertes, il aurait gravi les marches fatales de
l'échafaud.

Pressentait-il sa fin prochaine ou craignait-il les
excès de la Révolution ? Quel qu'en ait été le motif, le
duc de Chaulnes mit aux enchères ses collections et
on vit, en 1790, tout Paris courir à sa vente.

Depuis quelques années il habitait « l'hôtel Bondy,
paroisse Saint-Laurent » (2), vis-à-vis la demeure du
chevalier du guet et derrière la salle vide de l'Opéra

(1) BARBIER T. VIII, p. 92 (août 1763).

(2) GONCOURT. *Société française sous le Directoire*, p. 62.

THIÉRY. *Guide des amateurs et des étrangers à Paris en 1787*, t. I,
p. 532. — Rue de Bondy, Nᵒ 45.

(aujourd'hui théâtre de la porte Saint-Martin). Nous l'y
trouvons déjà en 1783. C'est là qu'on venait admirer
ses nombreuses curiosités de science et d'art. Si nous
voulons être bien renseignés, nous devons consulter
Thiéry, a qui le duc de Chaulnes, de retour à Paris
depuis quelques mois, a permis de visiter et de décrire
pour les étrangers ses collections. Il nous énumèrera,
au second étage de l'hôtel, entre autres choses, quantité d'instruments de physique, d'astronomie et d'opti-
que, cette superbe machine électrique achetée par son
père et qui fit tant de bruit alors ; dans ces magnifiques bibliothèques vitrées nous remarquerons des
oiseaux rares des îles, des papillons de la Chine, des
armes modernes, anciennes et asiatiques, un vaisseau
chinois avec ses agrès ; des vases étrusques, grecs
et égyptiens ; des instruments antiques, de belles estampes, des tableaux de maîtres et entre autres celui
qu'il acheta, en 1783, à la vente de M. de Marigny, ce
frère de Mme de Pompadour, que la faveur de sa sœur
avait fait, de simple Poisson, marquis de Marigny et
surintendant des beaux-arts. Nous distinguerons parmi
ces curiosités diverses des ivoires et porcelaines de
la Chine et du Japon, un jeu d'échecs en ivoire de
l'Inde et deux grands palais chinois, de magnifiques
cristaux, des étoffes de l'Inde, des vases de Sèvres,
des statues en marbre et parmi elles la Vénus, que
nous appellerons Callipyge, pour atténuer les termes
par trop précis que nous donne notre cicerone. Enfin,
dans cette énumération assez désordonnée que nous
fait Thiéry, il désigne une superbe cheminée artistique, d'un marbre blanc richement sculpté (1).

(1) Thiéry, t. II, p. 681, 684, MDCCLXXXVII.— Archives de l'Hôpital Saint-Éloi, B. 84.

Nous ne sommes pas surpris de retrouver un *curieux* dans le descendant des ducs de Chaulnes et des Bonnier de la Mosson. Pourquoi abandonna-t-il l'hôtel de la rue d'Enfer pour celui de la rue de Bondy? Se trouvait-il trop loin du centre de Paris dans ce quartier, alors retiré, du Luxembourg?

Ces richesses furent dispersées aux quatre vents, ces hôtels vendus, et du duc de Chaulnes, mort sans postérité, il ne resta plus rien ou presque rien, si toutefois on doit considérer pour quelque chose le souvenir de ses folies qui fit oublier ses réels mérites de savant.

Mme de Giac avait précédé son fils dans la tombe. En 1767, nous la voyons habiter « rue Saint-Jacques, cour du Val-des-Grâces, paroisse Saint-Jacques, le haut parc (1). » Repentante, s'était-elle retirée au Val de Grâce pour vivre dans la retraite? Si nous jugeons les usages du siècle dernier avec nos habitudes d'aujourd'hui, nous sommes surpris de voir des femmes du monde se retirer parmi les saintes âmes vouées au service de Dieu, si ce n'est dans un esprit de renoncement. Il n'en était pas ainsi dans ce XVIIIe siècle où tout semblait étrange. Il arrivait fréquemment que des femmes très mondaines se retirassent dans des couvents sans renoncer au monde. Elles y tenaient salon, et on discutait, dans ces pieuses demeures, philosophie ou tous autres sujets étrangers, quand ils n'étaient pas contraires à la religion. Mme du Deffant, Melle de Lespinasse tenaient leurs assises, comme l'on sait, au couvent de Saint-Joseph.

(1) Archives de l'Hôpital Saint-Éloi. — *Id.*

Ainsi faisait Mme de Giac, dont l'esprit n'avait pas vieilli avec le temps; chez elle « un seul principe déterminait tout ; son esprit seul constituait son âme, son cœur, son caractère et ses sens... Si son imagination lui peignait les charmes de l'amour, elle s'en pénétrait : son esprit lui créait un cœur et des sens, et savait à l'instant orner un objet des plus brillantes qualités. Le même esprit actif, inquiet, curieux de connaître, d'approfondir, détruisait son propre ouvrage ; l'enchantement disparaissait, elle devenait inconstante... Elle était à soixante ans susceptible de toutes les erreurs de la jeunesse. Son imagination lui aurait donné des sens et un cœur factices comme à vingt ans... Sa vie a été une longue jeunesse que n'a jamais éclairée l'expérience (1). » Ce qui fit dire à un de ses contemporains qu'elle « a trop d'esprit et d'habileté pour être méprisée autant que beaucoup de femmes moins méprisables (2). » Rien n'avait pu la changer ; ni la réflexion, ni l'expérience n'eurent de prise sur son étrange existence. Comme son fils, « elle finit dans l'obscurité, abandonnée du monde et malheureuse par le sentiment qui lui a fait sacrifier son état, » s'il faut en croire Sénac de Meilhan, qui la connaissait fort bien depuis qu'il l'avait rencontrée chez Mme de Créqui.

Son agonie et sa mort, de même que sa vie, servirent de thème aux bruits du jour. Sur le point de rendre le dernier soupir, on voulut qu'elle mît son âme, si in-

(1) Sénac de Meilhan. *La duchesse de Chaulnes, depuis Mme de Giac.*

(2) Chamfort.

constante, on règle avec son Dieu. « Les sacrements
sont là, lui dit-on. — Un petit moment. — M. de Giac
voudrait vous revoir. — Est-il là? — Oui. — Qu'il
attende : il entrera avec les sacrements (1). » Les mémoires du temps s'occupèrent d'elle une dernière fois,
alors qu'elle n'était plus. « On conserve, disent-ils, le
billet d'enterrement de la part de son mari, pour son
ridicule singulier, pour l'omission absolue de la première qualité de son premier. Il porte : ·

    « Vous êtes prié d'assister au convoi... de dame Anne-
» Josèphe Bonnier de la Mosson, épouse de M. de Giac,
» chevalier, conseiller du Roi en ses conseils, maître des re-
» quêtes ordinaires de son hôtel, surintendant honoraire
» de la maison de la Reine, décédée au Val-de-Grâce, le
» 4 décembre 1882. »

On aurait pu tracer sur sa tombe l'épitaphe que la
comtesse de Verrue composa pour la sienne :

> Ci gît, dans une paix profonde,
> Cette « dame de volupté, »
> Qui, pour plus de sûreté,
> Fit son paradis de ce monde.

L'oubli se fit autour de sa mémoire. Cette femme
n'emporta avec elle ni les regrets d'un fils ingrat, ni
ceux d'un époux ridicule. Mme de Créqui croit que le
mari de « la femme à Giac aura fini raisonnablement. »
Ici nous trouvons encore les *Souvenirs* de la marquise
en défaut. Giac ne légua pas, ainsi qu'elle le prétend,
toute sa fortune à l'Hôtel-Dieu de Bordeaux, car il laissa
un fils qu'il ne pouvait déshériter. N'ayant pas trouvé

---

(1) CHAMFORT, II, 203. — C'est à tort qu'il fait intervenir son
premier mari, mort depuis longtemps.

le bonheur avec la « fantasque » Mme de Chaulnes, il voulut voir si une seconde union ne le lui procurerait pas. Au lieu d'épouser une duchesse, il se maria avec Mlle de Rochard, qui lui donna au moins un héritier (1).

Nous ne pouvons nous séparer de la duchesse de Chaulnes, de la *femme à Giac*, sans retracer le second portrait que nous en a laissé son ami Sénac de Meilhan, qui la rencontrait souvent dans les salons de la capitale, lorsqu'il fuyait son intendance de Hainault pour venir se déprovincialiser à Paris (2). Nous ne saurions nous inscrire en faux contre sa parfaite ressemblance, tant il se rapproche de celui que nous a laissé une autre personne, qui n'était plus son amie, mais qui la connaissait fort bien, Mme du Deffant. « L'esprit de Lasténie — c'est sous ce nom que la dépeint Sénac — est si singulier qu'il est impossible de le définir. Il ne peut être comparé qu'à l'espace : il en a pour ainsi dire toutes les dimensions, la profondeur, l'étendue et le néant. Il prend toutes sortes de formes et n'en conserve aucune. C'est une abondance d'idées toutes indépendantes l'une de l'autre, qui se détruisent et se régénèrent perpétuellement. Il ne lui manque aucun attribut de l'esprit, et on ne peut dire cependant qu'elle en possède aucun.... Dénuée de sentiment et de passion, son esprit n'est qu'une flamme sans chaleur, mais qui ne laisse pas que de répandre une grande lumière. Tous les objets la frappent : aucuns ne l'attachent ni ne la fixent. Les impressions qu'elle en reçoit sont passagères. L'extrême activité de son

(1) E. Assé. Lettres de l'abbé Galliani.
(2) Sénac de Meilhan, édit. Lescure, 1862, p. 19, 20.

imagination fait qu'elle s'abandonne sans réserve et sans examen à tous ses premiers mouvements. Elle s'engagera dans une galanterie et s'en dégagera avec tant de précipitation qu'elle pourra bien oublier jusqu'au nom et jusqu'à la figure de son amant. Si elle entre dans quelques projets, dans quelques intrigues, où il soit nécessaire d'agir, l'ardeur, l'intelligence, l'habileté, rien ne lui manquera, et elle pourra contribuer au succès. Mais si les circonstances exigent de la patience, de l'inaction et de la prudence, elle abandonnera bientôt l'entreprise. — Jamais elle ne sera occupée ni intéressée que par les choses qui demandent une sorte d'effort. Les sciences les plus abstraites sont les seules pour lesquelles elle ait de l'attrait, non parce qu'elles éclairent son esprit, mais parce qu'elles l'exercent. Ce n'est point à sa jeunesse qu'on doit attribuer ses défauts ; ils ne sont pas l'effet de ses passions ; son âme est insensible ; ses sens sont rarement affectés. Rien, à ce qu'il semble, ne devrait s'opposer en elle à la réflexion, mais c'est une opération de l'esprit trop lente ; il y entre du souvenir et de la prévoyance, et elle ne voit jamais que l'instant présent. On en conclura qu'il n'y a rien à dire de son caractère : il en est et sera toujours suivant que son imagination en ordonnera (1).... »

Voilà bien la femme que nous connaissons. Ce n'est plus cette jeune duchesse de Pecquigny, mais bien cette douairière devenue Mme de Giac que nous dépeint l'intendant du Hainault. Chez elle, l'âge mûr a remplacé la jeunesse, et cependant ce sont toujours les mêmes erreurs.

(1) Sénac de Meilhan. — Lasténie.

Contrairement à Mme de Clermont, chez qui Voltaire
trouve « peu d'agréments, mais beaucoup de vertus, »
la duchesse de Chaulnes eut beaucoup d'agréments,
mais trop peu de vertu. Elle commit l'abus le plus
insensé des éminentes qualités dont une fée bienfai-
sante entoura son berceau. Si, au lieu de s'adonner
à ses tristes penchants, elle se fût tournée vers le
bien, son nom eût brillé un des premiers dans cette
sphère élevée de l'intelligence, parmi ces femmes du
xviiie siècle dont la mémoire nous a été conservée.
Toutefois devons-nous nous montrer très sévères, en
considérant le monde au milieu duquel elle vécut et
le siècle de légèreté qui fut le sien? Si nous interro-
gions la vie de certaines grandes dames de son temps,
une duchesse de Boufflers, depuis duchesse de Luxembourg ; une duchesse de La Vallière, Mesdames de Ten-
cin, de Rochefort, la marquise du Deffant elle-même, qui
oublie dans ses confidences littéraires de nous parler
de cette semaine passée dans l'intimité du Régent,
combien de voiles ne soulèverions-nous pas qui cachent
certaines peccadilles, plus ou moins grosses, que l'on
ne songe ni à dissimuler ni à se faire pardonner, tant
les mœurs sont accommodantes. Bien peu nombreuses
eussent été celles qui auraient pu jeter à Mme de Giac
la première pierre.

Néanmoins si ce siècle fut témoin de grandes fai-
blesses, il devait voir de grands courages ; s'il a beaucoup aimé, il a grandement expié, c'est pourquoi on
doit lui beaucoup pardonner. Épicurien par sa vie, ce
beau monde se montra stoïque en face de la mort.
Combien de ces jolis pieds qui naguère, à Versailles,
foulaient le grand escalier de marbre rose, gravirent

avec autant d'assurance les sinistres degrés de la place
de la Révolution, dont le nom n'étouffait pas l'écho
récent encore de mille folies. Aussi devons-nous tenir
compte à la duchesse de Chaulnes du milieu dans lequel elle vécut, et de cette fatalité qui semble lui être
attachée. Peut-on en effet regarder comme responsable
celle qui, de l'aveu de son ami, « n'a rien de commun
avec les autres êtres que la forme extérieure (1). »

(1) SÉNAC DE MEILHAN.

LE PRÉSIDENT D'ALCO

Notre travail ne présenterait-il pas une lacune si
nous ne parlions, ne serait-ce qu'en quelques mots,
de celui des Bonnier dont le nom est le plus connu ?
Tout le monde se rappelle la triste fin des plénipoten-
tiaires de Rastadt. Envoyé par le département de
l'Hérault à la Convention, puis au Conseil des Anciens,
Bonnier d'Alco (1) fut nommé en 1797, avec Bonaparte
et Treilhard, plénipotentiaire de la République française. Bonaparte s'étant embarqué pour l'Égypte et
Treilhard ayant été nommé membre du Directoire,
Roberjot et Jean Debry leur succédèrent et allèrent,
avec Bonnier, représenter la France aux conférences
de Rastadt. On sait comment furent interrompues les
négociations, le départ précipité des envoyés français
et le guet-apens dont ils furent victimes. Jean Debry,
par le plus grand hasard, parvint seul à échapper aux
soldats de l'Empereur. De grands honneurs furent
rendus à Bonnier d'Alco, ses deux filles adoptées par
la République, son éloge prononcé aux deux Conseils
des Anciens et des Cinq Cents, sa place laissée vide et

---

(1) Et non *d'Arco* comme écrivent certains biographes et historiens.

voilée d'un crêpe noir sur lequel se lisaient ces mots :
« Bonnier assassiné par les ordres de l'Autriche. »

Cette fin tragique valut à Bonnier les honneurs de
l'histoire. Sa vie l'en aurait peut-être rendu digne,
d'après l'avis de ses contemporains, qui reconnurent
en lui un homme d'une grande valeur. Une place lui
était-elle réservée dans la nouvelle France ? La diplo-
matie ne lui ouvrait-elle pas une carrière où il eût
occupé un rang aussi remarquable que ses deux collègues de l'Hérault: Cambon, créateur du Grand-Livre,
dans les finances, et dans la Législation, Cambacérès,
lui aussi venu de la Cour des comptes, aides et finances
de Montpellier, le principal auteur de nos Codes et
le second personnage de l'Empire français?

Loin de nous la pensée de suivre Bonnier à travers
les phases agitées de sa vie politique. Nous ne voulo s
pas abandonner le xviiie siècle, avec ses qualités et
ses défauts ; nous engager à travers cette époque
troublée qui s'appellera la Révolution, serait s'égarer
bien loin, sinon par le temps, du moins par les idées ;
car cette terrible période est bien du xviiie siècle par
sa date, mais combien elle en diffère par les mœurs :
là tout était riant et gracieux, ici tout est sévère et
terrible. Nous ne voulons pas regarder en Bonnier
d'Alco le conventionnel farouche qui vota, — non *sans
phrase*, car il motiva son opinion, — la mort de Louis
XVI, mais le jeune président à la Cour des comptes,
aides et finances de Montpellier, tant soit peu frondeur,
que nous ne serons pas surpris de voir, à l'occasion,
signer des remontrances à son Roi, sans pressentir en
lui un des auteurs de la sanglante tragédie du 21 janvier.

Ange-Élisabeth-Louis-Antoine Bonnier était le dernier rejeton mâle de la branche des Antoine Bonnier, de ce fils aîné (1) du marchand de laines et de Renée d'Audessan, qui, le premier de la famille, avait été président en la Cour et seigneur d'Alco. Le second président d'Alco fut le père du Conventionnel ; il avait épousé en 1738 Élisabeth Plantier, fille d'un conseiller à la Cour des aides. S'il faut en croire certains bruits fâcheux qui se répandirent au sujet de sa femme, Antoine-Samuel éprouva des désagréments conjugaux, et Mme la Présidente, imitant en cela les grandes dames de Paris, suivit un peu trop la mode du temps. Supposons toutefois que. la calomnie se mêla de l'affaire. Toujours est-il que son mari passait pour un des meilleurs magistrats de sa compagnie et pour un homme d'esprit ; peut-être eut-il celui de fermer les yeux sur les inconstances de sa femme. Il occupait les loisirs de sa charge à versifier. Satirique et mordant, il chansonnait les autres, c'est pourquoi il fut lui aussi chansonné (2).

Il ne s'attaqua pas toujours à ses pareils, il s'adressa un jour aux États, en prose, croyons-nous ; mal lui en prit, il trouva plus fort que lui. Le 3 septembre 1729 il fit signifier au syndic général de Languedoc un acte des plus injurieux contre ce dernier et contre les États. Le roi ne voulut pas tolérer tant d'audace. Il donna ordre à Bernage, intendant de la province, de se

(1) Il s'était marié avec Charlotte, fille du conseiller Comte ou de Comte, seigneur de la Colombière.

(2) Il existe certain couplet contre lui, ou plutôt contre sa femme, dans lequel on fait intervenir le conseiller Plantier, père de celle-ci.

15

faire présenter l'écrit délictueux et de le lacérer en présence de celui qui en était l'auteur et de l'huissier qui l'avait porté, avec défense à l'un de ne plus s'en permettre de semblable à l'avenir, et à l'autre de ne jamais y prêter son ministère ; ce dernier fut même suspendu pendant six mois, tant il a toujours été vrai que les petits paient les sottises des grands. Quel était le grave outrage imputé à M. d'Alco ? Nous n'avons pu le savoir. Le Président présenta ses humbles excuses à M. l'Intendant, l'assura de tout son respect pour le corps si honorable des États de la province, ajouta qu'il n'avait jamais eu l'intention de le blesser et qu'il se soumettait entièrement aux volontés du Roi.

Antoine-Samuel Bonnier occupait autrement les loisirs que lui octroyait dame Justice. Il publia en 1746 un *Discours sur la manière de lever les tailles en Languedoc*, qui fut très apprécié lors de son apparition. Il nous est seul parvenu ; peut-être n'est-il pas l'unique écrit de ce genre sorti de la plume de ce président d'Alco, qui ne se contentait pas, comme on le voit, de sacrifier aux Muses. Ce magistrat distingué laissa en mourant de sincères regrets, et sa disparition fit un grand vide au Palais. A cette occasion, la Cour regarda comme un devoir d'aller exprimer à sa veuve les sentiments que lui causait cette séparation douloureuse. Le président Serres se présenta à la tête d'une députation de la Compagnie chez Mme d'Alco, et exprima ses regrets en excellents termes :

« Madame, lui dit-il, la perte que nous venons de faire d'un magistrat recommandable par ses vertus et

par ses talents, n'est pas une perte qu'on puisse
aisément réparer, et ce qui est bien rare, c'est qu'il
n'était pas ébloui de cet amour-propre qu'ont tous les
hommes d'un génie supérieur. Il se mettait toujours
au-dessous de nous. Ses lumières devaient céder aux
nôtres, tandis que nous ne pouvions lui refuser cette
supériorité de génie qui caractérise les grands hommes ; aussi avions-nous mis en lui toute notre con-
·fiance.

» Vous retracer ici toutes ses vertus, ce ne serait
qu'aggraver la douleur que vous devez ressentir,
ainsi que M. votre Fils. Bornons-nous donc, Madame,
à vous assurer que les services importants que M. votre
Époux a rendus à la Compagnie ne s'effaceront pas de
notre mémoire, et que notre reconnaissance sera à
jamais gravée dans nos cœurs (1). »

Tout en tenant compte de l'époque où ce discours
fut prononcé et en retranchant ce que comporte l'em-
phase du temps, nous voyons cependant combien
était estimé et regretté le président d'Alco.

Aussi grâce aux talents du père et aux bons souvenirs qu'il avait laissés à la Cour des aides, son fils fut
admis à lui succéder malgré ses vingt ans. Ange-
Samuel Bonnier gravit un des plus hauts siéges d'une
Cour souveraine à un âge où l'on est d'ordinaire sur
les bancs de l'école de droit. Dès lors on ne peut préjuger de ce qu'il deviendra un jour ; il serait téméraire de voir déjà en lui un émule des Molé, des
d'Aguesseau, des Malesherbes. Du reste la magistrature de cette époque ne ressemblait plus à celle des

(1) Manuscrit de l'époque.

temps passés, toute à ses graves devoirs et imprégnée
de cette morgue et de cette raideur qui faisaient d'elle
une caste à part. L'esprit et les mœurs de l'époque
avaient bien gagné la magistrature du xviiie siècle,
sans cependant porter atteinte à son intégrité. Les
loisirs étaient fréquents au Palais, et à Montpellier comme ailleurs, le nombre des magistrats augmentant alors que les causes diminuaient, conséquence
inévitable des crues décrétées à chaque instant par
le pouvoir royal. Quand le trésor avait besoin de ressources nouvelles, le roi ne trouvait rien de mieux que
de créer de nouveaux offices, sûr toujours de trouver
des acheteurs. Cette manière de battre monnaie était
simple et facile ; le trésor y trouva son compte, mais
la justice n'eut-elle pas à en souffrir ? Aussi ne soyons
pas surpris de la quantité d'*officiers* que comprenait
la Cour des comptes, aides et finances de Montpellier,
sans comprendre les autres juridictions de la Cité. A
sa tête se trouvait un premier président, puis venaient
onze présidents, soixante-quatre conseillers maîtres,
dix-huit conseillers correcteurs, vingt-six conseillers
auditeurs, trois gens du roi, trois substituts du procu-
reur-général, un greffier en chef, sans compter une
suite de greffiers en sous-ordre (1). Thémis ne manquait
pas de serviteurs, et bien que chaque magistrat ne sié-
geât qu'un semestre par année, même ces six mois
d'audience lui permettaient de vaquer à d'autres
occupations. Il devait monter sur son siège, en été, le
matin à 8 heures, et à 9 heures, en hiver ; à midi il
pouvait disposer de son temps comme il l'entendait,

(1) M. Germain, *Mém. de l'Académie de Montpellier*. Sect. des lettres.

rares étaient les audiences de *relevée !* (1) Ceux de Messieurs de la Cour dont les goûts étaient sollicités par les lettres ou par les sciences avaient tout le loisir de se livrer à leurs études de prédilection, sans pour cela négliger les devoirs de leur charge. Mais parmi les magistrats se trouvaient des jeunes, qui laissaient au palais leur gravité, et, moins portés à l'étude, s'adonnaient aux délassements inhérents, si non à leurs fonctions, du moins à leur âge, et consacraient aux plaisirs les heures que leurs graves collègues donnaient au travail.

Par son âge et par ses goûts le président d'Alco peut être mis au rang des jeunes magistrats. Parmi eux, il s'en trouva certains qui se laissèrent un peu aller dans leur tenue et s'attirèrent, par suite, de sévères reproches ; il est probable qu'il fut de ceux qui s'écartèrent des usages consacrés au Palais. En province, comme du reste à Paris, les membres de la magistrature devaient porter un costume en rapport avec la gravité de leurs fonctions ; même en dehors de la salle d'audience, alors qu'ils avaient quitté la robe rouge ou noire, ils ne devaient paraître en public que vêtus d'habits noirs, de soie ou de velours, de drap ou d'étamine, avec des bas noirs également. Porter un vêtement de couleur constituait un *scandale* (2),

---

(1) Audience de *relevée* signifie au Palais audience tenue après midi.

(2) BARBIER T. III, p. 344. — Ce n'était pas la première fois que la décence des habits de MM. les Officiers de la Cour attirait l'attention de l'autorité supérieure. En 1711 le premier président François-Xavier Bon s'en plaignait au chancelier Voisin. Il réclamait l'exécution de l'édit de 1684, qui était tombé en désuétude. Cet

tout au plus s'il était permis de se vêtir de la sorte à la campagne et en voyage, encore pendant les vacances. Des membres de la Cour des aides avaient été assez osés pour se permettre des bas blancs ; ils furent vertement réprimandés ! les remontrances eurent leur plein et entier effet et mirent un terme à cette grave émancipation. Il est à craindre que le jeune président d'Alco n'ait été, lui aussi, un des magistrats à bas blancs.

On est également tenté de croire, bien que nous n'ayons pas de preuve suffisante, qu'il fut un de ceux qui donnèrent lieu à une accusation d'un nouveau genre. Sept magistrats furent soupçonnés d'être *francs maçons*, et ils n'avaient pas tous la jeunesse pour excuser cette nouveauté, qui séduisit quatre anciens conseillers. Le président d'Alco ne se trouva-t-il pas parmi les trois jeunes ? Son caractère et ses allures nous le font supposer.

N'oublions pas que ce siècle était celui où Voltaire régnait en maître, entouré d'admirateurs : l'esprit d'indépendance se faisait jour de toutes parts ; un vent de fronde soufflait partout et peut être au Palais plus qu'ailleurs. Lorsque les États siégeaient à Montpellier, un ancien usage voulait qu'une députation de la Cour des comptes, aides et finances, conduite par un président, allât souhaiter la bienvenue à l'Archevêque de Narbonne. M. d'Alco, malgré son âge (il n'avait que

---

édit proscrivait aux officiers de cours souveraines de porter au Palais leur robe fermée, au dehors des habits noirs avec manteaux et collets, et leur défendait de se montrer dans les lieux où leur dignité aurait à souffrir.

(V. *Premiers Présidents*, par M. L. de La Roque, p. 37 et suiv.)

vingt-deux ans), fut chargé par sa Compagnie de haranguer le Cardinal Dillon, primat de la Gaule Narbonnaise et président-né des États. Dans son discours, le jeune magistrat se permit d'énoncer avec assurance des vérités que les grands du jour n'étaient pas encore habitués à entendre. L'Archevêque de Narbonne apprécia fort le talent de l'orateur, mais goûta peu ses théories ; aussi dès ce jour la Cour se vit dispensée de prononcer sa harangue et cette vieille habitude ne fut plus rétablie.

La Compagnie n'aurait certainement pas choisi M. d'Alco pour la représenter si elle eût prévu la suite qu'entraîna son discours. Mais elle se rappelait les heureux débuts du jeune président, qui fut chargé, le 2 novembre 1773, de faire le compliment de bien-venue à M. le comte de Périgord, représentant du roi, et à la comtesse, tâche dont il s'acquitta à la satisfaction de la ville et de la cour.

Il était nécessaire de bien connaître celui qui le 20 juillet 1773 écrivait à M. de Castries (1), lieutenant des armées du roi, gouverneur de la ville et citadelle de Montpellier :

« Monsieur le Marquis, — Vos liaisons avec Mad' la duchesse de Chaulnes, dont j'ay l'honneur de porter le nom, me donnent occasion de vous faire part du jugement qui a été rendu par ma compagnie dans une affaire suscitée contre moi par M. le premier président. L'intérêt que vous voulès bien prendre à M. de

_____

(1) Le marquis de Castries était un personnage haut placé, gouverneur de Flandre et du Hainault; il s'était couvert de gloire à Clostercamp. Il devait être plus tard Maréchal de France.

S¹-Come, mon oncle (1), enfin celui que vous avès pris
à sa prière pour contribuer à me faire obtenir l'agrément de la charge que j'ay l'honneur d'occuper, sont
de nouveaux motifs qui me font un devoir de cet envoy
et des nouvelles de la liberté que je prends.

» J'ose vous prier, Monsieur le marquis, de vouloir
bien engager Mad° la duchesse de Chaulnes à agir
vivement auprès de M. le Chancelier et de M. le comte
de Périgord (2) pour le maintien du jugement de la
Compagnie.

» M. le premier président, après m'avoir si faussement accusé s'est réservé d'attenter à ma justification.
Il se flate encore de réussir à détruire le titre respectable de mon inocence.

« Je ne doute pas que Mad° la duchesse de Chaulnes, à laquelle j'ay eu l'honneur d'écrire à ce sujet, ne
soit flatée que vous vouliés bien luy en parler avec
quelque intérest. Quelles espérances ne serais-je pas
en droit de former pour le succès de tous mes vœux,
si vous daignès porter les sentimens dont vous hono-
rès ma famille jusqu'à vous intéresser en cette occasion, et m'accorder vos bons offices auprès de M. le
Chancelier et de M. le Comte de Périgord.

» J'ay l'honneur d'être avec respect, Monsieur le
marquis, votre très humble et très obéissant serviteur
— Le prés. d'Alco.

» Montpellier, le 26 juillet 1773 (3). »

(1) Jacques-Antoine Bonnier de S¹-Côme, Commissaire provincial et ordonnateur des guerres aux généralités de Normandie.
(Voir la généalogie des Bonnier dans l'Appendice.)

(2) Le Comte de Périgord était commandant en chef de la province.

(3) *Archives nat., fonds français,* 7512, fol. 138. La signature est

Avant de savoir quelle était l'affaire dont parle le
président d'Alco dans sa lettre à ce puissant protecteur, il n'est pas indifférent de connaître son adversaire. C'était messire Maurice de Claris, le premier
président de la Cour des comptes, aides et finances
de Montpellier; Bonnier avait donc affaire à son supérieur, c'est-à-dire à forte partie. Mais heureusement pour M. d'Alco les sympathies de la Ville et de
la Cour lui étaient assurées. Fils d'un simple conseiller, Maurice de Claris avait obtenu, à force d'intrigues,
le premier siège de la Cour, à l'encontre du procureur
général d'Aigrefeuille (1), fils du premier président
décédé et réunissant à ce titre toutes les qualités
nécessaires pour succéder à son père. D'une naissance
très ordinaire, M. de Claris avait la prétention de se
rattacher à la noble famille de Florian. «Son caractère
arrogant et entier, son esprit hautain et prétentieux»,
lui attiraient, si non la mésestime, du moins la froi-
deur de son entourage. Une épigramme d'un auteur
inconnu circula contre lui, éclaboussant même les
siens (2).

seule autographe. Nous devons la connaissance de cette lettre à
M. Germain, doyen honoraire à la Faculté des lettres de Montpellier, membre de l'Institut, qui l'a copiée lui-même, à Paris.

(1) A la mort de son père, d'Aigrefeuille n'avait pas l'âge pour
lui succéder. Il demanda une dispense qu'il ne put obtenir, bien
qu'il fût appuyé par la Cour des aides.

(2)   CLARIS
           Que sur son tribunal Thémys
           Non sans une juste colère,
           Ait placé contre son avis,
           Deux idiots, avec leur père ;

A tort ou à raison, le premier président avait conçu contre M. d'Alco une grave animosité, dont le motif est, du moins aujourd'hui, complétement inconnu. Le président sexagénaire (il était né en 1711) voyait sans doute d'un mauvais œil un jeune magistrat de vingt ans se livrer aux goûts et aux plaisirs de son âge avec une désinvolture contraire à la gravité de ses fonctions. Sa haine remontait-elle plus haut et, passant sur sa tête, ne se reportait-elle pas sur ce président distingué auquel il succédait ? Nous savons que M. d'Alco le père, comme beaucoup d'esprits de son temps, était poète à ses heures ; ses poésies d'une verve mordante n'auraient-elles pas froissé l'épiderme de M. le premier Président, qui, lui aussi, était un nourrisson des Muses et avait rimé gravement des odes emphatiques, entre autres et la moins oubliée, une sur la Religion (1). Bien que sa science juridique ait été contestée, espérons, pour lui et pour ses justiciables, que ses arrêts valaient mieux que ses essais poétiques.

Le jeune président lui-même était bien capable

> Qu'à cette déesse des loix
> Tous trois d'une commune voix
> Consacrent leur vaste ignorance ;
> Qu'on doute avec lequel des trois
> Soutiendra le plus mal la balance.

Couplets faits en l'année 1733 par *un controlleur ambulant* contre les MM. de la Cour des comptes, aides et finances de Montpellier.

Ces couplets se trouvent dans plusieurs manuscrits du temps.

(1) En 1747. On connaît de lui des discours sur l'*Humanité* et sur la *Patience*, prononcés en audience solennelle, les 13 novembre 1772 et 1778. Il inséra des articles dans des journaux de sciences et belles-lettres. — V. Appendice E.

d'avoir manqué de déférence vis-à-vis de son chef et s'être permis de décocher des traits contre ses élucubrations. Celui-ci piqué au vif dans son amour-propre de poète dut ne pas digérer l'offense et se promettre une éclatante vengeance. Nous savons, sans pouvoir en douter, — car c'est l'un d'eux qui nous l'apprend, — que les poètes sont gens très susceptibles : *genus irritabile vatum*, et qu'ils conservent le ressentiment profondément gravé au fond du cœur. Peut-on aussi se permettre de supposer que M. de Claris aurait été vivement contrarié de la harangue de M. d'Alco au président des États de Languedoc, et qu'il aurait vu avec peine supprimer une ancienne coutume à cause des paroles imprudentes du jeune magistrat?

Quoi qu'il en soit, le premier président se promit de saisir la prochaine occasion qui se présenterait pour se venger de M. d'Alco. Il l'attaqua et le poursuivit sans merci, prétextant, ainsi qu'il finit par l'avouer, un motif que la discipline ne pouvait pas, il est vrai, approuver, mais sur lequel tout autre aurait fermé les yeux. L'affaire eut un grand retentissement, le bruit qui en résulta eut son écho en dehors du Palais, et la Ville prit parti pour ou contre chacun des deux présidents. Le premier président donna la plus grande publicité à ses griefs : ce ne fut pas seulement le prétoire et la cité qui retentirent de ses accusations ; mais par sa correspondance il les répandit dans la province, et les fit parvenir à Paris, même au pied du trône. Toutefois le peu de sympathie, qui s'attachait à M. de Claris, n'augmenta pas en cette circonstance, tandis que M. d'Alco se vit, au contraire, entouré de

gens désireux de voir triompher sa cause. Nous avons
lieu de nous en étonner en songeant à la haute situation qu'avait un premier président de Cour souveraine,
dans une ville où il était un des personnages les plus
importants : il fallait que son impopularité fût bien
grande.

Le but que se proposait M. de Claris était de retran-
cher de la grande famille judiciaire le président d'Alco.
Pareille mesure faisait supposer coupable d'un bien
grand forfait celui qu'elle visait. M. d'Alco était accusé d'avoir quitté Montpellier et d'être sorti de la
province sans avoir demandé un congé au chef de la
Cour. « C'était un homme dévoué à l'exécration publique » pour avoir compromis sa dignité en voyageant
dans la « brouette du Courrier ».

Comprend-on de tels griefs? N'est-ce pas avec juste
raison que l'on cherche d'autres causes à cette querelle
judiciaire? Pour arriver à ses fins, le premier président avait besoin de l'assentiment de la Cour. Il s'efforça de la convaincre. Le 27 mars 1773, en présence
des Chambres et Semestres qu'il réunit à cet effet, il
dénonça la conduite du président Bonnier d'Alco. La
Cour écouta les plaintes de son premier président et
décida aussitôt que M. d'Alco « demeurera interdit de
ses fonctions ». Toutefois elle ne tarda pas à reconnaître qu'elle s'était prononcée avec trop de précipitation et revint sur sa détermination (3 avril).

Elle jugea qu'une absence sans congé ne pouvait à
elle seule entraîner la suspension du coupable et re-
connut que la sentence du 27 mars était en opposition
avec la délibération du 3 juillet 1685 ; par conséquent,
cette décision devait être « regardée comme non

avenue. » Dans tous les cas, on ne pouvait condamner
un accusé sans l'entendre.

Le président d'Alco n'était pas encore de retour à
Montpellier. La Cour le manda à sa barre pour le
1er juillet. Dès qu'il eut connaissance de tout le bruit
qui se faisait à son sujet, il eut hâte de revenir et se
présenta devant ses juges avant le délai qui lui avait
été assigné. Il plaida lui-même sa cause. Il déploya
tour-à-tour souplesse, fierté, ironie et colère ; il demanda la récusation de son accusateur, qui ne devait
pas paraître à la tête de ses juges, mais devant le
tribunal, appelé à se prononcer après avoir entendu
les deux parties en cause. La demande de M. d'Alco
était de toute équité ; la Cour pria son premier président de se retirer afin qu'elle pût délibérer hors de sa
présence. Celui-ci se soumit ; mais comme on le faisait
attendre trop longtemps, à son gré, il déclara avec
hauteur « qu'il n'était pas fait pour cela, ni pour être
mis au niveau de M. le Président d'Alco. » Un accommodement fut proposé aux deux adversaires, qui le
rejetèrent. Le premier président ne daigna pas se
rendre à la réquisition de la Cour et fit déposer un
dire entre les mains du doyen.

M. d'Alco se présenta seul à l'audience, poursuivant
sa justification et dévoilant tous les moyens dont
usait son adversaire pour assouvir une vengeance
personnelle. Bien que n'ayant pas daigné comparaître,
le premier président devait être entendu ; le doyen fit
retirer le jeune président et donna lecture du *dire* de
M. de Claris. Comprenant enfin que la Cour, pas plus
que le public, du reste, ne serait dupe de l'allégation
qu'il avait avancée contre son adversaire, il avouait que

l'accusation d'être sorti de la province sur la brouette du Courrier portée contre le président d'Alco, était un simple prétexte qui cachait la véritable cause de sa culpabilité ; que plus que personne il désirait la justification du coupable et qu'il lui rendrait justice s'il en était digne.

Ces graves insinuations ne suffisaient pas à la Cour ; elle demandait des preuves, des faits constitutifs de cette culpabilité. Elle reconnaissait que prendre la brouette du Courrier, voyager en pareil équipage, pouvait être contraire au faste et à la mollesse, mais qu'elle ne voyait en ce fait rien de répréhensible, surtout si l'on y était poussé par goût ou par économie. Donc la faute ne résidait pas dans cette imputation. Quant à la *disparition*, de l'avis unanime de la Compagnie, elle était loin d'être *scandaleuse,* ainsi que l'énonçait le premier président.

Après longue et mûre délibération, la Cour ne put se décider à partager la manière de voir de son chef. Elle ordonna que la dénonce du premier président serait « supprimée et bâtonnée, séance tenante, par M. le Doyen, comme étant hasardée, peu réfléchie et sans preuves ».

Cette décision semblerait avoir été suffisante au triomphe du président d'Alco. La Cour ne le jugea pas ainsi ; elle exigea une réparation complète et dit que « dans une assemblée des Chambres et Semestres..., M. le premier Président déclarera à M. le président d'Alco, qu'il est fâché d'avoir fait lad. dénonce et proféré des injures dont ledit sieur président d'Alco s'est plaint et qu'il le reconnait pour homme de bien et d'honneur. »

Il n'en fallait pas tant pour mettre le comble à la fureur de M. de Claris, de cet homme que nous savons infatué de sa personne et de son rang. Sa fierté et sa haine ne désarmeront pas devant de pareilles injonctions; premier président de la Cour des Comptes, aides et finances, il ne voudra pas se soumettre devant toute sa Compagnie. Lorsque le greffier se présenta chez lui porteur de la célèbre délibération, qu'il avait ordre de lui signifier, il s'inscrivit en faux contre une pareille décision, la déclarant, en son nom et au nom de tous les chefs de Cours souveraines du royaume, nulle et non avenue. Il était, disait-il, de sa dignité de protester; il ne relevait que du Chancelier et du Roi.

La situation était telle, en effet, que l'Autorité royale seule devait prononcer. Mais M. de Claris n'eut pas plus à se louer de la sentence suprême qu'il réclamait, que de l'arrêt de sa Compagnie. Le 23 avril 1774, le Procureur général reçut des lettres patentes, qui lui enjoignaient de supprimer tout ce qui avait été fait et enregistré au sujet de l'affaire des Présidents de Claris et d'Alco, dans les séances des 27 mars, 3 et 21 avril, 10 juin, 1er, 3 et 7 juillet 1773, considérant le tout comme non avenu. Combien grande dut être la confusion du premier président!

Les ordres du Roi devaient être accomplis avec certaine solennité. Le représentant du pouvoir souverain, le comte de Moncan, lieutenant général des armées du Roi et commandant en second dans la Province, était chargé de présider à cette sorte d'exécution. En même temps que lui, le président de Belleval et le greffier de la Cour recevaient les ordres du roi, leur enjoignant de procéder et de faire procéder en leur présence à la radiation des décisions prises en l'affaire de MM. de Claris et d'Alco. Le 18 mai suivant, le comte de Moncan, muni des pouvoirs royaux, se présenta au Palais, demanda communication des registres de la Cour, et y fit biffer tous les passages relatifs aux poursuites exercées contre le président d'Alco : il ne se retira que lorsque l'exécution de cette mesure eut été complète.

Dans la lettre qu'il écrivait à M. le Marquis de Castries, le 26 juillet 1773, M. d'Alco réclamait l'exécution de la sentence de la Cour, en sa faveur. Ce ne fut, nous le voyons, qu'au mois de mai de l'année suivante que fut complétement terminée son affaire. De tous temps la justice s'est hâtée lentement.

Ainsi finit le différend qui pendant longtemps occupa l'opinion publique dans la capitale du Bas-Languedoc. On peut se faire une idée de ce que furent dans la suite les rapports entre le premier Président et le président d'Alco, destinés à siéger longtemps encore dans le même prétoire; M. d'Alco avait vingt-trois ou vingt-quatre ans, et M. de Claris, quoique d'un âge avancé, ne devait quitter son siége qu'à sa mort, survenue en 1789.

On se demandera, comme nous, quel est le vrai motif de ressentiment dissimulé sous de vagues accusations? Problème curieux à résoudre. Les contemporains étaient bien certainement au courant de ce que la Cour elle-même n'ignorait pas, mais ne pouvait pas dire à l'audience. Les mémoires du temps ne nous apprennent rien à ce sujet, et les hommes érudits, pour lesquels l'histoire de notre cité n'a pas de mystère, n'en savent pas plus que nous sur la curieuse affaire de «la brouette du Courrier ».

Toutefois, en attendant que la lumière éclaire d'un jour nouveau cet incident judiciaire, il est intéressant de parcourir toutes les phases de cette procédure. On la connaissait déjà en partie par quelques extraits qui ont été publiés naguère. Nous avons eu la bonne fortune de la lire en son entier; le vif intérêt que nous y avons trouvé, nous donne lieu de croire que le lecteur sera lui aussi désireux de la connaître. On y verra le jeune et bouillant président se défendre, avec ongles et dents, contre son chef, qui dut se repentir, surtout en présence de l'issue du procès, d'avoir soulevé une telle cause et réveillé un tel adversaire (1).

Ces mœurs du palais, si curieuses à interroger, nous représentent la vie de la Cour des comptes, aides et finances qui, près de disparaître avec toutes les anciennes institutions de la France, finissait sa longue et digne existence « en discordes intestines et puériles (2). »

Nous n'avons qu'à nous incliner devant l'arrêt de la Cour et la décision royale qui renvoient le président d'Alco absous. M. de Claris avait certainement de grands torts en cette affaire, mais le jeune magistrat n'avait-il absolument rien à se reprocher? Il est bien permis de poser cette question quand on connaît ce jeune magistrat, homme de son temps, ami des nouveautés, frondeur, impatient de tout frein. Cependant on ne saurait entrevoir chez Bonnier, à cette époque, le futur conventionnel. Comme tant d'autres il voulait bien réformer, mais non détruire l'ordre des choses existant, auquel il était tant attaché. Il en a toujours

(1) Vr Appendice G.
(2) *La Cour des aides de Montpellier*, in-8°, 1878.

été ainsi dans ce beau pays de France ; on demande
à grands cris des réformes, et l'on est surpris d'avoir
fait une révolution. Fier d'occuper une de ces hautes
positions qui donnaient peu de travail et autant de loisirs
que de considération, Bonnier ne méprisait pas les
priviléges attachés à la magistrature et à la noblesse ;
il ne manquait jamais de faire sonner bien haut ses
titres de président, de chevalier, de seigneur d'Alco,
Malbosc et Valadière. La Révolution survenant, il fallut déposer ces pompeuses qualifications sur l'autel
de la Patrie. Certains accomplirent ce sacrifice de
bon cœur ; d'autres, malgré eux. Nous croyons que
Bonnier d'Alco fut de ces derniers. Sous le conventionnel se cachait le ci-devant noble. Ce sont ses contemporains eux-mêmes qui nous le disent. D'après eux,
son *cidevantisme* lui portait ombrage. Bien qu'on
répondît à ceux qui objectaient que « Bonnier riche et
se contentant de peu n'a besoin que de gloire », toutefois on regrettait que « des préventions qu'il avait con-
çues et que jamais l'on n'a pu vaincre sur sa prétendue
qualité de noble, sur son ancienne qualité de président
en cour souveraine, l'eussent porté à se condamner à
un rigoureux silence. La tribune nationale compterait
un grand orateur de plus, car il possédait à un degré
éminent les principales parties de l'orateur (1). »

Une fois pris dans l'engrenage, Bonnier ne fut pas
maître de s'arrêter. Lui aussi aurait peut-être mieux
aimé traverser sans bruit les tempêtes révolutionnaires
et pouvoir répondre à ceux qui l'eussent interrogé sur
son existence à cette époque : « J'ai vécu. »

(1) *Hist. de Montpellier pendant la Révolution,* par M. DUVAL-
JOUVE, I, p. 307, et II. p. 397.

* *
*

Ils sont bien de leur époque les Bonnier de la Mosson, Madame de Chaulnes et le président d'Alco ; ils représentent dignement cette société qui usa, jusqu'à en abuser, de tous les biens mis à sa portée. Joseph Bonnier, grâce à ses richesses, occupe un des premiers rangs. Le bruit se fait autour de son nom, et la considération, dans le sens que le monde attache à ce mot, suit la renommée. Son fils devient un grand seigneur et sa fille entre dans une des premières familles du royaume.

Ces sortes d'alliances, comme on a pu le voir, furent fréquentes alors : c'était presque la règle, tandis qu'au XVIIᵉ siècle elles ne constituaient que de rares exceptions, justifiées par d'éclatants services. Le plus grand exemple que nous rencontrions est à la cour même de Louis XIV. Cet essaim de jeunes beautés, inconnues la veille, de naissance sinon obscure du moins modeste, épousent de grands seigneurs, des princes de sang royal ; l'une d'elles est même sur le point de gravir les marches du trône de France, et lorsque, éloignée par un ordre politique, sinon sincère, du souple Cardinal, elle se voit séparée de son royal amant, elle lui jette ce sanglant reproche : « Vous régnez, et je pars ! » Ces belles italiennes avaient, à de telles faveurs, un titre plus grand que leur beauté : elles étaient les nièces de Mazarin.

Au XVIIIᵉ siècle, ce ne sont plus les services signalés que l'on recherche, mais la fortune ; une grande richesse justifie l'élévation, de par son effet magique

Mademoiselle Bonnier devient duchesse de Chaulnes. Tel était l'esprit de l'époque.

M. de la Mosson et sa sœur sont de vrais personnages de ce siècle léger, frivole, même licencieux. Les mœurs d'alors se montrent très accommodantes. Tel trait qui nous ferait rougir aujourd'hui, passait pour tout naturel. Combien de grandes dames de cette époque pourraient être comparées à la duchesse de Chaulnes? Une réponse de cette autre duchesse, Mme de La Vallière, — bien différente de la vertueuse (1) favorite qui finit ses jours chez les Carmélites, — caractérise bien son temps. Un de ses admirateurs, comme elle sur le retour, lui déclarait, un peu tard, la vive admiration qu'il avait eue pour sa beauté sans avoir jamais osé la faire paraître : « Que ne le disiez-vous? » lui répartit la grande dame. Nous nous demandons si la duchesse de Chaulnes eût été si loin.

Cet esprit du XVIIIe siècle que nous remarquons chez les Bonnier de la Mosson, chez Madame de Chaulnes, nous le rencontrons aussi chez le président d'Alco. Ici, nous ne l'envisageons pas sous son aspect léger, mais avec son caractère philosophique. Ils sont rares les survivants de l'ancienne magistrature, dans la seconde partie du siècle; là aussi a soufflé le vent d'indépendance : l'Encyclopédie a trouvé un écho au Palais, qui s'est épris des nouveautés. Maupeou a

---

(1) Un pareil adjectif semble mal qualifier le substantif suivant. Toutefois il paraît avoir sa signification lorsqu'on se rappelle le véritable amour de Mlle de La Vallière pour le grand roi, sa réserve à la Cour, ses remords et sa retraite aux Carmélites, où elle expia les égarements de sa vie passée.

ébranlé les bases de l'ancien édifice; les Cours de justice qui n'ont pas été réformées se ressentent de cette secousse. Les vieux parlementaires seront bien rappelés; peu importe, le coup a été porté, l'équilibre ne saura être rétabli. Elle est loin cette époque, pourtant si agitée, où au lendemain des barricades, malgré l'arrestation des siens, le parlement continuait à siéger sur les fleurs de lis et rendait, après l'orage, ses arrêts avec autant de sérénité que si le calme n'avait jamais été troublé. Mais il n'en est plus ainsi à la fin du xviiie siècle; on ne trouve pas la même vitalité.

Si l'on prête l'oreille, dans le lointain l'on distingue un bruit avant-coureur. Ceux qui savent lire dans l'avenir poussent le cri d'alarme, sans se douter de toute la vérité de leur prédiction. Beaumarchais ne croit peut-être pas aux paroles qu'il met dans la bouche de *Figaro*. Mais Voltaire écrit le 2 avril 1764 : « La lumière s'est tellement répandue, qu'on éclatera à la première occasion, et alors ce sera un beau tapage. Les jeunes gens sont bien heureux, ils verront de belles choses (1). » Le philosophe de Genève voit, lui aussi, venir l'orage : « Ne vous fiez pas, s'écrie-t-il, à l'ordre actuel de la Société...., il est impossible de prévoir ni de prévenir celle (la Révolution) qui peut regarder vos enfants. Le grand devient petit, le riche devient pauvre, le monarque devient sujet.... (2) » Voltaire eût été bien surpris de « ce beau tapage » qu'il prédisait. Madame de Stael dit avec beaucoup de

----

(1) Lettre au marquis de Chauvelin.
(2) J.-J. Rousseau. *Emile*. Livre III.

raison : « Il ne voulait pas cette Révolution, qu'il a préparée. Il aimait les grands seigneurs et les rois ; l'égalité n'était pas dans ses opinions. »

Bonnier de la Mosson et Madame de Chaulnes n'eussent pas cru à ces prédictions ou du moins à leur si prochaine réalisation. Mais le président d'Alco y aurait peut-être ajouté foi. Quoi qu'il en soit, aucune puissance humaine ne pouvait contenir le torrent déchaîné. Voltaire et ses contemporains, pas plus que les Bonnier, la duchesse de Chaulnes et M. d'Alco, n'avaient rien fait pour conjurer cette tourmente qui allait tout renverser. Sainte-Beuve a dit que bien des pages de cette époque justifient la Révolution.

La finance, la noblesse, la magistrature, ont joué un grand rôle au xviii° siècle. Aussi, trouvant ces trois puissances réunies dans une même famille, avec leurs caractères distinctifs, il nous a paru curieux de les étudier. Libre à chacun de tirer de ces faits, que nous aurions voulu pouvoir mieux grouper, de plus complètes déductions. Nous nous sommes borné à raconter, laissant au lecteur le soin de conclure.

Il ne faut pas voir dans ce livre une étude du xviii° siècle, mais une esquisse de personnalités qui nous ont paru offrir quelque intérêt. Notre but sera complétement atteint si, à notre tour, nous avons pu intéresser.

APPENDICE

A

GÉNÉALOGIE DE LA FAMILLE BONNIER

A DATER DE 1659

Antoine BONNIER et Renée DAUDISSENS (1)
se marient à N.-D.-des-Tables le 6 février 1659.

De cette union :

1660. Renée BONNIER.
1667. Antoine BONNIER (branche A).
1663. Magdelaine BONNIER.
1676. Joseph BONNIER (branche B).

BRANCHE A OU D'ALCO :

Antoine BONNIER.

1° *De son 1er mariage avec* Françoise THOUDOUZE (2),

Antoine Bonnier, conseiller du Roy, magistrat en la sénéchaussée et siége présidial de Montpellier, mort en 1738, président à la Cour des Aides, qui s'était marié en

---

(1) L'orthographe de ce nom, comme celle des Bonnier, est très variable. On écrit d'Audessan, d'Audessens, d'Haudessens. Messire René Daudessan, seigneur de Guilhary, maistre d'hostel ordinaire du Roy et Conseiller en la Cour des Aides, était le père de Renée ci-dessus. François Daudessan son fils, qui devait être président en la Cour des Aides, né en 1643, fut tenu sur les fonts baptismaux par le procureur général de la dite Cour et par Marie de Grasset, femme du sieur de Miraman, trésorier de France.

(2) Ou Toulouze.

1728 avec Marguerite Fages, fille d'un receveur provincial des décimes et directeur du domaine du Roy et de Marie Lamouroux (1).

2° De son 2° mariage avec Charlotte de COMTE, *célébré en 1699, il a :*

1700. Renée Bonnier. Parrain, noble François Comte, conseiller en la Cour des Aides; marraine, la veuve d'Antoine Bonnier, Renée d'Audessan, ses grands parents. Elle épousa le baron de la Cassaigne.

1702. Elizabeth Bonnier (le père est titré de chevalier, trésorier grand voyer de France, intendant des gabelles du Languedoc). Parrain, Joseph Bonié, conseiller du Roy, intéressé dans les fermes du Roy; marraine, Elisabeth de Comte, femme de noble Philippe de Perdrix, conseiller en la Cour des Aides, oncle et tante. Elle se mariera avec Joseph de Gévaudan, baron de Boisseron.

1704. Antoine-Samuel Bonnier (le père se dit seigneur d'Alco et de St-Cosme, chevalier, conseiller du Roy, président trésorier de France, etc.). Parrain, le lieutenant Samuel Comte, et marraine, Anne de Melon, femme de Joseph Bonnier (ci-après 1).

1706. Jacques-Antoine Bonnier (2) (le père se qualifie comme ci-devant et de plus seigneur de Campagne). Parrain, Jacques-François de Comte; marraine, Marguerite Bonnier.

1707. Marguerite-Thérèse Bonnier. Parrain, Jean Bonnier, secrétaire de la ville de Montpellier; marraine, Marguerite

(1) Trois enfants naquirent de ce mariage : 1° Marie-Françoise : parrain, le grand-père, le président Bonnier, remplacé par J. de Gévaudan, seigneur de Marguerit, baron de Boisseron ; marraine, la grand'-mère, Marie Lamouroux ; 2° Marguerite-Emilie ; 3° Antoine. Ce dernier paraît être mort en bas âge.

(2) Ce Bonnier fut M. de Saint-Cosmes, écuyer, conseiller du Roy, commissaire ordonnateur provincial des guerres, chevalier de St-Louis. — Un autre, Antoine, fut M. de Vallalibert, capitaine au régiment de Bassigny, puis pourvu d'une charge de conseiller à la Cour des comptes, aides et finances, qu'il acheta 30,000 livres. Un autre était Bonnier des Terrières.

de Perdrix, fille du conseiller de Perdrix, seigneur de la Layolle, professeur à l'École de Droit. Elle sera religieuse ursuline.

1708. Marie Bonnier. Parrain, le capitaine François Melon, tenant la place de Joseph Bonnier; marraine, Renée de Robin, femme du conseiller François de Comte. Elle sera aussi religieuse.

1712. Marie Bonnier. Parrain, Joseph Bonnier, remplacé par Louis Despioch; Marie, sa sœur, marraine. Elle se fera également religieuse; on la désigne sous le nom de Marie-Anne.

    Renée Bonnier (sœur jumelle de la précédente). Parrain, noble Antoine Bonnier d'Alco, son frère, représenté par Ch. Girard Bosquet; marraine, sa sœur Renée. Elle épousera le conseiller Moustelon (1).

1713. Joseph Bonnier (son père figure ici comme président en la Cour des Aides). M. et Mᵐᵉ Joseph Bonnier la tiennent sur les fonts du baptême.

1714. Antoine Bonnier. Parrain, le conseiller Canton, et marraine, Marguerite Rocheide ou Rochelle.

1716. Joseph-Antoine Bonnier. Mêmes parrain et marraine que le dernier. L'acte de baptême est signé par Bonnier de la Mosson et Gautier, ancien Capitoul de Toulouse.

1718. Charlotte Bonnier. (Morte en 1727, âgée de 9 ans.)

I

1704. Antoine-Samuel Bonnier d'Alco, président, se marie le 14 octobre 1738 avec Elisabeth PLANTIER, d'où :

1742. DANIEL-RENÉ-ANTOINE-EMMANUEL BONNIER. Parrain, Daniel Plantier, bisaïeul, représenté par le grand-père Daniel

---

(1) Cette dame Moustelon fut une ardente Janséniste, dont les funérailles suscitèrent des difficultés. Cette Renée Bonnier ne doit pas être confondue avec sa sœur aînée, aussi appelée Renée, qui épousa le baron de la Cassaigne et qui eut deux filles : Anne Renée, épouse de François de Pierre des Ports, seigneur de Loubatière, capitaine au régiment de Médoc, et Renée-Marie, épouse de Philippe-Charles-François de Pierre de Bernis, marquis de Bernis, cousin du précédent et frère du Cardinal.

Plantier, conseiller à la Cour des Aides ; marraine, Renée
Bonnier, épouse du Conseiller Moustelon.

1750. Ange-Elisabeth-Louis-Antoine Bonnier. Parrain, le conseiller Louis Maurin, à la place d'Antoine Bonnier, ancien capitaine au régiment de Bassigny, oncle ; marraine,
Françoise-Lucresse de Moustelon, remplaçant Elizabeth
Plantier, épouse de Mazade, seigneur d'Avèze, avocat
général à la Cour des Aides (ci-après : II).

17 . Antoinette-Marie-Elizabeth-Gabrielle Bonnier, religieuse.
Vivait encore en 1811.

II

1750. **Ange-Elisabeth-Louis-Antoine**, président **d'Alco**,
épouse Marie-Jeanne-Victoire Atger (1) (née en 1763), d'où :

1780. Marianne Bonnier.

1782. Eulalie Bonnier.

1783. Antoine-Samuel-Augustin-Christine Bonnier. Ses parrain
et marraine sont deux enfants de l'hôpital. Le professeur à l'École de Médecine, René, signe au baptême.

1784. Marie-Joséphine-Antoinette-Raymonde Bonnier. Parrain,
Pierre-Jacques ; marraine, Jacquette Larnet (ne sait
signer). M° Jean-Jacques René, professeur en médecine,
a signé (2).

Nota. — Pour si nombreux qu'ils soient, nous n'avons pas la
prétention de donner complète la liste des descendants de la
branche Bonnier d'Alco ; il nous suffit d'avoir fait connaître les
principaux membres de cette branche. C'est avec intention que
nous faisons figurer les noms des parrains et marraines, afin
d'indiquer la parenté et les alliances des Bonnier. De même nous
avons relevé pour le chef de la branche d'Alco les diverses qualifications qu'il se donne à la naissance de chacun de ses enfants.

(1) Fille de Jean Atger, négociant, et de Marie-Marguerite Penisson, dont le frère est
médecin.

(2) Il ne resta à Bonnier d'Alco que deux enfants. Sa fille aînée et son fils moururent
jeunes. Ses deux autres filles se marièrent avec Minguet et Carette, négociants associés,
de Paris.

BRANCHE B OU DE LA MOSSON :

1676-1726. Joseph BONNIER et Anne MELON se marient en 1702 à l'église Ste-Anne.

De ce mariage :

1702 (6 sept.). **Joseph Bonnier,** baptisé le 8 septembre. Parrain, Guillaume Melon, et marraine, Renée d'Audessan, grands parents. Ce Joseph est le célèbre Bonnier de la Mosson fils qui suit : I.

1715. **Anne-Marie-Thérèse Bonnier** (1). Parrain, Antoine Bonnier, chevalier, conseiller du Roy, président en la Cour des Aides ; marraine, Marie Privat de St-Romme de Bedos, remplacée par la présidente Bonnier, Charlotte de Comte.

1718 (15 avril). **Anne-Joseph Bonnier,** baptisée le 16 avril. Ses parrain et marraine sont : Guillaume Melon, viguier et juge de la Cour royale de Gignac, et la sœur ci-dessus, Anne-Marie-Thérèse. Cette Anne-Joseph est la future duchesse de Chaulnes qui suit : II.

I. Joseph BONNIER DE LA MOSSON (1702-1744) (2) épouse en Normandie Mlle DU MONCEIL DE LOURAILLE.

De cette union :

1741. Renée-Magdelaine-Joseph BONNIER DE LA MOSSON, morte à Paris en 1753. Sa mère lui survit et se remarie en 1755 avec de Batz, marquis de Castelmore.

---

(1) Anne-Marie-Thérèse, qui figure sur le testament de son père, mourut jeune. Nous ne mentionnons pas deux autres enfants de Bonnier et d'Anne Melon, dont il est question dans le projet de mausolée : une fille qui mourut âgée de 5 ans et l'autre morte presque en naissant.

(2) Nous omettrons la naissance extra-légale de son fils Joseph (1727-1728), inhumé à St-Mathieu. Sa mère était Jeanne Fonse, Elise Lyon.

II. Anne-Joseph BONNIER (1718-1782)
se marie à Paris avec :
1° le duc de Pecquigny, puis duc de Chaulnes (1734);
2° M. de Giac (1773).

Du 1ᵉʳ mariage :

1741. Louis-Marie-Joseph d'ALBERT, duc de Pecquigny et de Chaulnes, mort en 1793 sans postérité, avait épousé sa cousine Mˡˡᵉ de Chevreuse.

Nota. — Vᵗ Archives de la ville de Montpellier : registres des paroisses Notre-Dame des Tables, Saint-Pierre et Sainte-Anne.

B

TRAITÉ

entre François Dumont, sculpteur du Roy, et Bonnier, trésorier des États du Languedoc

« Je soussigné François Dumont, sculpteur du Roy en son académie Royale, me suis chargé de faire un mosolée à Paris, de toutes œuvres, et de fournir tout le marbre, plomb et dorures, et de le rendre parfait au premier octob* de l'année prochaine, à Monsieur Bonnier trésorier des Etats du Languedoc ainsi et aux conditions qu'il est expliqué cy-après.

» Premièrement le d. mosolée sera de la hauteur de vingt pieds y compris le pied destale, de marbre et la piramide qui le terminera.

» Que led. pied destale aura cinq pieds de hauteur sur six pieds et demy à sept pieds de largeur, formé de marbre blanc venné et d'un pied d'Epesseur, au milieu duquel il y aura une table de marbre noir enchassée dans led. pied destail de deux pieds de haut sur une largeur proportionnée sur laquelle il sera gravé en lettres dorées l'inscription qui sera donnée par Monsieur Bonnier.

» Qu'il y aura pour ornement à costé dud. pied destail une tête de mort avec des aisles, audessus dud. pied destail une cartouche avec deux escussons ou seront les armes de M. et de Mad° Bonnier, à costé duquel cartouche et sur le pied destail il y aura deux lions et seront avec lesd. testes de mort cartouche et lions, de plomb doré d'or mate, le tout bien réparé et d'un bon goût.

» Sur lesquels deux lions dorés sera posé le tombeau qu'ils soutiendront. Lequel corps de tombeau sera d'un beau marbre noir d'un seul bloc, qui aura sept pieds de longueur sur trois pieds de hauteur, compris le couronnement qui sera aussi d'un marbre noir d'un seul bloc, lequel couronnem' aura dans sa surface un pied a deux de saillye pour y pouvoir poser les figures dont il sera parlé cy après, Et aura le d. tombeau une épaisseur et saillye proportionnée aud. couronnement.

» Qu'il sera posé sur led. couronnement de figures de filles l'une agée de cinq années à genoux sur un carreau, habillée et faite de ronde bosse, qui tendra la main à l'autre figure qui représentera l'autre fille. L'autre figure dont il est parlé représentera lad. fille de l'age de naissance qui donnera la main à l'autre, laquelle seconde figure sera soutenüe d'un groupe de nües sur lequel groupe elle sera debout, et seront les dites deux figures le carreau et les nües de deux blocs de marbre blanc laquelle figure à genoux y compris le carreau aura trois pieds d'hauteur et l'autre figure qui sera envelopée d'une draperie sera avec les nües à proportion du sujet et de l'age de naissance.

» Qu'il sera posé sur led. couronnement et derrière les figures une piramide de marbre de bardelle, qui montera et terminera lesd. vingt pieds d'hauteur que doit avoir led. ouvrage, laquelle piramide sera d'une proportion pour la largeur convenable au sujet, d'un bloc, et aura environ quatre pouces d'épaisseur.

» Au haut de lad. piramide il sera posé une urne, entrelassée de festons de ciprès qui accompagneront lad. piramide, et sera lad. urne et lesd. festons de plomb d'or mate Et sera led. mosolée exécuté suivant l'esquisse qui en a été faite et montrée à mon d. sieur Bonnier. Et pour mieux fixer les proportions il a été convenu que led. sieur Dumont en fera dans le courant de ce mois le model en grand, sur lequel il sera recti-fié de gré à gré ce qui sera convenable, après quoy il sera exécuté dans toute son exactitude, Et seront tous les marbres désignés, beaux sains, Et auront les épaisseurs expliquées, et le tout sera d'une belle com-position et ordre d'architecture. Pour la perfection des quels ouvrages il a été convenu qu'il sera payé aud. sieur Dumont pour le tout la somme de dix mille livres, et au cas que d. mosolée soit finy dans le cou-rant du mois de septemb. prochain il luy sera payé par Monsieur Bonnier mil livres de plus.

» Il a été encore convenu que le d. sieur Dumont sera obligé d'aller poser le d. mosolée à Montpelier, dans la chapelle que Mr Bonnier a aux Recolets, aux frais et dépens de Monsieur Bonnier, et qu'il payera au dit sieur Dumont, pour sa dépense, voyage, séjour ou retour, la somme de mil livres, et sera la somme con-venue payée au dit sieur Dumont, scavoir :

» Présentement comptant qu'il a receu la somme de deux mil livres.

» Trois mil livres qui luy seront payés après que le model en grand sera fait et convenu ; trois mil livres au mois d'avril prochain et le restant après avoir per-fectionné le dit ouvrage qui sera transporté à Mont-pelier, aux frais de mon d. sieur Bonnier, fait double à Paris ce 1er novembre 1710.

BONNIER.   F. DUMONT.

» Ce treize décembre le sieur Dumont ayant fait le modè᷉le en grand du d. mozolée il a esté aprouvé et suivant la police cy dessus, il lui a esté donné trois ᷉ᵢ est la somme convenue.

BONNIER.   F. DUMONT.

᷉ᵒ à compte le 31 may deux mil vingt-cinq livre᷉

Arch. de M. Dumont, sculpteur (mort en 1884), le 1ᵉ de son nom, qui conserve les papiers de sa famille et ceux des Coypel, dont il est l'unique héritier par les femmes.

Ce document a paru dans les *Nouvelles Archives de l'Art français*. Paris, Baur, 1874. M. de la Pijardière, archiviste du département de l'Hérault, a bien voulu nous le communiquer.

C

TESTAMENT DE JOSEPH BONNIER PÈRE

« *In nomine Patris et Filii et Spiritus sancti. Amen.*

» Je soussigné Joseph Bonnier, baron de Lamosson, seigneur de Malbosc, Campagne, Juvignac et autres lieux, Conseiller-Secretaire du Roy, maison couronne de France et de ses finances, Trésorier de la Bourse des États de Languedoc, après avoir demandé pardon à Dieu de mes péchés, et imploré sa miséricorde divine par le merite de Notre Seigneur Jésus-Christ, sachant et reflechissant que l'heure de la mort est incertaine et voulant regler la disposition de mes biens dans le temps que je jouis de la santé, de tous mes sens, mémoire et entendement, j'ay fait mon testament ainsy que je l'explique cy après.

» Si je meurs à Paris, je veux être enterré dans la paroisse dans laquelle sera scituée la maison ou je logeray, et si je meurs a Montpellier ou quelqu'autre lieu que ce soit, je veux être enterré aux Recollets de cette ville, dans la chapelle que j'ay dans leur Église, voulant que mon enterrement dans l'un ou l'autre lieu soit fait sans cérémonie.

» Je donne et lègue à l'Hopital Général de cette ville la somme de trente mille livres une fois payée, dont la rente servira à entretenir dans le dit hopital à perpétuité dix pauvres malades incurables, desquelles dix places les administrateurs du dit hopital en nommeront quatre à mesure qu'elles seront vacantes, et les six autres seront remplies au choix et par la nomination de dame Anne Melon, mon épouse, et après sa mort par mes héritiers cy-après dénommés, voulant et entendant que la rente des dites trente mille livres ne puisse être employée à autre usage, et que le choix des d. pauvres incurables soit fait ainsy et de la manière que je l'ay expliqué, et au cas il y fut contrevenu, je révoque le d. legat et je veux que mes héritiers soient dès lors déchargés du payement de la d. rente et que le fonds qui aura été placé pour la produire leur appartienne.

» Je donne et lègue aux pauvres de la Misericorde de cette ville trois mille livres une fois payées et mille livres aussy une fois payées aux pauvres de chacune des quatre paroisses qui leur seront distribuées par le Curé,

» Je donne et lègue à l'hopital S'-Éloy de cette ville la somme de quatorze mille livres dont la rente servira, scavoir de trois mille livres pour l'entretien d'une sœur grise que je veux y être établie par augmentation au nombre qu'il y en a, et les onze mille livres restant dont la rente sera de cinq cent cinquante livres par an, je veux que la d. rente soit employée à acheter au moins deux poulles ou chapons par jour à perpétuité pour bonifier les bouillons des malades et servir ensuite à la nourriture des pauvres convalescents, sans que la d. rente puisse être employée à aucun autre usage.

» Je donne et lègue en aumône quatre mille livres aux pères Récolets de cette ville pour leur servir à achever la batisse de leur couvent, voulant qu'en considération de ce ils fassent dire dans ma chapelle pour le repos de mon âme une messe basse tous les jours à perpétuité, et je donne et lègue à tous les autres couvens de religioux mandians de cette ville cinquante livres à chacun une fois payées.

» Je veux que si les Carmélites obtiennent des lettres patentes pour établir un couvent de leur ordre dans cette ville dans le terme de cinq ans après ma mort au plus tard, il soit pris de mon hérédité la somme de trente mille livres pour servir à la fondation de leur couvent, laquelle somme je veux être employée, scavoir dix huit mille livres à l'entretien de six carmélites qui seront prises des autres couvents pour former celuy qui sera établi dans cette ville voulant qu'à mesure que deux des d. carmélites auront décédé il sera reçu au dit couvent une fille à leur place, qu'il en soit usé de même quand deux autres carmélites du nombre des quatro qui auront resté viendront à décéder, et que lorsque les deux dernières des six seront aussy décédées, il soit mis à leur place deux autres filles, en sorte que la rente de la d. somme de dix-huit mille livres serve à la fondation perpétuelle et à l'entretien de quatre carmélites qui seront reçües sans aucune autre rétribution en qualité de religieuses carmélites sur la nomination de dame Anne Melon, mon épouse, pendant sa vie, et après sa mort sur celle de mes héritiers et descendans à perpétuité, voulant aussy que mad. Epouse et mes héritiers et descendans successivement ayent le titre de fondateurs et qu'ils jouissent des prérogatives et privilège accordés aux fondateurs de semblables couvents dud. ordre, et que les douze mille livres restant desd. trente mille livres soient employées à bâtir le couvent desd. Carmélites et au cas que les lettres patentes pour le dit établissement n'ayent pas été obtenues dans

l'espace de cinq années après mon décès je revoque la
dite fondation de laquelle mon héritier cy-après nommé
sera déchargé.

» Je veux que la somme de trente mille livres cy-dessus léguée à l'hopital général, celle de quatorze mille
livres à l'hopital St Éloy et celle de dix-huit mille
livres servant à l'entretien de quatre Carmelites soient
placées sur la Province ou autre corps solvable, et
que la clause moyennant laquelle je fais lesd. légats
soit insérée dans les contrats qui en seront faits afin
que mon intention soit exécutée dans son entier, voulant qu'en aucun cas lesd. legataires ne puissent avoir
recours sur le restant de mes biens, soit que les rentes
desd. contrats qui auront été établies se perdent ou
diminuent, soit même que le pied capital vienne à se
perdre.

» Je donne et lègue à Anne Marie Thérèze Bonnier
ma fille ainée pour tous les droits qu'elle pourrait prétendre sur mes biens la somme de cinq cent cinquante
mille livres pour luy être payée par mon héritier lorsqu'elle se mariera ou qu'elle aura atteint l'age de
vingt cinq ans, et qu'en attendant qu'elle soit mariée
ou qu'elle ait atteint led. age de vingt cinq ans, elle
soit nourie, entretenue et servie suivant son état et sa
condition aux frais de mon hérédité sans qu'elle puisse
prétendre autre chose sur mes biens, soit pour droits
de légitime ou interets depuis mon décès.

» Je lègue à Anne-Joseph Bonnier ma fille puisnée
pour tous les droits qu'elle pourrait prétendre sur mes
biens, la somme de cinq cents mille livres pour luy
être payée lorsqu'elle sera mariée ou qu'elle aura
atteint l'age de vingt cinq ans, et qu'en attendant

qu'elle soit mariée ou qu'elle ait atteint led. âge, elle
soit nourie, entretenüe et servie suivant son état et sa
condition aux frais de mon hérédité sans que ma ditte
fille puisse rien plus prétendre sur mes biens soit pour
droit de légitime ou intérêts depuis mon décès, voulant
qu'au cas mesd. filles Anne Marie Thérèze et Anne
Joseph ne fussent pas contentes des sommes que je
leur lègue payables ainsy que je l'ai exprimé cy-
dessus sans intérêts, elles soient etdemourentreduittes
toutes deux à la moitié de la légitime sur les biens
que j'ai scitués dans le territoire de Montpellier, à la
légitime telle que de droit sur les biens que j'ay dans
le païs du droit écrit et sur ce qui leur compelle par
la coutume sur les biens que j'ay dans le païs coutumier.

» Je lègue à mes enfants postums ou posthumes la
moitié de leur légitime, à laquelle je les réduits sur
mes biens scitués dans le territoire de Montpellier
suivant la faculté que j'en ay à leur légitime telle que
de droit sur les biens que j'ay dans le païs du droit
écrit, et sur ce qui leur compelle par la coutume sur
les biens que j'ay dans le pays coutumier, voulant que
si lesd. postums ou posthumes de même que mes
dites filles viennent à decéder en pupillarité les sommes que je leur lègue appartiennent en entier à mon
héritier cy-après nommé.

» Je donne et lègue à Anne Melon ma très chère
épouse en considération de la véritable et sincère
amitié que j'ay pour elle une pension pendant sa vie
de six mille livres par an, pour luy être payée par mon
héritier de six en six mois par avance, à compter du
jour de mon décès pour luy tenir lieu de toutes les

prétentions qu'elle pouroit avoir sur mes biens, à condition que les pierreries qu'elle a et qui sont contenües dans un État écrit et signé de ma main et qui est joint au présent testament, passeront en entier à mes enfants après sa mort, luy laissant la liberté de les distribuer en tout ou en partie à ceux de mesd. enfants qu'elle voudra. Voulant que mad. épouse jouisse de la dite pention tant qu'elle portera mon nom et de tel appartement qu'elle choisira dans ma maison, meublé de mes meubles à son choix, et qu'elle prenne le linge et vaisselle d'argent qui luy sera nécessaire pour son usage, et comme j'ay une entière confiance en elle, que je connois sa vertu et sa tendresse pour mes enfants, je la nomme par exprès tutrice et curatrice de mesd. filles postums et postumes, et au cas qu'elle vienne à se remarier je la prive tant de lad. pention que des autres avantages que je luy faits, de même que de la tutelle et curatelle de mesd. filles postums et postumes.

» Je veux qu'au cas que mesd. filles postums et postumes ne fussent pas bien entretenües par mon héritier dans ma maison suivant leur état et condition ainsy que je l'ay expliqué, et qu'il fut nécessaire de les faire élever ailleurs que dans mad. maison, je veux que leur nourriture, entretien et service soient convertis en une pention que je règle scavoir pour mes d. filles postums et postumes à trois mille livres pour chacun jusqu'à ce qu'ils ayent atteint l'age de douze ans et depuis le dit age de douze ans jusqu'à celui de vingt cinq ou qu'ils soient mariés à dix mille livres pour chacun. Je nomme encore mad. épouse pour curatrice de mon fils, conjointement avec

M. Laussel, secrétaire du Roy, et je le prie de l'aider
après ma mort de ses conseils pour l'administration
de mes affaires et de mes biens ainsy qu'il me l'a pro-
mis, entendant qu'en lad. qualité de curateur led.
sieur Laussel ne puisse être responsable ny comptable
d'aucune chose n'entendant exiger de luy que les
soins d'un véritable amy.

» Je donne et lègue à Antoine Bonnier mon neveu
fils aîné du sieur président Bonnier mon frère et de
feüe Françoise Toulouze une pention viagère de
mille livres par an, et à chacun de mes autres neveux
et nièces enfans du dit sieur président Bonnier, non
mariés, sacrés profes ou professes lors de mon décès
trois mille (livres) une fois payées pour les aider à
s'établir voulant que lad. somme leur soit payée
sans intérêt à mesure qu'ils se marieront, qu'ils seront
sacrés, qu'ils feront profession dans quelqu'ordre de
l'Eglise, ou qui seront officiers dans les troupes du Roy
n'entendant leur faire don de lad. somme qu'à cette
condition, et au cas qu'aucun de mesd. neveux ou
nièces viennent à décéder avant d'être entrés dans
aucun desd. états cy-dessus expliqués, mon héritier
cy-après nommé en sera d'autant déchargé.

» Je donne et lègue à M. Guillaume Molon, mon beau
père, en considération de l'estime que j'ay pour luy
une pention viagère de mille livres par an et à tous
mes autres parents et amis cinq sols à partager entre
eux.

» Je donne et lègue à tous les domestiques qui seront
à mon service lors de mon décès en gratification une
année de leurs gages au-delà de ceux qui pourront
leur être deus, et ma garde-robbe à mes valets de

chambre à partager entre eux qui leur tiendra lieu de la gratification que j'accorde à mes autres domestiques.

» Et en tous et chacun de mes autres biens meubles immeubles, noms, voix, droits et actions, je nomme et institue mon héritier universel et général Joseph Bonnier mon fils pour en jouir à ses plaisirs et volontés, substituant à ses enfans males et leurs descendans masles et au défaut de ses enfans masles à ses filles et aux enfans de ses filles, l'ordre de primogéniture observé, tous les biens, fonds, terres et maisons qui se trouveront dans mon hérédité lors de mon décès, laissant à mon héritier la liberté de tous mes autres biens s'il a des enfans, et au cas que mon héritier vienne à mourir en pupillarité ou sans enfans, je substitue mon entière hérédité aux postuns males et à leurs descendans males et à défaut de males à leurs filles et descendans et à défaut d'enfans de mes d. postuns, je substitue tous mesd. biens et entière hérédité à Anne Marie Thérèze Bonnier, Anne Joseph Bonnier et à mes filles postumes par égalles parts et à leurs enfans males et descendans masles, et à défaut d'enfans et descendans males à leurs filles et descendans, l'ordre de primogénitnre observé, voulant que si aucune de mesd. filles vient à décéder en pupillarité ou postumes ou qu'elles n'ayent pas d'enfant, les biens de celle qui decédera soient substitués aux autres aussy par égalles parts et au cas que mes dites filles Anne Marie Thérèze, Anne Joseph ou postumes viennent toutes à décéder en pupillarité ou sans enfans, je substitue mes dits biens à Antoine Bonnier mon neveu fils du premier lit du sieur président Bonnier mon frère ou à tel autre de mes neveux ou nièces qui vivront lors que le cas de la substitution arrivera, préférant mes neveux à mes nièces et l'ordre d'ainesse observé prohibant dans tous les susd. cas toute distraction de quarte Trebellianique.

» Je nomme pour exécuteurs testamentaires Messieurs Antoine Laussel secrétaire du Roy et Vincent curé de S**-Anne pour conjointement avec mon épouse faire exécuter mon testament d'abord après ma mort, c'est ma dernière volonté, et mon premier testament que je fais suivant le statut de Montpellier commençant par ces mots omne testamentum etc. et que je veux être exécuté tant pour la disposition y contenue que pour la forme dud. testament l'ayant tout écrit de ma main et signé à chaque page, à Montpellier le dix huit juin mil sept cent dix neuf signé Bonnier à chaque page. Je lègue de plus à Gilhette l'ainée qui est dans ma maison une pention viagère de cent cinquante livres de rente annuelle qui luy sera payée par mon dit héritier de six mois en six mois et c'est en considération de ses services laquelle demeurera éteinte après sa mort. Fait aud. Montpellier le même jour que l'autre part. Bonnier signé.

» Cejourd'huy vingt unième du mois de juin mil sept cent dix neuf après midy à Montpellier devant moy no** royal en présence de témoins fut présent Messire Joseph Bonnier, baron de La Mosson, Seigneur Demalbosc, Campagne, Juvignac et autres lieux, Con** secrétaire du Roy, maison couronne de France, et de ses finances, Trésorier de la Bourse des Etats de la province de Languedoc, lequel étant en parfaite santé de corps et d'esprit a dit qu'il a fait son dernier testament clos et secret écrit et signé de sa main à la fin et au bas de chaque page contenant neuf pages et partie de la dixième cacheté en sept endroits du cachet de ses armes, lequel testament il a dit aussy contenir sa dernière volonté et veut qu'il soit exécuté comme testament, codicille et donnation à cause de mort, et par la meilleure forme qu'il peut valloir, cassant et révoquant tous autres testamens, codicille et donnation à cause de mort et autres dispositions contraires déclarant qu'il entend disposer selon le statut et coutume de Montpellier commençant par ces mots omne testamentum etc. et a prié les témoins à ce appelés de se souvenir de cette souscrition et moy no" de luy en donner acte. Fait et récité à la maison dud. Bonnier testateur en présence de M" Jean Fabre, chevalier, président trésorier général de France à Montpellier, sieur Pierre Vaquier, le sieur Gaspard Réné habitant aud. Montpellier signés avec led. sieur Bonnier testateur et moy notaire. Bellonnet notaire royal à Montpellier souss[e], Bonnier, Fabre, Vaquier, Réné, Bellonnet notaire signés à l'original, controllé et insinué.

» Collationné par nous notaire royal soussigné acquéreur de l'office et notes de feu Me Antoine Bellonnet notaire de lad. ville sur l'original déposé ce jourd'hui à Montpellier ce vingt six novembre mil sept cent vingt six signé Bellonnet avec parapho, à côté est écrit veu reçu six sols avec parapho au dessous est aussi écrit, Nous Jacques Rousset conseiller du roy juge magistrat en la sénéchaussée et siège présidial de Montpellier, certifions et attestons à tous ceux qu'il appartiendra que M" Bellonnet qui a expédié et signé le testament de l'autre part est no^{re} royal à Montpellier aux actes et seing duquel foy est ajoutée en jugement et dehors en témoin de quoy nous nous sommes signés à Montpellier le vingt six novembre mil sept cent vingt six. Signé Rosset con^{er} magistrat. Au bas par Monsieur signé Reboul.

» Est l'original des présentes certifié véritable et déposé pour minutte à maître Caron, l'un des notaires à Paris soussigné par Mre Joseph Bonnier, Baron de la Mosson, Marquis du Mesnil Garnier, fils dud. feu sieur Bonnier demeurant ordinairement à Montpellier, de présent a Paris en son hôtel rue St-Dominique paroisse St-Sulpice suivant l'acte du vingt trois octobre mil sept cent vingt huit. Le tout demeuré aud. Me Caron no^{re} qui a délivré ces présentes cejourd'hui vingt quatre avril mil sept cent quarante-sept. Scellé led. jour, Caron signé. » (Nous devons cette copie du testament de Bonnier à M. Gaudin).

D

Dans une lettre du 7 décembre 1742 M. de la Mosson donne ordre d'acheter des meubles de peu d'importance et à bon marché pour chambres de garçon, à l'inventaire de M. de Lunas ; il ne veut ni brocatelle, ni damas.

Bonnier de la Mosson envoie de Nimes, le 18 janvier 1731, à Michel Durand, maître tapissier et concierge au chateau de la Mosson, des instructions très détaillées. Le tapissier-concierge aura l'œil sur tout ce que renferme le chateau, cours, batiments, jardins et parcs de la Mosson et Montlouis (1) ; il ordonnera les légères réparations, les règlera et en rendra compte de temps en temps au sieur Dumas ; il avisera ce dernier pour celles qui seront plus importantes ; il veillera à ce que le portier frotteur et les autres domestiques fassent leur devoir ; il aura grand soin des clés et s'il s'en égare les fera payer par ceux qui les auront perdues après avoir fait changer les gardes ; il fera laver les voitures et équipages, et nettoyer les logements des avant-cours une fois par mois ; il veillera à ce que les jardins soient en état et les allées sans mauvaises herbes ; il sera chargé de tous les meubles de la Mosson et de Montlouis ; il fera frotter tous les jours quand le maître sera au chateau et deux fois la semaine en son absence ; tous les jours seront

(1) Nous n'avons pu savoir ce qu'on entendait par Montlouis, c'était sans doute une dépendance de la Mosson, peu distante du chateau et du parc.

balayés perrons, escaliers et terrasses. Le tapissier-
concierge devra ouvrir tous les appartements les jours
de beau temps, huiler les serrures et gonds deux fois
l'an au moins ; nettoyer les vitrages de toute la maison peu avant le retour de Paris de M. de la Mosson.
Quand il arrivera des invités, c'est lui qui accompa-
gnera chacun dans l'appartement qui lui sera destiné ;
tous les matins il fera la tournée des chambres pour
retirer les flambeaux, veiller à ce que les lits soient
faits, qu'il y ait eau, serviettes et le nécessaire. Il fera
étendre une fois l'an tous les meubles pour qu'on les
batte et les nettoye, ainsi que les grilles de fer, bras
de cheminée, tableaux, pendules, pieds de tables et
commodes. (Puis suivent les instructions, déjà énon-
cées, relatives aux catégories de visiteurs.)

Plus tard, dans une note datée de la Mosson, le
10 janvier 1742, le trésorier de la Bourse donne au
sieur Durand autorité et inspection sur tous les domestiques des chateau, batiments et cours et sur tous les
ouvriers des marchés à l'année.

Dumas, caissier de la recette des États de M. de la
Mosson, à Montpellier (1), était son homme de confiance ; il sera procureur fondé de sa veuve.

Giraud était l'intendant de la maison et des affaires
du baron de la Mosson.

Le tapissier-concierge Durand et le maître d'hôtel
Petit se trouvaient à la tête des nombreux domestiques
du trésorier de Languedoc. — (Archives de l'Hérault,
f. de l'Intendance de Languedoc).

(1) Ses Caissiers étaient à Lyon, Nicalon, et à Toulouse, Jean
Gaillac.

E

TRÉSORIERS DE LA BOURSE DES ÉTATS DU LANGUEDOC

A DATER DE 1501

1501. Pierre POTIER, seigneur de la Terrasse. (C'est de cette année que date le plus ancien procès-verbal qui mentionne le trésorier de Languedoc.)

1549. Étienne du MOYS, qui résigne sa charge en faveur de

1553. Rollin ou Raulin ou MOYS, son fils.

1560. Pierre RECH ou REICH, seigneur de Canecaude.

1572. Bertrand REICH, son fils, sieur de Puynaultier. Avant 1604, Bernard, fils de ce dernier, seigneur de Puynaultier ou de Penautier lui succède quelque temps et devient ensuite trésorier de France à Toulouse. Après lui sont successivement trésoriers de la Bourse Pierre et Pierre-Louis, ses fils.

Par édit de 1632 la charge est supprimée et remplacée par trois offices d'institution royale dont se rendent acquéreurs : François LE SECQ, Gabriel de CREYSSELS et Guillaume de MASSIA. Cet édit est rapporté en 1649 et les États font un emprunt pour rembourser

les trois offices ; ils ont le droit d'institution.
Par délibération en date du 17 novembre
1649 ils nomment deux trésoriers qui servi-
ront une année alternativement. Ce sont :

1649. François LE SECQ (ci-dessus désigné), seigneur
de La Porte, d'Autruy, d'Interville, de Pane-
cier et de Leoville, et Pierre REICH, dépos-
sédé en 1632.

1654. Pierre-Louis REICH succède à son frère comme
« trésorier-receveur-général de la Bourse
des États. »

1711. Joseph BONNIER, seigneur et baron de la Mosson, la Paillade, Foncaude, Biar, Juvignac,
etc., mort le 15 novembre 1726 ; pendant son
exercice le fils est nommé en survivance,
mais ne devra prêter serment qu'à 18 ans.

1726. Joseph BONNIER fils, mort en 1744. Il a pour
survivancier son cousin germain Antoine-
Samuel Bonnier d'Alco de 1731 à 1738, qui se
démet volontairement.

1744 (décembre). François LAMOUROUX. Chargé d'a-
bord de la procuration de la veuve de Joseph
Bonnier. Il meurt en septembre 1753.

1754. Guillaume MAZADE de St-BRESSON.

1777. Philippe-Laurent de JOUBERT, seigneur du Bosc,
baron de Sommières et de Montredon. Avait
d'abord succédé à son père comme président
à la Cour des aides.

1786. Laurent Nicolas de JOUBERT (1), fils du précédent, admis en survivance. Il était auparavant
conseiller à la Cour des aides (2).

(1) Les Joubert descendaient par les femmes des anciens seigneurs de la Mosson. Le 9 octobre 1688 André de Joubert, syndic
général des États, s'était marié avec Louise de Bécherand, fille de
François de Bécherand, baron de la Mosson, seigneur de la Motte
et de Malbosc et de Madeleine de Sarret.

(2) V^r DE CARRIÈRE. *Les Officiers des États de Languedoc*, 1865,
in-8°.

F

BREVET DU RÉGIMENT DE LA CALOTTE

EN FAVEUR DE M. DE CLARIS

Président en la Cour des Aides de Montpellier, auteur des
Odes sur la Religion (1)

De par le Dieu porte-marotte
Nous, Général de la Calotte,
Étant informé du talent
Du sieur de Claris, président,
Qui de l'Ordonnance ennuyeuse
Méprisant l'étude épineuse,
Préfère les rimes aux loix,
Et qui grimpé sur le Parnasse,
De Plomet imitant la voix,
A déjà mérité sa place :
Nous étant aperçu d'ailleurs
Que sur la Grâce et les docteurs
Ayant écrit maint et maint tome,
Pour en sonder les profondeurs,
Plus fameux que tous les grands hommes,
En cent vers le sieur de Claris
Réduisant leurs doctes écrits
Nous explique cette doctrine
Et par son système divin
Confond St Paul, St Augustin,
Molina, Quesnel et Racine ;
Sachant d'ailleurs qu'en dernier lieu

1) Les vers sur la Religion parurent en 1747.

Notre poète a mis en rime
La Genèse et le Catéchisme (1),
Qu'en cet écrit il fait de Dieu
Parler la Majesté suprême
Sur le ton qu'il parle lui-même,
Et que ses vers froids et perclus,
Quoiqu'ils soient plats *par leur essence*,
Sont très bons par leur *innocence* (2),
Car à nos yeux dévotement,
Dans ses chrétiennes miniatures,
De l'un de l'autre Testament
Il montre toutes les figures,
Comme la curiosité,
Sans qu'on crie à la rareté :
A ces causes, en récompense
De tant de célèbres écrits.
A notre bien aimé Claris,
De notre certaine science
Et pleine puissance, octroyons
Le droit et licence exclusive
De faire pour les missions
Toute poésie instructive,
Cantiques, noëls et chansons,
Auquel effet nous entendons
Qu'avec du Plessis et Bridaine
Allant courir la prétantaine,
De place en place, en lieux divers
Au peuple il débite ses vers ;
Qu'il puisse en lisant ses ouvrages,
Qu'il aura lui seul admirés,
En clignottant ses yeux vitrés,
Crachoter sur tous les visages

(1) Mauvaise rime de M. de Claris : l's ne se prononce pas.
(2) Imitation de deux vers de la première Ode.

Et de son haleine infecter
Quiconque osera l'imiter.
Lui donnons encor la licence
De se vanter à toute outrance :
Voulons qu'au lieu de pension
(Car par l'intérêt on déroge)
De Roy, Piron et Voisenon
Il reçoive un tribut d'éloges,
Sans qu'un si falot jugement
Dégrade leur discernement,
A la charge que le poète
Chaque année aux approbateurs
Enverra caisse bien complète
De vins muscats et de liqueurs,
Qui par leur puissance secrète
Changent leur critique en fadeur ;
Voulons que grelots et sonnettes,
Chauves-souris et papillons,
Rats, grenouilles et girouettes
Viennent orner ses écussons.
Par grâce nous lui permettons
De cueillir au bas du Parnasse,
Pour enluminer ses écrits,
Des pateculs, des pissenlits
Et d'autres fleurs de cette espèce.
Mais surtout nous lui défendons
De toucher jamais aux chardons,
De peur que cette herbe piquante
Réveillant son humeur mordante,
Sans qu'il y pense, quelque jour,
De l'animal du vieux Silène
Qui de Pan découvrit l'Amour
N'attire enfin sur lui la peine ;
Et s'il dédaigne nos présens
De la *Jérusalem Superbe*

Il ira s'il veut brouter l'*herbe*
Jusqu'à la fin des éléments (1).
Donné sur le mont des Pucelles
L'an célèbre par les horreurs
Qu'ont vomi d'infâmes rimeurs,
Qui ne montrant dans leurs querelles
Que cœurs pervers, esprits tortus,
N'ont respecté dans leurs libelles
Ni rang, ni sens, ni vertu.

(Ces vers ont été attribués dans le temps au président d'Alco, né en 1704, fils d'Antoine Bonnier et de Charlotte de Comte, et père du dernier président d'Alco.)

(1) Vers de la 3ᵉ Ode.

ᴓ

PROCÈS-VERBAL

de ce qui s'est passé en l'année 1773 entre M. de CLARIS père, premier Président de la Cour des comptes, aides et finances de Montpellier, et M. BONNIER d'ALCO, Président en la même Cour.

Du 27 mars 1773.

Les Chambres et Semestres assemblés M. le premier président a dit qu'il était de notoriété publique que M. le président d'Alco était parti de Montpellier et sorti de la province sans lui avoir demandé de congé, aux semestres ni aux chambres qui sont actuellement de service ; qu'il demandait, en conséquence, l'exécution des délibérations de la Compagnie à cet effet.

Sur quoi les gens du roi entendus, il a été délibéré à la pluralité des voix que M. le président d'Alco demeurera interdit de ses fonctions.

Du 3 avril 1773.

La Cour, les chambres et semestres assemblés, M. le président de Belleval a dit que la délibération prise le 27 mars dernier, portant la suspension contre M. le président d'Alco pour être sorti de la province sans congé, aiant été prise sans examen des anciennes délibérations, était contraire à celle du 3 juillet 1685, qui ne porte point d'interdiction dans le cas ci-dessus, qu'il en demandait la révocation.

Sur quoi, après avoir lu ladite délibération qui énonce celle du 10 janvier 1638, la Cour a annulé et révoqué la susdite délibération du 27 mars dernier et a délibéré qu'elle sera regardée comme non avenue.

Du dit jour M. le président a dit :

Messieurs. — Je mériterais de justes reproches, si dans la place que j'ai l'honneur d'occuper, je différais plus longtemps à vous parler de la disparition scandaleuse de M. le président d'Alco, qui est sorti de la province sans congé de la Compagnie et qui en a parcouru la plus grande partie dans la brouette du courrier. Je crois devoir aussi vous parler des affronts multipliés qu'il a endurés dans cette ville notoirement avec une insensibilité déshonorante. Le désir de conserver à notre Compagnie sa dignité et le droit qu'elle a à l'estime publique, me met dans la nécessité de vous le déférer ; et pour constater que je me suis acquitté envers vous, Messieurs, de ce devoir indispensable, je demande que mon dire soit transcrit dans les registres de vos délibérations.

Sur quoi Messieurs les gens du roi aiant été mandés venir, ils ont requis la communication du dire de M. le premier président, pour prendre les conclusions qu'ils aviseront à ce sujet, eux retirés.

La Cour fesant droit aux réquisitions du procureur général du roi, M. Pitot, avocat général portant la parole, a ordonné et ordonne que le dire de M. le premier président sera communiqué au procureur général, pour être par lui prises telles conclusions qu'il appartiendra, et ces conclusions être rapportées au premier semestre après la rentrée de Pâques.

Du 21 avril 1773.

Les chambres et semestres assemblés Messieurs les gens du roi entrés ont dit : M. le procureur général portant la parole :

Messieurs. — Nous avons lu avec attention et avec douleur la dénonce consignée le 3 de ce mois dans vos registres dont vous avés ordonné que nous prissions communication, et que nous croions devoir remettre sous vos yeux. M. le président a dit, etc.

Vous nous provenés, Messieurs, et vous sentés que ce n'est point encore le moment de discuter les chefs d'accusation que cette dénonce contient. Le magistrat qui en est l'objet est absent, et l'équité ne permet pas qu'on puisse le juger sans l'avoir entendu ou du moins sans lui avoir donné le tems, la liberté, les moiens de se défendre. *Hoc jure utimur ne absentes damnentur, neque enim inaudita causa quemquam damnari æquitatis ratio patitur*. Lege aff. de absentibus. Nous n'avons pas besoin de réclamer une loi si sage pour un magistrat qui doit vous être cher à bien des titres ; et tandis qu'il n'est encore que vaguement accusé ; tandis que toute la présomption de l'innocence parle hautement en sa faveur ; tandis que le défaut ou du moins le silence des preuves n'excite pas encore la sévérité de notre ministère contre lui, c'est un devoir pour nous de vous rappeler, Messieurs, les services de ses pères, son âge, ses talents.

Il est né, pour ainsi dire, dans le sein de cette compagnie dont les anciennes délibérations prouvent avec quelle tendresse elle a toujours regardé les officiers qu'elle appelle les enfants de la maison. A peine

a-t-il atteint sa vingt-troisième année, et dans cet âge
si impétueux et si faible, il a le malheur d'être privé
des leçons, des exemples, de l'appui d'un père que
vous regrettés encore et dont les services vous seront
sans cesse présens.

Enfin, Messieurs, vous n'avés pas encore oublié de
combien d'applaudissemens son début dans les fonctions publiques a été récemment honoré ; et pourriés
vous sans regret voir s'évanouir dans un moment les
grandes espérances que vous avaient donné ses premiers succès. Ces considérations, Messieurs, vous
détermineront sans doute à ordonner à l'égard de
M. le président d'Alco la citation préalable qu'il est en
droit d'exiger, que son absence vous oblige de requérir pour lui, et dont vos registres fournissent d'ailleurs
des exemples dans des circonstances à peu près semblables.

Nous croions donc qu'avant de rien statuer sur la
dénonce faite le trois de ce mois, la Compagnie doit
écrire par son greffier à ce magistrat pour lui donner
connaissance de cette dénonce, et lui enjoindre de se
rendre à la suite de la Cour dans le délai qu'il lui
plaira de fixer, soit pour remplir son service qui doit
commencer le premier de juillet prochain, soit pour
répondre aux différends chefs d'accusation intentés
contre lui. *Cum absenti reo gratia crimina inten-
tantur, sententia non solet festinari, sed adnotari
ut requiratur non quidem ad pœnam, sed ut facul-
tas ei sit purgandi se, si potuerit.*

Nous avons l'honneur de laisser sur le bureau nos
conclusions par écrit, afin qu'elles soient insérées
selon l'usage à la tête de la délibération que vous
allés prendre, nous retirés.

La Cour a arrêté que M. le président d'Alco sera
mandé venir pour se rendre à la suite de la Cour au
premier de juillet prochain jour de grand semestre ;
et qu'en conséquence il lui sera écrit par le greffier
de la Cour de se rendre au jour indiqué ; et que le
greffier lui notifiera tant la présente délibération que
celle prise le trois avril dernier contenant le dire de
M. le premier président dont il lui sera envoyé copie.

Du 10 juin 1773.

Les Chambres et semestres assemblés, Messieurs
les gens du roi appelés et présens.

Monsieur le premier président a dit que Monsieur
le président d'Alco était venu chès lui ; que ne l'aiant
pas trouvé, il avait laissé un billet à son Suisse, portant qu'il était venu pour avoir l'honneur de le voir et
lui demander le semestre ; qu'en conséquence il l'avait
convoqué pour aujourd'hui et que Monsieur le président d'Alco présent au dit semestre instruirait la Compagnie des motifs qu'il avait eu de le demander.

Sur quoi Monsieur le président d'Alco a dit qu'il avait
demandé le semestre pour obéir aux ordres de la Compagnie qui l'avait mandé, et que l'empressement qu'il
a eu de se rendre à ses ordres ne lui a pas permis
d'attendre jusqu'au premier juillet prochain, jour qui
lui avait été indiqué par la lettre que la Compagnie lui
avait fait écrire par son greffier; et en conséquence
aiant demandé la permission de lire sa réponse au
dire de Monsieur le premier président du 3 avril dernier, dont copie avait été jointe à la susdite lettre, il
a dit :

Messieurs, — Mon départ précipité hors de la pro-

vince sans un congé de la Cour est une faute qui m'a
pénétré d'une véritable douleur. Destiné presque en
naissant à remplir cette place parmi vous, Messieurs,
j'ai appris au sein de ma famille à respecter vos loix
et vos délibérations. Je pourrais par mon assiduité,
par une étude habituelle parvenir aisément à les connaître; il serait heureux qu'il fut aussi aisé d'atteindre
à cette hauteur des lumières, aux exemples de vertu
qui rendent cette compagnie un objet public de respect
et d'émulation.

La sagesse de la Cour avait prévu les suites de mon
imprudence; sa tendresse s'en était allarmée; l'orage
formé en silence ne tarda pas à éclater. J'ignorais
cependant les troubles qui agitaient vos assemblées
et qui partagent encore une famille autrefois unie et
paisible.

Des secousses violentes se sont enfin communiquées
à ma retraite qui s'en est ébranlée. J'ai reçu d'une
main respectueuse et tremblante cette lettre que la
Compagnie m'a fait l'honneur de m'écrire par son
greffier, contenant une copie du dire de Monsieur le
premier président et de vos deux délibérations.

Concevés vous, Messieurs, de quel coup je me sen-
tis frappé à la lecture de cette dénonce dans laquelle
je suis représenté courbé, pour ainsi dire, du poids
des affronts multipliés. Des considérations flatteuses
et que je voudrais mériter se sont réunies en ma faveur
sous une plume éloquente. Vous avés senti, Messieurs,
que l'équité ne permettait pas de me juger sans m'a-
voir entendu. Je l'avouerai : en précipitant mon retour
dans cette ville, j'ai moins obéi à vos ordres qu'au
mouvement impétueux de ma sensibilité outragée,

qu'à la voix de l'homme qui criait au fond de mon âme, qui a deux cents lieux de votre Tribunal demandait hautement justice et réparation.

L'honneur est assujetti parmi les hommes à des loix qui le contraignent dans cet état il a ses maximes auxquelles le citoien éclairé doit se soumettre avec confiance, ou qu'il doit embrasser avec courage. Dans tous il est malheureux de recevoir un affront; il n'est jamais libre de l'endurer. L'insensibilité notoire fait la honte et le déshonneur : c'est une tache qui s'imprime et qui se conserve, tous les corps de l'état doivent refuser un asile à cet homme vil et dégradé. Celui qui a le malheur de le posséder se hâte de le rejeter de son sein; il reste en proie à une célébrité honteuse; ou, s'il se sauve en apparence du mépris et de l'opprobre par l'indulgence et la politesse des mœurs, il ne peut au moins se dérober un moment à la conscience de sa bassesse, ni à l'éternel reproche d'une vertu qu'il est forcé de reconnaître dans les autres.

Tel est, Messieurs, l'effraiant tableau du sort qui m'est préparé. Étaient-ce là les vœux d'un père que je pleure encore, lorsque ses mains défaillantes demandaient au Ciel que son fils unique fut honnête homme et fut heureux; lorsque dans ses dernières paroles à ceux d'entre vous, Messieurs, qui l'honoraient d'une amitié sincère, il réclamait d'une voix faible et presque éteinte les souvenirs de ses travaux et les bontés de la Compagnie, ce père tendre croiait ce fils digne d'elle, il se flattait de revivre en lui.

Mais une punition éclatante suppose la conviction. la grièveté de l'accusation suppose le nombre, la force et l'évidence des preuves. Je demande que Monsieur le premier président soit tenu de prouver tout ce qu'il a avancé dans la dénonce faite le 3 du mois d'avril ; je demande que vous vous armiez vous-mêmes, Messieurs, de toute la sévérité de votre ministère et de tout l'appareil d'une discipline impartiale. Je porte hautement aux pieds de la Cour la honte et l'ignominie dont je parais couvert. Ce seront tout à l'heure les titres vengeurs et terribles pour exiger de sa justice des réparations solennelles et multipliées qui puissent effraier quiconque oserait désormais se faire un jeu de l'honneur et de la réputation d'un honnête homme sensible.

J'étais entrainé, Messieurs, je m'arrête à un premier acte de défense, il est juste que la Cour fixe les titres respectifs et qu'elle décide avant tout sous quel aspect je dois regarder Monsieur le premier président. Verrai-je d'un œil sec et indifférent, assis au nombre de mes juges, celui qui m'a trainé devant vous, Messieurs, comme une victime abandonnée à son glaive.

Le droit de dénonce dans les différends corps de magistrature appartient également à chacun des membres qui le composent. C'est une garde commune et respective qui veille sans cesse à leur dignité. La dénonce en général n'emporte point l'exclusion, et lorsqu'un écart trop grand qui pourrait exposer l'honneur d'une compagnie, force un magistrat sensible à déférer un confrère coupable à la censure du tribunal; lorsque la candeur et l'indulgence ont adouci l'austérité de ce devoir indispensable, ce dénonciateur utile reste juge ; il s'est montré digne de l'être. Mais pour peu qu'un intérêt particulier paraisse avoir guidé

ses démarches et dicté les termes de sa dénonce,
pour peu que ces noms superbes de l'amour de l'ordre, du zèle, du devoir, laissent entrevoir une haine
qui se déguise, alors, Messieurs, le dénonciateur doit
être déclaré partie ; il doit être précipité du tribunal
sans dignité ni caractère ; il doit être livré tout entier
à sa seule qualité d'accusateur. Appuyé sur ce principe, je vais suivre la marche et toute la conduite de
Monsieur le premier président. Les simples récits des
faits m'enlèvent le mérite de la modération.

J'étais à peine sorti de cette ville, Monsieur le premier président, au seul bruit de mon départ, s'était
jetté avidement sur ces premières idées, et se pré-
parait à me dénoncer à la Cour. Un conseil plus sur
lui fit sentir apparemment les inconvénients d'un zèle
trop impétueux et d'une dénonce précoce. Un retard
de quelques jours lui parut avoir donné enfin à son
projet toute sa maturité. Instruit de ma route par les
courriers qui m'avaient mené, Monsieur le premier
président me déféra aux semestres assemblés comme
un criminel convaincu d'être sorti de la province sans
un congé de la Compagnie. Après n'avoir rien épargné pour exciter contre moi une discipline jalouse et
méprisée, il demanda que son dire fut transcrit dans
le registre de vos délibérations et conclud que je devais être suspendu. Il est cependant établi, comme
un point de discipline universelle, que tout dénonciateur qui ne veut point s'emporter au-delà des bornes
prescrites à sa qualité, doit être jugé par son rang et
selon l'ordre ordinaire des opinions. Il se récuse lui-
même, s'il prévient le jugement du tribunal.

Je n'ai point ignoré, Messieurs, que vous avés été

effrayés de cette rigueur excessive dont on vous fesait une loi : en me condamnant vous pleuriés sur le coupable. La Cour dans ces occasions est une famille assemblée pour punir avec tendresse un enfant malheureux qui s'est écarté de ses devoirs. Ce fut alors que Monsieur le premier président sans doute, afin de justifier sa double demande et de vous guérir d'une pitié dont je n'étais pas digne à ses yeux, ne craignait point d'accumuler sous mon nom ces expressions atroces, consacrées à désigner les plus scélérats des hommes. J'en atteste le tribunal incorruptible, il retentit encore de ces paroles odieuses que je répéte avec effroi : *c'est un homme dévoué à l'exécration publique et à qui nous pouvons faire le procès par accumulation de crimes.*

Monsieur le premier président parut s'être dégagé d'un fardeau. Des représentations plus modérées et qui lui étaient chères, parvinrent à l'adoucir, il consentit par une indulgence conditionnelle à se relacher d'une partie de ses prétentions. On le vit se réduire à l'étonnante alternative ou que je serais suspendu, ou que son dire serait transcrit dans les registres de la Cour. Des motifs que je respecte vous déterminèrent, Messieurs, à ordonner ma suspension. Votre sagesse éclairée sur l'intérêt commun voulut détourner cette dénonce comme une source empoisonnée, d'où naîtraient des troubles et des malheurs qui vous affligeaient d'avance.

La Cour eut la douleur de reconnaître bientôt que ses anciennes délibérations déposaient contre celle qu'elle venait de prendre. Les semestres étant assemblés une seconde fois, un magistrat respectable, un homme juste que je vois avec transport à la tête de mes juges, osa réclamer en ma faveur. Les suffrages se réunirent pour me rétablir dans mes fonctions. Monsieur le premier président qui me trouvait encore aussi coupable, vit à regret que j'allais jouir d'une dangereuse impunité. Il protesta de la première délibération, il s'écria que puisque j'étais rétabli, puisque la Cour venait d'enfraindre les conditions et l'espèce de traité qu'elle avait été presque forcée d'accepter; il rentrait dans tous ses droits. En ce moment la pernicieuse dénonce reparut entre les mains de Monsieur le premier président, mais bien différente de ce qu'elle avait été d'abord, plus vague, moins étendue. Elle avait seulement conservé l'esprit qui l'avait inspirée. Pour cette fois on essaya vainement de ramener celui de Monsieur le premier président, il ne fut appaisé que par la transcription funeste qu'il avait jurée.

Je me flatte, Messieurs, qu'aucun de ces traits n'a échappé à votre souvenir, ni à votre pénétration.

J'ouvre maintenant ces registres où cette dénonce est consignée. Je serais bien surpris si tous les yeux n'ont d'abord été frappés de la stérilité des délits à travers le faste des imputations. Quel crime peut être renfermé sous ces termes imposants de *disparition scandaleuse?* Des considérations très sages m'avaient fait un devoir du silence ; il était intéressant de dérober mon départ à la connaissance et aux vagues interprétations de l'oisive malignité. Je ne vois pas qu'il ait encouru jusqu'ici le reproche inouï de *disparition scandaleuse.* Il serait absurde de penser que Monsieur le premier président ait prétendu désigner les causes mêmes qui ont entraîné ce départ inattendu.

Pourquoi Monsieur le premier président aurait-il cherché à en pénétrer le mystère ? Pourquoi, au milieu des conjectures et des obscurités, se serait-il décidé à me prêter des motifs scandaleux ?

Il faut également réduire à sa juste valeur cette imputation de la brouëtte des Courriers, dans laquelle j'ai, selon Monsieur le premier Président, parcouru la plus grande partie de la province. Je serais plus coupable, Messieurs, si je pouvais l'être ; cette brouëtte à laquelle je m'étais attaché m'a conduit jusqu'à Lion. Mais je ne pense pas qu'on se soit encore imaginé de restraindre la liberté d'un voiageur sur le choix de sa voiture. D'ailleurs il me serait facile de citer des personnes d'un très haut rang que le plaisir ou la nécessité de rester inconnus, ont fait asseoir dans celle des courriers. Ainsi la brouëtte a étée annoblie. Le soin que j'ai pris de ne point me faire connaître a achevé d'allier les intérêts particuliers à la dignité de mon état.

Que reste-t-il de cette dénonce si fastueuse ? Il est évident que toute sa force réside dans ces seuls mots: *insensibilité déshonorante*. Ce n'est point ici le moment d'examiner s'il existe parmi les êtres animés cet homme insensible que suppose Monsieur le premier président ; s'il n'est pas plutot vrai qu'un affront entraîne toujours une vengeance et que la fureur et l'amour-propre outragé tiennent lieu à une âme vile de sensibilité et d'honneur.

Vous m'avés prévenu, Messieurs, vous avés pesé ces seuls mots auxquels je m'arrête. N'êtes vous pas encore étonnés qu'on ait pu les proférer devant vous ? Qu'on n'ait pas tremblé de les graver sur vos registres;

lorsque vous avès une fois réfléchi que la seule accusation grave, la seule digne d'un châtiment sévère et
capable de me déshonorer tout entier est une assertion téméraire qu'il est absolument impossible de justifier, qui peut être regardée comme attentat à la
puissance de Dieu même.

Quand il serait vrai que des hommes se fussent
oubliés jusqu'à me faire des affronts ; quand on se
flatterait d'en arracher quelques preuves ; quand on
pourrait soupçonner de les avoir bassement endurés,
celui qu'une insensibilité récente doit mettre au dessus
des soupçons ; — Concevès vous, Messieurs, qu'on
puisse réussir jamais à me convaincre de cette déshonorante insensibilité ? C'est dans les impénétrables
replis d'une conscience toujours muette que reposent
les crimes de la pensée. L'œil de l'homme ne peut
sonder cet abîme. Ensuite les vertus sont quelquefois
si voisines du vice, la prudence paraît être si près de
l'insensibilité, qu'il faut être bien timide sur la décision. Je dois ajouter encore que celui qui a le bonheur de s'estimer lui-même, ne croit pas aisément aux
injures ni aux affronts. A la hauteur où il s'élève il est
rare qu'une offense parvienne jusqu'à lui. Ainsi l'ob-
servateur qui se promène ne se doute pas qu'il vienne
d'écraser l'insecte malfesant qui rampait pour le
mordre.

Cette dénonce est une preuve qu'une passion forte
éclate souvent contre son propre intérêt. Partout on
remarque des vestiges de haine et les ressorts de la
persécution. La dignité de la Compagnie, ses protestations de devoir indispensables, ne sont que des douleurs spécieuses, il paraît toujours que Monsieur le

19

premier président a brigué, pour ainsi dire, la qualité d'accusateur, et s'est fait jusqu'à une gloire du titre de mon ennemi personnel.

Je me renferme dans l'enceinte du tribunal. Je n'ai garde, Messieurs, de chercher plus loin au sein d'un tombeau héréditaire des nouveaux moiens d'exclusion contre Monsieur le premier président. Je remets à sa conscience de le juger lui-même sur tous les propos qu'il a pu se permettre, soit dans les compagnies, soit dans les confidences de l'amitié.

J'ose donc espérer que la réunion des faits que je viens d'avoir l'honneur de remettre sous les yeux de la Cour ; que les démarches de Monsieur le premier président, les termes dont il a toujours usé, enfin l'examen de sa dénonce, vous détermineront, Messieurs, à ordonner l'exclusion préalable de Monsieur le premier président.

Après que Monsieur le président d'Alco a eu achevé sa lecture et remis son dire entre les mains de Monsieur le doien qui l'a paraphé avec Monsieur le premier président, il a été délibéré à la demande de Monsieur le président d'Alco, que son dire serait transcrit comme ci-dessus.

Sur quoi la Cour, les chambres et semestres assemblés, a arrêté que le dire de Monsieur le président d'Alco contenant sa justification sur la dénonce faite par Monsieur le premier président, et en même tems des moiens de récusation personnels contre lui sera communiqué à Monsieur le premier président pour déclarer au premier juillet prochain, si les moiens de récusation sont véritables ou non, conformément à l'article 24 du titre 24 des récusations des juges de l'Ordonnance de 1667.

Du premier juillet 1773.

Cejourd'hui les Chambres et semestres assemblés après que Monsieur le doien a eu procédé à la piqûure en forme ordinaire.

Monsieur le premier président a commencé par se plaindre des injures atroces contenues dans le dire porté au dernier semestre par M. le président d'Alco. Ce que led. S^r président d'Alco aiant entendu, il a dit que la Cour aiant renvoié par son arrêté du 19 juin dernier à ce jourd'hui pour dire droit à la récusation par lui proposée contre le premier président ; et qu'à cet effet elle ordonne que son dire contenant ses moiens de récusation serait communiqué audit S^r premier président, pour déclarer si les faits y contenus sont véritables ou non, suivant l'ordonnance ; mais que depuis certains faits contenant des nouveaux moiens de récusation étant venus à sa connaissance, il demande d'être entendu pour les additionner à ceux qu'il a déjà proposés afin que Monsieur le premier président soit en état d'y répondre en même temps qu'à ceux qui lui ont été déjà communiqués et qu'il se retire pour que la Cour puisse y délibérer.

Monsieur le premier président a dit qu'il est étonné que Monsieur le président d'Alco fasse une pareille demande à la Compagnie, qu'il est seul en droit de parler le premier dans l'assemblée des chambres et semestres, et qu'il demande que cette proposition soit rejettée et qu'il soit ordonné qu'il sera entendu le premier ; et aiant voulu rester en place malgré les représentations de Messieurs qui l'invitaient à se retirer pour laisser à la Compagnie la liberté de délibérer.

La Cour a arrêté que Monsieur le président d'Alco sera entendu le premier dans les nouveaux moiens de récusation qu'il prétend additionner à ceux qu'il a déjà proposé.

Alors Monsieur le premier président dit qu'il ne souffrirait jamais que M. le président d'Alco fut entendu en sa présence; que son précédent dire contenant des choses désagréables, injurieuses et insultantes contre lui, il ne voulait point être exposé à en entendre de pareilles, qu'il s'opposait à ce que ce nouveau dire fut entendu et qu'il persistait à demander de parler le premier.

La Cour délibérant sur l'opposition de Monsieur le premier président, un des Messieurs a dit que l'esprit de paix qui animait tous les membres de la Compagnie devait les porter à tenter les voies de conciliation entre Monsieur le premier président et Monsieur le président d'Alco ; qu'il ne serait peu être pas impossible d'en trouver ; que quoique la chose fut faite difficile, il ne fallait pas que la Compagnie eut à se reprocher de les avoir négligées ; et qu'en conséquence il priait Monsieur le premier président de se retirer. Lequel s'étant alors retiré, Monsieur le président de St Martial et Monsieur Bosc conseiller se chargèrent d'aller parler à Monsieur le premier président et à Monsieur le président d'Alco pour tacher de les concilier. A quoi n'aiant pu réussir après y avoir employé un tems considérable, il se sont retirés dans la chambre et ont dit que tous leurs efforts avaient été vains et inutiles; que Monsieur le premier président voulait trop exiger et que Monsieur le président d'Alco n'avait voulu entendre à aucun moien d'accommodement ;

qu'aiant été déféré à la Cour par Monsieur le premier président, il demandait d'être jugé ; qu'il serait puni s'il était coupable ; mais que s'il était innocent, il espérait que la Cour lui rendrait justice.

Pendant que la Cour était occupée à délibérer sur le rapport de Messieurs le président S' Martial et Bosc, conseiller, Monsieur le premier président est entré dans la Chambre sans qu'il ait été appelé en disant qu'il était surpris qu'on le fît attendre si long-temps, qu'il n'était pas fait pour cela ni pour être mis au niveau de Monsieur le président d'Alco. Sur quoi Monsieur le président Belleval, ancien de Messieurs les présidents, aiant représenté à Monsieur le premier président que la Cour étant occupée à délibérer sur une affaire le concernant, il était obligé tout comme un autre officier d'attendre que la Cour eut achevé de délibérer et qu'elle l'eut fait appeler pour lui faire part du délibéré.

Puisque vous le prenés sur ce ton a dit pour lors Monsieur le premier président, je vous déclare que je me retire, que je sors du palais pour n'y plus rentrer que par les ordres du roi, et que je proteste contre tout ce qui pourra être fait, et en quittant brusquement sa place, il a jetté sur le bureau un papier, en disant qu'il allait en déposer un pareil devers le greffe.

La Cour surprise du procédé de Monsieur le premier président a délibéré de lui envoier le greffier pour lui dire qu'elle était séante et assemblée à l'effet de délibérer sur l'affaire dont le jugement avait été renvoyé au semestre de ce jourd'hui, et qu'elle le priait de s'y rendre. Au lieu de déférer à cette invi-

tation, Monsieur le premier président a répondu au
greffier de la Cour que la séance aiant duré depuis
neuf heures du matin jusqu'à une heure et demi après
midi, il s'en est trouvé incommodé et qu'il ne peut se
rendre au palais; que d'ailleurs aiant rendu compte
au roi et au chef de la justice de tout ce qui a été
fait dans l'affaire de Monsieur le président d'Alco;
attendant les ordres de S. M. et aiant requis la Compagnie de les attendre par son dire, signé par lui à
chaque page, remis en présence de la Compagnie
entre les mains de Monsieur le doien, dont il a demandé l'enregistrement dans les registres des délibérations, et dont il a fait aussi le dépôt au greffe de la
Cour en sortant de la séance; il ne peut rien faire
qui puisse prévenir les ordres de roi; réitérant ses
protestations au cas qu'il fut passé outre, et qu'il fut
attenté en aucune manière aux droits et prérogatives
de sa charge.

La Cour considérant la réponse de Monsieur le premier président comme une espèce de déclinatoire a
arrêté que les gens du roi seraient mandés venir
dans l'instant. Lesquels étant entrés il leur a été fait
part de la réponse faite au greffier par Monsieur le
premier président, et le procureur de roi aiant été
entendu, la Cour a arrêté et délibéré que, sans s'arrêter aux protestations de Monsieur le premier président il sera procédé au jugement de l'affaire dont
s'agit et que Monsieur le président d'Alco sera entendu
conformément au précédent arrêté; et en conséquence
la Cour aiant fait rentrer Monsieur le président d'Alco
il a dit:

Messieurs, — le dire que j'ai eu l'honneur de porter

à la Cour avait pour objet la récusation de Monsieur le
premier président. C'est une première défense qui doit
précéder et comme applanir ma justification.

Pour établir évidemment que Monsieur le premier
président ne peut être mon juge, il fallait écarter le
voile dont il s'était couvert, il fallait en retraçant ses
démarches et ses propos dans les différends semestres, prouver qu'il est mon ennemi personnel et ma
partie déclarée, il fallait en appréciant sa dénonce,
montrer qu'elle est le fruit de sa haine et l'ouvrage
de la persécution. Ainsi je me suis fait une loi de
n'employer que des moiens dont la preuve est en vous
mêmes, Messieurs, et dans vos registres.

C'est sur ce principe et avec une égale confiance
que je puise aujourd'hui des nouveaux moiens de récusation dans le souvenir récent du dernier semestre.
Vous n'avés pu vous dissimuler, Messieurs, qu'on y
cherchait à amasser des nuages entre l'accusation et
le droit de défense. Vous savés quelles autorités ont
été fastueusement présentées pour surprendre votre
religion, ou pour effraier mon innocence. Tant d'appareil et d'inquiétude décèlent par l'impuissance même un
esprit irréconciliable qui s'est attaché à me persécuter
et à me nuire.

Lorsqu'après des difficultés sans nombre vainement
élevées, Monsieur le premier président s'est jetté sur
une dernière ressource ; lorsqu'il a mis en délibération si je devais être entendu avant le premier juillet ;
quel était son dessein, Messieurs, quel était son intérêt, quelle était son excuse ? La défense est de droit
naturel. Les institutions civiles ont respecté ce droit
sacré et inviolable. Est-ce donc un principe d'équité

ou le plaisir d'une âme sensible de tenir un accusé malheureux sous l'anathème d'une imputation flétrissante ?

Des moiens plus puissants encore naissent en foule du nouveau dire de Monsieur le premier président que je vais remettre sous les yeux de la Cour.

Monsieur le premier président a dit ensuite que *le dire de Monsieur le président d'Alco contient des choses insultantes et hazardées et qu'il en demande la communication.*

Je ne crains pas qu'on puisse m'accuser avec raison d'être sorti des bornes que me prescrivait le devoir. Quand tout semblait permis à un jeune homme impétueux et blessé dans son honneur, j'ai su reconnaître des loix et me soumettre à la modération. Mais j'ai cru que je ne devais pas séparer du respect qui est dû à Monsieur le premier président celui que je me dois à moi-même. J'ai senti qu'une défense molle et timide ne convenait ni au genre de la dénonce ni à la dignité de ma place.

Que penserés vous donc, Messieurs, des dispositions secrettes d'un cœur si facile à s'enflammer ? Que ne doit-on pas craindre d'un amour propre si délicat ou si ombrageux ? un homme qui s'est cru outragé se tourne aisément et presque sans réflexion à l'attrait d'une vengeance tacite. Monsieur le premier président doit se méfier de l'état de son cœur accoutumé à faire éclater sa sensibilité, il doit en redouter les effets.

L'article 30 du titre des récusations des juges de l'Ordonnance de 1667 permet au juge récusé de demander réparation ; *auquel cas néanmoins il ne pourra demeurer juge.*

Nous ne sommes point dans les termes de cet article ; mais nous pouvons en réclamer l'esprit contre Monsieur le premier président. Tous les commentateurs s'accordent à penser que le législateur a dû dépouiller du titre de juge le magistrat offensé qui poursuit l'injure, parce que cette démarche annonce un ressentiment dangereux.

Monsieur le premier président n'a point renfermé ces sentiments ; ils se sont répandus au dehors. A peine il a entendu la lecture de l'acte de sa récusation, déjà il prétend avoir été insulté, il le déclare, il le consigne dans les registres, enfin il demande la communication de l'acte qui vient de l'irriter.

La demande de Monsieur le premier président parait une suite de l'impression subite dont il a été frappé. peut être il se prépare aujourd'hui à vous représenter, Messieurs, toutes les lois du respect enfreintes, les droits de sa place attaqués, sa dignité outragée et à poursuivre la réparation des choses insultantes que mon dire est faussement accusé de contenir.

Monsieur le premier président a-t-il demandé que ce dire lui fût communiqué seulement *pour faire sa déclaration sur les faits suivant l'article 24 du titre 24 de l'ordonnance de 1667 ?* Son dire s'élève d'abord contre cette heureuse supposition ; il n'y respire que le ressentiment ; il ne s'y montre occupé que des insultes qu'il prétend avoir reçu. Le premier mouvement remue tous les ressorts ; il entraîne toutes les puissances de son âme, il parait ensuite que Monsieur le premier président n'a pas eu la plus légère idée *de la déclaration sur les faits*, puisqu'après avoir demandé que ce dire prétendu insultant fût communiqué, il a répété avec confiance qu'il ne devait pas être récusé.

Enfin quand Monsieur le premier président aurait eu en vue la communication énoncée dans l'article 24, il aurait encore porté ses regards trop loin. Le juge récusé doit se tenir dans un état purement passif. Le droit de juger les hommes est si périlleux et si terrible qu'il faut craindre de se montrer trop impatient d'en jouir, ou si étrangement jaloux de le conserver. il est juste que l'acte de récusation soit communiqué à celui qui en est l'objet, mais il sort de cette indifférence, de cette apathique tranquillité qui lui convient, il se rend partie en formant une demande. Son impatience trahit un intérêt personnel à attaquer l'acte dont il requiert si avidement la communication.

Il est donc vrai que la présence de Monsieur le premier président au dernier semestre m'a fourni des armes contre lui. On dirait que par une force intérieure et dont il n'est pas maître, il se repousse lui même de ce tribunal redoutable sur lequel il s'obstine à rester assis. C'est cet esprit inconcevable qui l'animait encore ; lorsqu'au milieu des chambres et semestres assemblés il se vante comme d'un titre d'impartialité, de m'avoir dit qu'il n'était ni mon conseil, ni mon parent, ni mon ami. Qu'êtes vous donc, oserai-je lui dire? Car on ne peut pas vous soupçonner d'indifférence, pourquoi criés vous que vous n'êtes pas mon ami? Vous en faites donc un sujet de gloire, vous êtes donc mon ennemi personnel.

Rappellerai-je ici ces étranges paroles qui lui échappèrent encore à cette assemblée de la Cour où furent entendues les conclusions d'un magistrat éloquent et sensible sur la dénonce faite le 3 du mois d'avril. Messieurs les gens du roi s'étant retirés, Monsieur le premier président dit alors et a peu près en ces termes : *qu'il scavait bien que le roi parlait par ses procureurs généraux, mais qu'il ne scavait pas que j'eusse le même privilège.* Monsieur le premier président se ressouvient d'avoir dit dans un des semestres précédents à Monsieur le président Belleval qui venait de réclamer contre ma suspension : *C'est votre amitié pour M. Crassous qui vous a fait ouvrir cet avis.* Ces paroles, quoique plus discrètement prononcées, furent saisies par plusieurs magistrats qui en ont conservé le souvenir.

Je me persuade aisément, Messieurs, que je n'ai point épuisé tous les faits que ce tribunal doit connaître. il en est sans doute qui n'aiant point franchi cette enceinte reposent gravés dans vos consciences. Ce sont des témoins irréprochables que votre justice ne peut me refuser et dont je requiers la déposition.

Enfin pour frapper un dernier coup, pour mettre le sceau à cette récusation mémorable je supplie la Cour d'exiger de Monsieur le premier président une déclaration précise sur les faits passés hors du Tribunal ; sur tous les propos et les dénonciations particulières que Monsieur le premier président n'a cessé de multiplier et de répandre dans cette ville et que la voix publique ne cesse de déférer tous les jours encore à ma sensibilité.

Monsieur le président d'Alco aiant cessé de parler s'est levé de sa place, a remis son dire à Monsieur le doien, a supplié la Cour d'ordonner qu'il sera transcrit dans ses registres, et s'est retiré.

La Cour délibérant sur la demande de Monsieur le président d'Alco a arrêté que son dire serait transcrit dans ses registres. il a été ensuite fait lecture du papier jetté sur le bureau dont la teneur suit :

Monsieur le premier président dit que Monsieur le président d'Alco lui prête des intentions bien éloignées de sa façon de penser que la dénonce qu'il a été forcé de faire pour remplir les devoirs de la place qu'il a l'honneur d'occuper, ne porte que sur des faits publics et connus de nombre des officiers de la Compagnie, parmi lesquels est monsieur Pas de Beaulieu, conseiller en la Cour présent à une des insultes faites à Monsieur d'Alco ; que pour la mettre en même de s'éclaircir et de suivre sur cela ce que sa prudence lui inspirerait. Que ce fut sur cette connaissance propre à la plupart des officiers de la Compagnie et sur cette notoriété toute publique, que sa Compagnie délibéra le 17 mars dernier l'interdiction de M. d'Alco ; en cachant par ménagement pour lui le vrai motif sous celui de sa sortie de la province sans congé dans la brouette du courrier. Que l'existence du dire de Monsieur le premier président dans les registres sous la date du 27 mars est la preuve de la droiture de ses intentions et de ses ménagements pour Monsieur d'Alco par la réticence qu'on y peut remarquer des injures que Monsieur le président d'Alco a reçues selon le public. Qu'il a cru que cette légère peine pouvait calmer les personnes qui ont pensé avoir lieu de se plaindre et d'étouffer dans leur naissance des affaires que Monsieur d'Alco paraît par son dire avoir appréhendé. Que tout eut été tranquille, si quelques jours après, un officier sans intérêt, sans mandat et sans attendre que Monsieur d'Alco en réclamat, ne se fut plaint pour lui de la prétendue rigueur de la peine et n'eut voulu détruire tout ce que la Compagnie avait fait sept jours auparavant, sous le prétexte que le cas énoncé ne méritait pas cette peine ; et en fesant oublier le motif caché qui avait déterminé la Compagnie à l'interdiction. que ce fut pour éviter ce renversement subit que Monsieur l·· premier président exigea qu'on couchat son dire, pour servir de preuve authentique qu'il avait fait son devoir. Que c'est à cet acte seul qu'il a borné ses vues et ses démarches. Qu'au surplus il n'y a rien eu de personnel entre Monsieur d'Alco et lui ; qu'il n'y a ni la haine ni l'inimitié qu'on suppose ; qu'il désire que Monsieur d'Alco se justifie ; et que s'il peut y parvenir, il sera le premier à lui rendre justice. Qu'il n'a jamais dit que Monsieur d'Alco méritait qu'on lui fit son procès par accumulation de crimes ; que c'est sans nul doute sur des faux rapports que Monsieur d'Alco a dressé son dire ; puisqu'étant absent il n'a pu rien scavoir que par autrui. Que c'est à des ennemis qui se cachent que Monsieur le premier président attribue toutes les faussetés et les traits peu mesurés que ce dire est rempli. Qu'il avait lieu de croire que Monsieur d'Alco aurait été plus empressé de se justifier, qu'à hazarder une récusation si peu fondée, si illégale et si éloignée de la forme requise ; et que cependant le délibéré du dernier semestre a cru devoir suivre en proposant pour règle l'ordonnance de 1667.

Que comptable envers le roi et envers le chef de la justice de ses démarches et de ses motifs, il a eu l'honneur de les exposer avec sincérité à S. M. et

d'envoier à M. le chancelier des extraits en forme de
toutes les pièces. Qu'il attend les ordres du roi avec
soumission ; priant et requérant la Compagnie de vouloir aussi les attendre, protestant de tout ce qu'il peut
protester de droit au cas qu'il fut passé outre ; déclarant qu'il se retire pour être délibéré sur la réquisition dont il demande acte, sa transcription sur les
registres de la Compagnie et une expédition en forme ;
ainsi que tout ce qui sera délibéré pour continuer d'en
rendre compte au roi et à Monsieur le chancelier.

Lecture faite du dire de Monsieur le premier président, la Cour a arrêté qu'il sera transcrit dans les
régistre de ses délibérations; que le dire de Monsieur le
président d'Alco contenant addition aux moiens de récusation qu'il avait précédemment fourni sera communiqué par le greffier de la Cour à Monsieur le premier
président pour déclarer verbalement ou par écrit
dans la séance du samedi 3 du présent mois, jour
auquel la continuation du présent semestre a été ren-
voiée ; si les faits énoncés dans le nouveau dire de
Monsieur le président d'Alco sont véritables ou non ;
et au surplus qu'il sera délivré à Monsieur le premier
président un extrait en forme du présent procès verbal
contenant les dires, arrêtés et généralement tout ce
qui s'est passé dans la présente séance.

Du 3 juillet 1773.

La Cour les chambres et semestres assemblés,
Monsieur le président de Belleval a dit que la Cour
avait renvoié à cejourd'hui la continuation des délibérations qu'il y avait lieu de prendre sur l'affaire entre

Monsieur le premier président et Monsieur le président d'Alco.

Monsieur Farjeon doien a proposé de faire lecture à la Cour du procès-verbal de la séance tenue le premier du mois. Laquelle lecture aiant été faite quelques uns de messieurs les officiers ont observé que le récit fait par Monsieur le président de S'-Martial et Monsieur Bosc conseiller n'était pas pas tout a fait exact. Sur quoi Monsieur le président de S'-Martial aiant été prié de renouveller ce qu'il avait dit à la Compagnie à ce sujet, led. S' président de S'-Martial a dit qu'effectivement un fait n'avait pas été rapporté assés exactement et qu'il convenait de le corriger de la manière suivante; et qu'au lieu de dire que Monsieur le premier président voulait trop exiger, il était vrai que Monsieur le premier président avait consenti à divers tempéramens, mais que Monsieur le président d'Alco leur avait déclaré ne pouvoir en accepter aucun.

Ce fait, Monsieur le doien a proposé de mander venir le greffier de la Cour pour scavoir de lui s'il avait exécuté ses ordres, en donnant communication à Monsieur le premier président de l'entier procès verbal de la séance tenue le premier de ce mois. Le greffier étant entré a certifié avoir remis à Monsieur le premier président un extrait en forme dud. procès verbal, et que led. S' premier président avait donné sa réponse qu'il remettait à Monsieur le doien, de laquelle réponse la teneur suit :

Monsieur le premier président a répondu que le roi et Monsieur le chancelier étant nantis de la connaissance de cette affaire, la Compagnie doit attendre les ordres du roi. Qu'il n'entend acquiescer en rien au contenu du délibéré qui vient de lui être communiqué et qu'il se réserve de se pourvoir par devers S. M. contre tout ce qui a été et sera fait au préjudice des droits et prérogatives de sa charge. A Montpellier le 2 juillet 1773 à deux heures trois quarts après diner, Devés greffier signé.

Sur quoi la Cour a délibéré qu'il n'y avait lieu de s'arrêter aux protestations contenues dans cette réponse, attendu qu'elles sont les mêmes que celles sur lesquelles la Cour a déjà délibéré dans la précédente séance.

Après quoi Messieurs les gens du roi aiant été mandés venir pour être entendus sur la récusation ; iceux étant entrés Monsieur le procureur général portant la parole a dit :

Messieurs, — La Cour attend sans doute de nous que nous prenions des conclusions sur les moiens de récusation proposés par Monsieur le président d'Alco contre Monsieur le premier président, et c'est dans cette vue qu'avant de prononcer sur l'admission ou le rejet de ces moiens, elle a ordonné que leurs dires respectifs nous seraient communiqués.

Nous avons examiné le titre 24 de l'ordonnance de 1667 ; et cet examen nous a fait naître des doutes sur la nécessité et même sur la régularité de cette communication.

Dans les 30 articles dont il est composé, il n'en est aucun qui exige que lors des jugemens à rendre sur les récusations des juges, le ministère public soit entendu. Nous avons été frappés du silence de la loi, surtout dans un titre où elle paraît avoir épuisé toutes les précautions de la sagesse et tous les détails de la prévoiance. Mais nous en avons cherché et trouvé les motifs dans le procès-verbal des conférences où son esprit respire encore tout entier.

On voit que le législateur s'est principalement proposé en fixant les règles de la procédure qui devait être observée dans une matière si délicate, d'éviter les longueurs et de ménager la dignité du juge.

L'ancien usage permettait à la partie récusante de prouver par une enquête sommaire les faits allégués et de faire procéder sans être obligé de faire assigner la partie contraire qui n'avait pas le droit de reprocher les témoins.

Monsieur pussort en relevant les inconvénients de cet usage, observa *qu'il ferait dépendre la récusation des meilleurs juges de deux faux témoins qui se produiraient avec d'autant plus d'assurance que d'un côté ils étaient à l'abri des reproches, et que de l'autre on ne comuniquait pas même leurs noms, ni leurs dépositions aux procureurs généraux pour, en qualité de parties publiques, soutenir l'intérêt des juges.* Effraié du danger de laisser aux parties une liberté si préjudiciable à la justice, il perseverait à vouloir insérer dans la nouvelle ordonnance deux articles qui devaient rendre à l'avenir les enquêtes contradictoires en autorisant les reproches que la partie adverse assignée pourrait fournir.

Monsieur le premier président de Lamoignon s'éleva avec force *contre cette innovation comme contraire à la sagesse de toutes les juridictions du roiaume. il prétendit que les matières de récusation se jugeaient sans instruction ; que véritablement dans l'usage qui s'observait, la partie qui ferait la preuve avait de grands avantages par le peu de contradiction qu'on trouvait dans la procédure ; mais que d'un autre côté le caractère du juge était en soi d'une si grande auctorité qu'il pouvait tout balancer.*

Il conclud qu'à cet égard il pouvait dire non seulement qu'il serait mieux, mais qu'il y aurait nécessité de demeurer à l'ancien usage suivant lequel la récusation se traitait comme un fait de la discipline intérieure des compagnies qui se devait régler entre les juges sans la participation des parties, des gens du roi, ni de qui que ce soit.

Le sentiment de Monsieur de Lamoignon prévalut. On supprima les deux articles qui assujettissaient les enquêtes sommaires aux formalités des autres enquêtes ; et l'ancien usage qui respectait le caractère du juge récusé au point de ne soumettre sa déclaration qu'à l'examen et au jugement du tribunal fut confirmé.

Cet usage parait avoir été adopté et suivi dans toutes les Cours du roiaume. Nous nous bornons à mettre sous vos yeux la jurisprudence du parlement de Toulouse attestée par M⁰ rodier dans son commentaire sur l'ordonnance de 1667.

Il demande : *Comment les récusations sont elles communiquées et jugées ? Cela se fait,* répond-il, *très sommairement. Le juge ou le plus ancien praticien a qui on a remis la requête la communique de la main à la main dans la chambre du conseil au juge récusé qui est tenu de mettre sa réponse au bas ou de la donner de vive voix, contenant déclaration si les faits sont véritables ou non. Cela fait, on procède au jugement de la récusation sans rien communiquer à la partie contraire, ni au procureur du roi ou du seigneur ; parce que l'ordonnance a estimé que les récusations ne devaient pas faire un nouveau procès entre les parties, mais qu'il fallait les regarder un fait de discipline entre les juges qui doit être réglé par eux seuls.*

Vous voiés, Messieurs, qu'au parlement de Toulouse la procédure en matière de récusation conserve le même caractère de rapidité de ménagement ; que l'instruction commence et se consomme dans l'intérieur du tribunal que les juges seuls sont appelés à prononcer sur le sort de leur confrère et peser dans la balance la déclaration qui ne passe pas en d'autres mains, ni sous d'autres yeux. Qu'on croirait sa dignité blessée par le moindre acte qui livrerait sa défense à la contradiction des parties. Qu'enfin la voix même du procureur général est alors regardée comme étrangère ; parce que ses fonctions quoique rapprochées du ministère des juges, lui sont toujours inférieures en autorité et en dignité.

Il est vrai, Messieurs, qu'en ouvrant vos registres nous y avons trouvé un arrêt rendu le 9 juillet 1722 sur la récusation proposée par les Consuls de Montfrin contre Monsieur de Lauriol, dans lequel il est fait une expresse mention des conclusions des gens du roi. peut-être se trouve t'elle encore dans les arrêts postérieurs que nous n'avons pas vérifié.

Si la communication aux gens du roi qui eut lieu dans ces occasions, était un de ces points constans de jurisprudence qui ne s'établissent qu'après avoir subi les preuves d'une discussion préalable, nous n'aurions garde de lever le moindre doute sur la sagesse de la décision. Mais comme nous ne pouvons la regarder que comme un de ces usages qui n'essuiant dans leur naissance aucune contradiction, s'introduisent sans examen, se répétent par habitude et n'empruntent que du tems seul une auctorité plus imposante que solide. Nous avons cru ne devoir pas laisser échapper cette occasion de vous dénoncer un usage qui vous est propre, et qui vous parait blesser l'esprit et les vues de la loi. Le silence qu'elle parait garder ne peut être un titre en sa faveur, elle s'élève avec trop de force contre lui par la bouche des grands magistrats dont elle est l'ouvrage.

Quand notre réclamation n'aurait d'autre objet que de renfermer nos fonctions dans leurs justes bornes vous nous le pardonneriés, Messieurs, dans ces tristes circonstances, ou il nous est si pénible de les remplir. Mais un motif superieur nous anime, il s'agit des droits du tribunal et des prérogatives du juge. Notre premier devoir fut toujours de maintenir l'intégrité des uns et de conserver la dignité de l'autre.

Nous vous supplions donc, Messieurs, d'examiner si la communication que vous avés ordonné à notre égard doit subsister ; et si, lors des jugemens à rendre sur les récusations, nous devons être entendus. Votre décision donnée avec connaissance de cause fera cesser tous nos doutes. Elle sera tout à la fois la régle du présent et la loi de l'avenir.

Les gens du roi après avoir remis leurs conclusions sur le bureau et en avoir requis la transcription sur les registres, se sont retirés.

La Cour délibérant sur les observations faites par le procureur général a reconnu qu'il était vrai que son usage sur la manière de juger les récusations n'avait eu jusqu'à présent rien de fixe, ni de certain puisque si d'un côté l'on trouvait dans ses registres des arrêts rendus sur des récusations pour le jugement des quelles les gens du roi avaient été entendus ; il y en avait encore un grand nombre qui avaient été rendus sans l'assistance de leur ministère. Qu'il conviendrait de profiter de cette occasion, pour rendre sur ce point sa jurisprudence conforme avec celle de la plupart des tribunaux du roiaume, comme étant la plus conforme à l'esprit de l'ordonnance de 1667. Et en conséquence elle a arrêté et délibéré qu'il n'y avait lieu à entendre les gens du roi sur la récusation proposée par Monsieur le président d'Alco contre Monsieur le premier président ; et qu'à l'avenir ils ne seraient plus entendus sur les faits et moiens de récusation.

Monsieur le président Belleval a proposé ensuite à la Compagnie de délibérer sur les moiens de récusation proposés par Monsieur le président d'Alco contre Monsieur le premier président ; et en conséquence il a été arrêté et délibéré que lesd. moiens étaient pertinens et admissibles et que Monsieur le premier président s'abstiendrait d'assister aux délibérations qu'il y aurait lieu de prendre sur la dénonce par lui faite contre Monsieur le président d'Alco.

Led. S[r] président d'Alco a ensuite été invité d'entrer dans la chambre pour être entendu. Lequel étant entré Monsieur le président Belleval lui a demandé s'il avait quelque chose à ajouter aux dires qu'il avait déjà portés les 19 juin et 1er juillet courant. Lequel d. S[r] président d'Alco a persisté à demander que Monsieur le premier président fut tenu de prouver les faits contenus dans sa dénonce, lui retiré,

La Cour a arrêté que le tout serait communiqué aux gens du roi à l'effet de donner leurs conclusions la séance tenant, ainsi qu'ils aviseraient ; et les gens du roi aiant été de nouveau mandés venir.

Monsieur le président d'Alco a demandé la permission de rentrer dans la chambre pour être entendu, avant que Messieurs les gens du roi prissent leurs conclusions. Lad. permission lui aiant été accordée et aiant pris sa place il a dit :

Messieurs, — La qualité d'accusateur suppose les preuves qui établissent l'accusation. Je persiste donc à demander que Monsieur le premier président ma partie soit tenu de prouver tout ce qui a été avancé dans la dénonce faite le 3 du mois d'avril, et comme ma conscience me rassure et m'absout elle-même, j'ose me livrer d'avance à des prétentions que mon innocence justifie.

C'est un devoir pour moi de me reposer sur votre sagesse des réparations qui me sont dues. Mais qu'il me soit permis comme un dernier acte de sensibilité publique de vous rappeler, Messieurs, le caractère, le nombre et la notoriété des accusations sur lesquelles vous allés prononcer.

Une inimitié déplorable en a été le principe, ma diffamation en était l'objet. On avait conçu le dessein de m'enlever l'honneur, l'estime des hommes, l'état de mes pères.

La haine est une espèce d'ambition qui ne connait point de bornes. C'était trop peu de la dénonce faite le 3 avril. Ce tribunal, les registres de la Cour, les maisons de cette ville, ont été souillés de cet esprit insatiable.

Enfin des accusations si odieuses et téméraires ne se sont point contenues dans l'enceinte domestique de cette ville. Des correspondances sans nombre les ont répandues. La province, la capitale en ont été remplies ; le thrône d'un roi juste et bienfesant a été étonné de les entendre.

A ces considérations se joignent encore la qualité de l'accusateur, la qualité de l'accusé, votre intérêt, messieurs, de vous mêmes qui êtes aujourd'hui mes juges.

L'esprit de haine et de calomnie veillent sans cesse, ils ne peuvent être arrêtés que par la terreur des exemples ; ils ne cessent de persécuter et de nuire que par l'impuissance d'y réussir.

Après que Monsieur le président d'Alco a eu cessé de parler il a remis son dire à Monsieur le doien, en a demandé la transcription sur le registre; et s'est retiré.

Les gens du roi, Monsieur le procureur général portant la parole, ont dit :

Messieurs. — Ce n'est pas aux magistrats, disait Monsieur le chancelier d'Aguesseau, *qu'il est permis de se contenter des témoignages de leur conscience. Jaloux de leur honneur, autant que de leur vertu même, qu'ils sçachent que leur réputation n'est plus à eux; que la justice la regarde comme un bien qui lui est propre et qu'elle consacre à sa gloire.*

Vous ne perdrés pas de vue, Messieurs, cette sage maxime dans le jugement que vous allés rendre. Depuis que Monsieur le président d'Alco s'est assis parmi vous, sa réputation a cessé d'être à lui. Elle n'est plus entre ses mains qu'un dépôt dont il vous

doit un compte fidèle. Il ne vous est pas libre de souffrir qu'il ait osé la prostituer, ou qu'on ait tenté de
la flétrir. Vous devés, Messieurs, le punir ou le venger.

La dénonce qui vous le défère tire sans doute une
grande auctorité de la main respectable dont elle est
l'ouvrage ; mais elle n'est pas moins soumise, et rien
ne peut la soustraire aux regards des loix et à l'examen des juges.

L'article 6 de l'ordonnance de 1670 veut que les
dénonciations soient *circonstanciées*. Celle-ci ne présente à la première vue qu'une déclaration vague qui
contient moins les détails d'une dénonce que les résultats d'un jugement qui produit au grand jour les
qualifications et laisse les faits dans l'obscurité.

On désigne le départ précipité de Monsieur le président d'Alco sous les traits d'une *disparition scandaleuse ;* et l'on se tait sur les causes qui ont excité
le scandale.

On annonce des affronts multipliés et on ne s'explique point sur le nombre, la qualité, le tems, les lieux,
les personnes et les circonstances.

On reproche une *insensibilité déshonorante ;* et on
garde un profond silence sur les signes, les indices,
les actes qui constatent cette insensibilité.

Au milieu de ces ténèbres le vengeur public ne sait
ou porter ses regards, ni arrêter ses mains pour entrevoir et saisir la vérité qui lui échappe. On lui offre
vainement pour guide une notoriété trompeuse qui ne
jetterait pas même une faible lueur sur le délit unique
qu'il importe surtout de prouver. Il fallait pour exciter, éclairer, diriger son action, mettre sous ses yeux
le récit circonstancié des faits et réserver à la justice

de la Cour le soin de les qualifier. Le premier vœu de l'ordonnance n'est donc point rempli.

Ne nous bornons pas à cette observation générale et entrons plus avant dans les deux chefs de l'accusation.

Le départ de Monsieur le président d'Alco a été accompagné de deux circonstances, qui lui donnent peut être le caractère d'une *disparition scandaleuse, il est sorti de la province sans congé de la Compagnie et il en a parcouru une grande partie dans la brouette du courrier.*

Mais 1° vos délibérations qui défendent à tout officier de sortir de la province sans congé de la Cour, prévoient le cas ou ce devoir ne peut être rempli ; et indiquent pour y suppléer un moien dont Monsieur le président d'Alco a fait usage. Ce sont d'ailleurs des réglemens domestiques dont l'oubli ou l'infraction ne peut janais être un scandale.

2° L'aveu qu'a fait Monsieur le président d'Alco *d'avoir parcouru une grande partie de la province dans la brouette du courrier,* nous parait également au dessous de la censure et de la justification. On ne peut dissimuler que le choix de cette voiture ne blesse la mollesse et le faste des mœurs. Mais leur superbe délicatesse n'a point encore attaché de *scandale* à une préférence que des motifs de nécessité peuvent rendre légitime ; que des vues d'économie peuvent rendre excusable.

Le départ secret et précipité de Monsieur le président d'Alco a pu être appelé une *disparition,* mais on ne voit pas on ne soupçonne pas même ce qui a pu rendre cette *disparition scandaleuse.* Ce n'est cependant que cette qualification qui accuse et rien ne la justifie.

C'est s'arrêter trop longtems à cette première imputation déjà jugée en faveur de Monsieur le président d'Alco par votre délibération du trois avril dernier. Voions si le second chef d'accusation est appuié sur un fondement plus solide.

Monsieur le président d'Alco vous est déféré, Messieurs, *comme aiant enduré notoirement avec une insensibilité déshonorante des affronts multipliés.*

L'analise de cette partie de la dénonce offre deux objets qu'elle a du rapprocher, mais qui ne doivent pas être confondus.

Les affronts multipliés qu'elle suppose ne sont pas le délit même, ils n'en sont que l'occasion. Le délit réside uniquement et essentiellement, non dans les affronts reçus mais dans *les affronts endurés avec une insensibilité déshonorante.* Si les affronts n'ont pas existé, la preuve de leur existence n'entraine pas celle du délit.

La dénonce invoque la notoriété sur deux objets, comme s'ils en étaient également susceptibles, il est cependant évident qu'on ne peut lui donner sur un sentiment la même notoriété que sur un fait.

Mais, sur les faits mêmes, quel degré de confiance mérite la notoriété? Quels sont ces vains bruits de rapports et de paroles qui circulent dans les sociétés, réglant au hazard leurs jugemens sur les petits intérêts qui les amusent ou les troublent? Le juge sur son tribunal serait il assés téméraire pour en faire dépendre ses opinions et ses démarches? La raison lui crierait par la bouche des plus célèbres criminalistes :

défiés vous de cette vague renommée, de cette notoriété incertaine qui ne peut que vous égarer. Craignés
en l'écoutant de donner un si grand avantage au ca-
lomniateur obscur dont elle peut être l'instrument et
dont elle est quelquefois l'ouvrage.

Famæ tanquam rei fragili, fallaci, perniciosæ et
ut plurimum transmissæ ab iis qui nocere cupiunt et
qui ita desiderant de hoc famam esse, minime cre-
dendum est. farmarius ques, 45 N° 8 et 9.

Cette notoriété cependant insuffisante pour déter-
miner un jugement, pourrait servir de base à une information légitime, si réunissant les circonstances qui
permettent d'y ajouter quelque foi, elle nous dénon-
çait des affronts caractérisés, des voies de fait qui
eussent frappé les yeux, des injures verbales qui eussent frappé les oreilles. Nous croions en son témoignage sur l'espèce d'affront dont il est parlé dans la
déclaration de Monsieur le premier président du premier de ce mois, le seul qu'il a choisi dans la foule et
qu'il a vaguement indiqué. elle nous dira qu'il consiste
dans un regard c. à d. dans un signe équivoque, dans
une repression douteuse qui ne forme point de corps
de délit, qui peut avoir échappé à la curiosité comme
au ressentiment dont le spectateur ne pouvait fixer la
nature qu'en osant pénétrer dans le cœur de celui qui
l'a lancé, et qu'il n'a pu par conséquent apprécier que
par une conjecture hazardée sur les sentimens dont
il était affecté lui-même. Vous appercevés, Messieurs,
les inconvéniens et les dangers d'une information
qui serait le résultat, non de ce que les témoins auraient vu, mais de ce qu'ils auraient soupçonné ; qui
mettrait à la place des faits des interprétations arbi-

traires; et qui n'offrirait à la justice que des jugemens suspects de la prévention ou de la haine.

Cette information si dangereuse en elle-même serait encore plus inutile dans les circonstances. Nous avons déjà eu l'honneur de vous l'observer, Messieurs; les prétendus affronts ne sont pas le délit même, ils n'en sont que l'occasion. Supposons en la réalité, il resterait toujours à prouver qu'ils ont été *endurés avec une insensibilité déshonorante.*

Sur ce point essentiel la dénonce du 3 du mois d'avril dernier et la déclaration du premier de ce mois sont également muettes. Le défaut absolu de preuves devrait être un titre d'absolution. *Actore non probante reus absolvitur.* Mais allons plus avant. S'il est vrai que Monsieur le président d'Alco eut en effet reçu des affronts, nous demandons quel acte public de sensibilité la Cour était en droit d'en exiger? elle a proscrit à ses membres des règles de conduite dont ils ne peuvent pas s'écarter. Le chef de la Compagnie doit être averti, le magistrat ne peut sortir de sa maison sans une permission de la Cour; il lui est expressément défendu de prendre d'autres voies que celles de la justice, sa désobéissance serait punie par une interdiction. Voila quels sont ses devoirs, Messieurs, vous les avés dictés. Serait-il juste qu'une modération dont vous lui faites une loi, put vous être déféré comme un signe d'une *insensibilité déshonorante?* S'il était possible que cette modération laissât dans quelques esprits prévenus des soupçons et des doutes sur son véritable principe, ce ne serait pas du moins à vous d'adopter des soupçons si injustes, des doutes si frivoles. *Vous craindriés de juger avec témérité ce que vous ne connaissés pas avec assurance et vous rendriés*, suivant la belle expression d'un philosophe du dernier siècle, *ce respect à la vérité de lui réserver le jugement des choses obscures.*

Nous en avons assez dit, Messieurs, pour démontrer le vice de la dénonce, la chimère des accusations, le vuide des preuves, le danger et l'inutilité de l'information. Rappelés vous maintenant que la réputation de Monsieur le président d'Alco *n'est pas à lui ;* que la Cour doit la regarder comme un bien qui lui est propre et qu'elle consacre à sa gloire. Laisserés vous subsister dans vos registres un monument qui imprimerait sur elle une flétrissure injuste et ineffaçable ? Non, Messieurs, vous en ordonnerés la suppression ; et cet acte d'improbation et de désaveu que Monsieur le président d'Alco attend de vous et qui mettra son honneur pleinement à couvert, acquittera votre justice et doit suffire à sa délicatesse.

Nous croions aussi devoir vous proposer, Messieurs, d'arrêter qu'à l'avenir aucun officier sans exception ne pourra dénoncer à la Cour un de ses membres sur des faits tendants à flétrir son honneur et sa réputation, sans avoir mis en même tems sous ses yeux les preuves qui établissent la justice de sa dénonce. Laquelle ne sera jamais transcrite sur les registres, s'il y a lieu, qu'après le jugement définitif.

Les gens du roi s'étant retirés, la Cour délibérant tant sur la dénonce de Monsieur le premier président et dires respectifs tant de Monsieur le premier président que de Monsieur le président d'Alco que sur les conclusions de Monsieur le procureur du roi a arrêté :

La Cour, faute par Monsieur le premier président

d'avoir justifié les faits contenus dans sa dénonce. Lesquels faits led. S⁣ʳ premier président a déclaré dans son dire du 1ᵉʳ de ce mois n'avoir avancé que sur la simple notoriété, a arrêté et délibéré que Monsieur le président d'Alco sera et demeurera pleinement justifié des imputations à lui faites dans lad. dénonce ; auquel effet que lad. dénonce sera supprimée et bâtonnée la séance tenant par Monsieur le doien, comme étant hazardée, peu réfléchie et sans preuves ; et qu'à la marge de la page du registre qui la contient, il sera fait mention du présent arrêté. et attendu que la Cour ne peut se dissimuler la vérité de la plupart des faits contenus dans le dire du Sʳ président d'Alco et notamment que Monsieur le premier président n'ai dit en parlant du Sʳ président d'Alco, dans les assemblées des chambres et semestres tenus les 27 mars et 3 avril derniers, que c'était un homme voué à l'exécration publique, l'horreur du genre humain, auquel on ne pouvait faire le procès par accumulation de crimes ; paroles que le grand nombre des officiers présens aux dites assemblées ont attesté avoir entendues. A encore arrêté et délibéré que dans une assemblée des chambres et semestres qui sera indiquée à cet effet, Monsieur le premier président déclarera à Monsieur le président d'Alco qu'il est faché d'avoir fait lad. dénonce et proféré les injures dont led. Sʳ président d'Alco s'est plaint, et qu'il le reconnait pour homme de bien et d'honneur.

La Cour a aussi arrêté et délibéré qu'à l'avenir aucun officier sans exception ne pourra dénoncer aucun de ses membres sans avoir mis en même tems sous les yeux de la Cour la preuve des faits qui établissent la justice de sa dénonce ; laquelle ne sera jamais tran-

scrite dans ses registres, s'il y a lieu, qu'après le jugement définitif.

A encore arrêté que la Compagnie enverrait à
Monsieur le chancelier un extrait en forme des diffé-
rens procès verbaux de tout ce qui s'est passé dans
les assemblées sur l'affaire de Monsieur le premier
président contre Monsieur le président d'Alco.

Du 10 juillet 1773.

La Cour les chambres et semestres assemblés,
Monsieur Farjon doien a dit que la Cour aiant arrêté
le 3 de ce mois de donner communication par son
greffier de la séance dud. jour à Monsieur le premier
président, il proposait de mander venir led. greffier
pour sçavoir de lui s'il avait exécuté les ordres de la
Cour en donnant communication à Monsieur le premier président de l'entier procès-verbal de la séance
tenue le 3 de ce mois. Le greffier étant entré a certifié
avoir remis à Monsieur le premier président un extrait
en forme dud. procès-verbal, et que led. Sr premier
président avait donné sa réponse signée par lui greffier qu'il remettait à Monsieur le doien ajoutant de
plus que Monsieur le premier président demandait à
la Cour que sa réponse fut transcrite dans le registre
des délibérations. Ensuite a été fait lecture de lad.
réponse dont la teneur suit :

Monsieur le premier président a dit que le délibéré de la Compagnie est nul par incompétence et
par attentat à la volonté du roi ; que juge de la conduite de ses membres, elle ne le fut jamais de celle
de son chef ; que par les arrêts de réglement du conseil il est défendu aux compagnies de recevoir au-

cunes plaintes, ou de s'établir juges sur ses actions,
déportemens fonctions, droits et prérogatives de
leurs chefs, sous prétexte de réglement, mercuriale
ou autrement en quelque manière que ce soit ; et aux
gens du roi de rien proposer ou requérir sous les
peines y contenues. Sauf auxd. compagnies à porter
leurs plaintes à S. M. contre leurs premiers présidents pour y être pourvu ainsi qu'elle verra être à
faire. Qu'il n'a dénoncé Monsieur d'Alco que pour
remplir l'obligation que les ordonnances lui imposent.
qu'il a toujours souhaité que sa justification démentit
la notoriété publique qui l'a porté à la dénonce et la
compagnie à le suspendre le 27 mars de ses fonctions. Que Monsieur le premier président ne réclame
pas de ce qu'elle a jugé que Monsieur d'Alco ne s'est
pas mal comporté, mais qu'il a lieu de la qualification
de dénonce hazardée, peu réfléchie et sans preuve,
sans qu'il ait été requis ni ordonné de faire entendre
les témoins indiqués dans son dire du premier juillet.
Que bien que dans tous ses dires et actes Monsieur
le premier président n'ait jamais cessé de déclarer que
le roi était nanti de cette affaire et de faire les sommations les plus expresses à la Compagnie d'attendre
ses ordres, elle s'est hâtée de décider définitivement
au mépris de ces sommations consignées dans ses
registres et de juger dans les mêmes séances les
moiens de récusation et le fond. Que la Compagnie a
rendu contre lui un jugement sans lui déclarer qu'il
était partie et sans l'entendre. Qu'il sçait trop bien ce
qu'il doit à sa place et aux formes judiciaires pour
acquiescer à ce jugement; qu'il proteste de la nullité
de tout ce qui a été fait comme l'intéressant person-

nellement, et tous les chefs des compagnies du roiaume, qu'en conséquence il s'est pourvu devers le roi et qu'il espère en obtenir la justice et les réparations qui lui sont dues. Pour original Devès greffier signé.

Lecture faite de lad. réponse, la Cour a arrêté et délibéré qu'elle serait transcrite dans les registres de ses délibérations et qu'extrait en forme en serait envoié à Monsieur le Chancelier avec une lettre de la Compagnie.

Cette curieuse procédure a été copiée (1) sur un manuscrit provenant de la bibliothèque de M. Duvern, Conseiller à la Cour des Comptes, aides et finances de Montpellier, aujourd'hui en la possession de M. le baron de Saint-Juéry, qui a bien voulu nous le communiquer.

LETTRES PATENTES DU ROI

CONCERNANT LE DIFFÉREND ENTRE M. DE CLARIS, PREMIER PRÉSIDENT, ET LE PRÉSIDENT D'ALCO

« Nous nous sommes fait rendre compte de ce qui s'est passé parmi vous à l'occasion de deux dénonces faites par le sieur Declary, premier président, les 27 mars et 3 avril de l'année dernière, relativement à quelque fait concernant le sieur président d'Alco ; les décisions dont elles ont été suivies ayant fait naître entre vous des divisions qui ne pouvoient qu'être également nuisibles au bien de notre service et à la dignité de la magistrature, et ce qui se trouve à cet égard transcrit sur le registre de vos délibérations pouvant contribuer à les perpétuer en fournissant un

(1) Nous avons respecté autant que possible la ponctuation et l'orthographe de ce manuscrit.

prétexte à de nouvelles inculpations, Nous avons jugé
qu'il était de Notre Sagesse de les éteindre en effa-
çant tout ce qui pourroit en rappeler le souvenir.

« A ces causes, de l'avis de Notre Conseil et de
notre certaine science, pleine puissance et autorité
royale, Nous avons supprimé et par ces présentes
signées de Notre main supprimons, tant les dénonces
que tous discours, dires, réquisitions, conclusions, délibérations, et arrêtés prononcés et pris, et généralement tout ce qui a été fait à l'occasion d'icelles et
inscrit sur le registre de vos délibérations, à vos
séances des 27 mars, 3 et 21 avril, 19 juin, 1ᵉʳ, 3 et
7 juillet 1773, et tout ce qui a pu s'en suivre, voulons
que le tout soit regardé comme nul et non avenu, et
qu'il ne puisse y être donné aucune suite, sous quelque prétexte que ce soit ; Ordonnons, en conséquence,
que les dénonces, discours, dires, réquisitions, conclusions, délibérations et arrêtés seront rayés sur ledit
registre, en marge duquel et à chacune desdites séances sera fait mention que la dite radiation a été faite
en exécution des présentes. Sy nous mandons, etc.

» Donné à Versailles le 23 avril 1774.

« *Signé*, LOUIS. » (1)

Ces lettres patentes furent adressées en même temps à la Cour,
à M. de Moncan, au procureur général, au président de Belleval
et au greffier de la Cour, enjoignant à ce dernier de représenter
au Comte de Moncan les registres de la Cour servant aux enre-
gistrements.

(1) *Archives départ. de l'Hérault.* B. L. 409. (1774 à 1784). *Cour des
comptes, aides et finances de Montpellier,* Registre de 596 fᵒˢ.

TABLE

—

TABLE   325.

APPENDICE

EN VENTE A LA MÊME LIBRAIRIE

Montpellier. Imprimerie Grollier et fils, boulevard du Peyrou, 7 et 9.